KB037810

우리 회사 좋은 이름

BRAND NAMING

우리 회사 좋은 이름

BRAND NAMING

동학사

머리말

현대를 살아가면서 브랜드는 하나의 화두이고 최상의 가치이기도 하다. 누구나 태어나면서 이름을 가지게 되고, 누구나 사업을 시작하게 되면 그 곳이 비록 혼자서 꾸려 나가는 1평 남짓한 비좁은 공간이라고 해도 이름이 있기 마련이다.

이름, 상호, 상품명, CI, 심벌마크, 로고 등은 모두 브랜드 안에 속해 있는 것이다. 영화 한 편을 촬영하고 극장에 걸기 위해서도 영화 제목은 필요하다. 이 또한 브랜드이다. 브랜드가 얼마나 중요하면 상품은 안 사도 브랜드는 기억하고 브랜드를 산다고 하겠는가? 일상용품에서 명품에 이르기까지 브랜드가 없으면 상품의 가치는 전혀 없다고 보면 된다. 연예인들도 이름(예명) 하나 짓는데 오랜 시간을 투자하면서 고민하며 짓는다. 그러다 보니 요즘은 전문적으로 상호나 상품명을 짓는 브랜드 네이밍 회사와 브랜드 네이미스트(brand namist)들이 점차 늘어나고 있는 추세이다. 각 회사들도 별도의 부서를 두고 자사의 브랜드 가치를 높이기 위해 연구하고 있다. 그리고 브랜드 네이밍 관련서적들도 많이 찾아볼 수 있게 되었다.

예로부터 동양에는 이름에 대한 학문인 성명학이 존재해왔다. 그런데도 최근 등장한 브랜드 네이밍에 비해 체계적인 연구가 전무한 상황이다. 또한 아기의 이름짓기를 다루는 책들은 서점에서 쉽게 찾아볼 수 있는데, 브랜드 네임이 곧 회사의 자산인 요즘 상호나 상품명을 지을 때 참고할 수 있는 책은 찾아보기 어렵다. 아니 관련 이론조차 제대로 정립되어 있지 않고 사람의 이름을 짓는 성명학 책에서 몇 장 언급하는 정도가 전부이다.

이에 오랜 기간 성명학을 연구하면서 성명학과 브랜드 네이밍 기법을 결합시켜 체계적인 이론으로 정립하게 되었다. 상호, 상품명, 예명 등 상업적으로 판매나 소비를 촉진시키는 브랜드 네임을 짓는 방법을 성명학으로 분석하고 체계화하여 이 책에 실었다.

여러 번 읽고 고쳐 쓰고서도 일단 펜을 놓고 나면 아쉬움이 파도처럼 밀려온다. 브랜드 네이밍에 대한 성명학적 고찰이 전무한 상황에서 이 책이 현업에 종사하는 사람들이나 성명학을 공부하는 사람들에게 실질적인 도움이 되기를 바란다.

자료 수집을 위해 야근을 마다 않은 이영숙 기획실장과 격려를 아끼지 않은 각 대학의 제자님들 그리고 카페 〈사주를 사랑하는 사람들〉 회원님들께 진심으로 감사의 인사를 드린다. 공무원 집안에 혼자만 운명학에 빠져 있는 모습을 안타깝게 지켜보고 계신 형님들과 누님들, 어릴 적부터 기행을 일삼았던 아들 때문에 노심초사하시는 어머님께 늘 죄송한 마음뿐이다.

그밖에 세상에서 만난 인연으로 이 대덕에게 힘이 되어주는 많은 지인들과 어려운 여건 속에서 대덕의 학설을 널리 알리고 있는 각 대학과 문화센터의 선생님들께 진심으로 감사의 인사를 드린다.

일러두기

1 서양의 브랜드 네이밍에 관한 책들은 많지만, 아직까지 동양의 성명학을 바탕으로 한 제대로 된 브랜드 네이밍 이론이나 관련 서적을 찾아보기는 어렵다. 이 책은 성명학 이론 중에서도 현대에 활용할 수 있는 이론만을 선택하여 브랜드 네이밍에 접목하였다. 이 책을 통해 성명학적으로도 훌륭하고 감각적이고 세련된 브랜드 네임을 지을 수 있을 것이다.

2 이 책은 회사의 규모에 따라 그룹과 대기업, 중소기업과 개인사업체로 나누어 차별화된 브랜드 네이밍 원칙을 적용한다. 그룹과 대기업은 브랜드 자체의 영향을 받으므로 발음오행이 상생하도록 이름을 짓고, 중소기업과 개인사업체는 대표자 개인의 영향이 크므로 사주팔자의 용신오행에 해당하는 단어로 이름을 짓는 것이다.

3 브랜드 네이밍은 상호나 상품명을 짓는 것으로 끝나지 않는다. 이름에 어울리는 시각적인 장치가 뒷받침되어야 한다. 이 책은 브랜드 네임을 발음성명학적으로 설명할 뿐만 아니라 심벌마크나 로고 등 브랜드 이미지에 대해서도 자세하게 다루었다. 음양오행 이론을 바탕으로 브랜드 네임에 어울리는 형태와 색상을 활용하면 브랜드의 힘을 향상시킬 수 있다.

4 이 책은 브랜드 네임 분석 사례를 풍부하게 수록하였다. 우리나라의 국가명에서 국내 대기업 브랜드와 외국의 유명 브랜드 그리고 동종 업계의 경쟁 브랜드들을 다양하게 분석하였다. 성공하는 브랜드 네임은 성명학적으로 어떤 특징이 있는지 파악할 수 있을 뿐만 아니라 브랜드의 성공과 변화의 역사를 한눈에 알 수 있다.

5 이 책은 포인트를 제시하여 중요한 요점을 알려주고, 성명학과 브랜드 네이밍이 딱딱하고 어렵다는 인식을 벗어날 수 있도록 책 중간 중간에 흥미롭고 유용한 정보를 담은 〈재미있는 브랜드 이야기〉를 실어놓았다.

3부 브랜드 네이밍 실전 노하우

4부 브랜드 네임과 디자인 분석

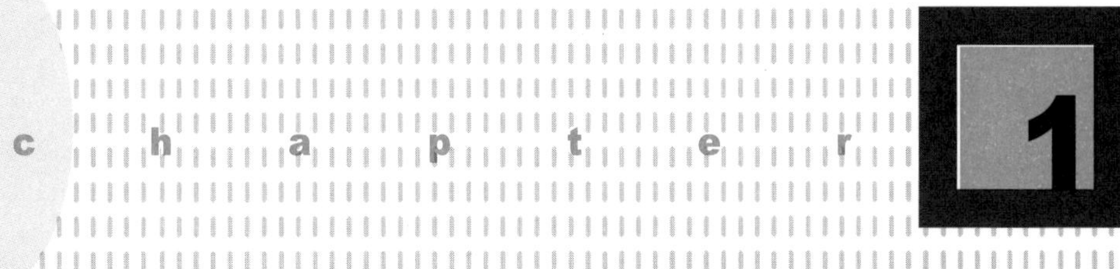

브랜드 네이밍 입문

1 브랜드란 무엇인가

1. 브랜드의 의미

우리가 일상적으로 사용하는 제품과 서비스는 모두 브랜드(brand)를 갖고 있다. 브랜드란 쉽게 말해 상표를 의미하며, 사업자가 자기가 취급하는 상품을 남의 상품과 구별하기 위해 사용하는 명칭, 용어, 상징, 디자인 또는 그 결합체를 모두 포함한다. 대개 브랜드 하면 상호(회사 이름)나 상품 이름을 떠올리는 경우가 많지만, 브랜드 심벌마크와 로고(로고타입) 그리고 색상 역시 브랜드를 구성하는 중요한 요소이다. 로고(logo)란 회사나 제품의 이름이 독특하게 드러나도록 만들어 상품처럼 사용하는 글자체를 말한다. 이렇게 브랜드를 구성하는 모든 요소들을 일관적으로 차별화하여 좋은 브랜드 이미지를 만들고, 이를 통해 특정 브랜드에 대한 선호도를 제고시키는 것을 브랜드 아이덴티티(Brand Identity)라고 한다.

브랜드

브랜드는 상표를 의미하며, 브랜드 네임(상호명 · 상품명)과 브랜드 디자인(심벌마크 · 로고 · 색상 등)으로 이루어진다.

브랜드 아이덴티티는 크게 브랜드 네임과 브랜드 디자인으로 나누어지는데 회사 이름이나 제품 이름이 바로 브랜드 네임이고, 심벌마크와 로고 그리고 색상이 브랜드 디자인에 속한다.

브랜드를 사용하게 된 계기에 대해서는 학자들의 의견이 분분하지만 크게 2가지 견해가 있다. 하나는 화인(火印) · 낙인(烙印)의 의미인 'Brandr' 로서, 고대 노르웨이에서 목동들이 자신의 소와 다른 사람의 소를 구별하기 위해 소를 인두로 지진 것에서 비롯되었다고 한다. 다른 하나는 16세기 초 영국의 위스키 제조업자들이 자신의 위스키와 다른 업자의 위스키를 구분하기 위해 위스키 나무통에 인두로 지져 표시했다는 'burned' 에서 유래했다는 주장이다. 역사적 출발은 다르지만, 이 두 주장 모두 초기의 브랜드가 자신의 소유물과 타인의 소유물을 구별하기 위해 사용되었다고 설명한다. 그러나 현대사회에 들어서면서 브랜드는 제품의 이름이나 디자인을 넘어서서 그 상품의 품질과 서비스를 상징하는 포괄적인 의미를 지니게 되었다.

2. 브랜드의 네임의 중요성

우리 주위에는 수많은 상품들이 넘쳐난다. 매일 새로운 상품들이 생겨나서 소비자들은 어떤 상품을 구입해야 할지 고민하게 된다. 소비자들은 다른 상품보다 기억하기 쉽고 좋은 느낌을 주는 상품을 구입한다. 한편 기업 입장에서는 상품을 많이 팔수록 다른 기업들과의 경쟁에서 살아남을 수 있다.

아이가 태어나면 제일 먼저 하는 것이 이름을 지어주는 일이다. 브랜드 네이밍은 회사나 상품의 이름을 짓는 것이다. 브랜드 네이밍은 소중한 자녀의 이름을 짓는 것처럼 중요하고 어려운 작업이다. 사람은 다른 사람들에게 이름이 불리면서 한 사람의 인간으로 인정받고, 그러한 과정을 통해 이름이 그 사람의 운명을 좌우하게 된다. 마찬가지로 상호나 상품명은 사람들에게 불리면서 그 상품과 회사의 운명에 영향을 미치게 된다.

브랜드 네이밍

브랜드 네임 즉, 상호와 상품명을 짓는 것을 말한다. 훌륭한 브랜드 네임은 소비자를 움직이는 가장 큰 힘이므로 브랜드 네이밍의 중요성은 점점 강조되고 있다.

소비자로 하여금 여러 가지 브랜드 가운데 특정한 브랜드를 구입하게 만드는 요인이 무엇일까? 브랜드는 브랜드 네임, 심벌마크, 로고 등 다양한 요소로 구성된다. 이 중에서 대다수의 소비자들을 움직이는 가장 큰 힘은 바로 브랜드 네임이다. 기업이 많은 돈을 들여 제작한 광고를 통해 소비자에게 알리려는 것은 상품이라기보다는 오히려 브랜드 네임인 경우가 많다. 최근 기업들은 훌륭한 브랜드 네임은 상품 판매 및 브랜드의 수명에 직접적인 영향을 미친다는 점을 인식하고 브랜드 네임을 개발하는 데 많은 시간과 자금을 투입하고 있다. 성공적인 브랜드는 천문학적인 액수의 투자가치를 갖고 있다. 브랜드 네임 하나가 해당상품뿐만 아니라 기업 이미지까지 대표하므로 기업들은 사람들에게 친근하고 창의적인 브랜드 네임을 짓기 위해 노력할 수밖에 없다. 하나의 제품을 출시할 때마다 브랜드 네이밍에 최선을 다하는 것에서 브랜드 네임의 중요성을 잘 알 수 있다.

3. 성명학의 종류

사람의 이름을 지을 때 성명학을 활용하듯이, 브랜드 네임을 지을 때에도 성명학을 활용할 수 있다. 한국, 중국, 일본에서 공통적으로 사용되는 성명학은 크게는 10여 종류, 작게는 30여 종류로 분류할 수 있다. 그러나 이 중에는 활용 가능한 이론이 있는가 하면 타당성이 부족하여 활용할 수 없는 이론도 있다. 게다가 아직까지 체계적인 연구가 부족하다 보니 성명학자마다 각자 자신의 성명학이 최고라고 내세우고 있는 형편이다. 이에 30여 년의 임상경험과 통계자료를 바탕으로 나름대로 현대에 활용할 수 있는 성명학을 분류해보았다.

오행성명학 

성명학의 한 분야로 획수오행, 자원오행, 발음오행을 활용하여 이름을 짓는다. 과거에는 획수오행을 중시했지만 현대에는 발음오행을 중시하는 추세이다.

1) 오행성명학

성명학은 동양학의 근간을 이루는 음양오행과 사주팔자 그리고 사람의 기(氣)가 결합된 학문이다. 음양오행과 사주팔자에 대해서는 뒤에서 자세하게 설명하고, 여기에서는 사람의 기(氣)란 무엇인지 설명하려고 한다. 사람의 기란 바로 사람의 입으로 내뱉는 소리와 그것을 듣는 청각, 그리고 눈으로 보는 시각이라고 할 수 있다. 연예인이나 방송인, 예술가와 같은 인기인(人氣人)들이 바로 우리가 가장 많이 소리로 듣고 눈으로 보는 사람들이다. 이렇듯 사람의 기 즉 인기(人氣)는 소리(청각)와 글자와 그림 등의 시각과 큰 관련이 있다고 할 수 있다.

그렇다면 30여 종류의 성명학 중에서 음양오행을 활용하는 성명학은 무엇이고, 사주팔자를 활용하는 성명학은 무엇인가? 먼저 음양오행을 활용하는 성명학으로는 오행성명학이 있다. 여기에는 획수오행 · 자원오행 · 발음오행(소리오행)이 있다. 붓으로 글자를 쓰던 시대에는 글자를 한 자 한 자 끊어 쓰므로 획수가 매우 중요했고 그로 인해 획수오행을 중시하였다. 그러나 시각과 청각이 고도로 발달된 현대에 이르러서는 발음되는 것을 따지는 발음오행이 더 중요하다고 본다. 성명학적으로 보다 많은 사람이 사용하는 것, 보다 많은 사람이 선호하는 것을 중시하기 때문에 획수오행에서 발음오행을 활용하는 추세로 변화하게 되었다.

여기서 한 가지 주의할 점이 있다. 오행은 서로 상생하기도 하고 상극을 하기도 한다. 상생은 서로 도와준다는 뜻이고 상극은 서로 공격한다는 뜻이다. 이름을 지을 때 상생은 변화와 변동이 많지 않은 것에 어울리고, 상극은 변화와 변동이 많은 것에 어울린다. 즉 서로 생하는 경우는 편안하고 안정적이며 변화와 변동이 적은 분야, 서로 극하는 경우는 경쟁이 심하고 사람의 왕래가 많은 분야에 적합하다.

이를 업종과 관련시켜 보면 상생은 연구와 크고 작은 소비가 이루어지는 경우이니 일반적인 회사는 모두 여기에 속한다고 보면 된다. 상극은 사람의 왕래가 복잡한 대형마트, 백화점, 놀이공원, 대형 커피전문점, 대형 푸드코트와 관련되므로 이러한 업종의 브랜드 네이밍을 할 때는 반드시 오행의 상극을 고려해야 한다.

용신성명학

사람의 사주팔자를 분석하여 사주팔자에 필요한 용신으로 이름을 짓는다. 용신이란 사주팔자에 필요한 오행(또는 육친)을 말한다.

2) 용신성명학

사람은 누구나 태어나는 순간 생년월일시에 따라 사주팔자(또는 사주)가 정해지는데, 이 사주 팔자에서 필요로 하는 오행을 용신이라고 한다. 용신성명학이란 이 용신을 활용하여 이름을 짓는 것이다.

브랜드 네임을 지을 때는 규모가 큰 그룹이나 대기업, 규모가 작은 중소기업이나 개인사업체를 구분해야 한다. 대표 한 사람의 영향력(사주팔자)보다 회사 임직원들의 영향력이 큰 대규모 사업체에서는 CEO와 상관없이 브랜드 네임 자체가 영향력을 갖는다. 따라서 소리를 중시하는 발음오행을 활용해야 한다. 그러나 중소기업이나 개인사업체는 대표자 개인의 사주팔자의 영향을 받으므로 사주팔자를 도와주는 용신을 활용하는 것이 좋다. 용신성명학에서 활용하는 용신에는 발음용신(소리용신) · 색상용신 · 감각용신 등이 있는데 이 중에 어떤 용신을 사용해도 상관없다.

광의의 성명학

- 오행성명학: 음양오행을 활용하는 성명학으로서 획수오행 · 자원오행 · 발음오행을 고려하여 이름을 짓는다.
- 용신성명학: 사람의 사주에 필요한 용신을 활용하여 이름을 짓는다.

협의의 성명학

- 발음성명학: 발음되는 소리를 오행으로 분리해서 이름을 짓는다.
- 형태성명학: 로고나 심벌마크 등 글씨나 그림 형대를 음양오헹으로 판단하는 성명학이다.
- 색상성명학: 로고나 심벌마크의 색상에 오행을 활용하는 성명학이다.
- 감각성명학: 상호나 상품명의 의미가 사람에게 감각적으로 길하게 느껴지는가 흉하게 느껴지는가를 판단하는 성명학이다. 의미성명학이라고도 한다.

3) 불용문자론과 측자파자론

사람의 이름이나 브랜드 네임을 지을 때는 불용문자(不用文字)와 측자파자(測字破字)를 고려해야 한다.

불용문자

글자의 뜻이 좋지 않아서 이름에 넣을 수 없는 글자를 말한다. 의미가 좋지 않는 글자를 이름으로 사용하면 이름의 주인공에게 부정적인 영향을 미치므로 성명학적으로 기피한다.

우선 불용문자란 글자의 뜻이 좋아 않아서 이름자에 활용할 수 없는 글자를 말한다. 예를 들어 죽을 사(死), 망할 망(亡), 끝날 졸(卒) 등과 같이 의미가 좋지 않은 글자를 이름자로 쓰면 그 글자의 기가 이름을 사용하는 사람에게 부정적인 영향을 미치므로 이름자로 써서는 안 된다는 것이다.

어느 TV 프로그램에 성명학 전문가로 출연했을 때의 일이다. 당시 차운(車運)이란 사람과 차차(車車)란 사람이 있었는데, 이름자의 의미대로 각각 택시와 포크레인을 운전하고 있었다. 이름은 불리울 때 그 의미가 사람에게 전달되어 운명을 가져온다. 그러므로 의미가 좋은 경우에는 좋은 일이 생길 가능성이 높고, 의미가 나쁜 경우에는 실제로 나쁜 일이 생길 가능성이 높다고 본다. 특히 중국인들은 글자나 숫자의 의미와 뜻을 매우 중요하게 여긴다. 그래서 이름자에 담긴 의미의 기가 사람들 사이에 매우 강하게 전달된다고 생각한다.

측자파자는 측자(測子)와 파자(破字)를 두루 일컫는 말로, 측자란 글자를 통해 추측하는 것이고 파자란 글자를 분리하여 분석하는 것이다. 즉 한자로 된 글자를 분리, 결합, 추리, 유추하여 그 글자의 뜻과 이름을 풀이하는 방법을 말하는데 이 중에서 결합, 추리, 유추하는 것을 측자라고 하며, 한자를 분리하여 해석하는 것을 파자라고 한다. 이에 따르면 이름자는 형태적으로 글자가 나누어지는 것보다는 원형이나 정사각형 모양으로 안정적인 것이 좋고, 분리되더라도 의미가 좋아야 한다.

측자파자

성명학에서 한자의 글자를 분리, 결합, 추리, 유추하여 그 글자의 뜻과 이름을 풀이하는 방법을 말한다. 결합, 추리, 유추하는 것이 측자이고 한자를 분리해서 해석하는 것이 파자이다.

불용문자와 측자파자는 브랜드 이미지를 구축하는 데 중요하게 활용된다. 우선 불용문자는 글자의 의미와 관련되어 있으므로 브랜드 네임이나 브랜드 디자인을 만들 때 불용문자로 알려진 글자들은 제외해야 한다. 측자파자는 로고나 심벌마크 등 브랜드 디자인과 관련이 크다.

사람은 살면서 보고 듣는 것을 판단기준으로 삼게 된다. 그러므로 소리로 듣는 브랜드 네임과 눈으로 보는 브랜드 디자인은 브랜드 이미지를 형성하는 데 매우 중요한 영향을 미칠 수밖에 없다.

사람들에게 불리는 소리 위주의 브랜드 네임은 성명학 중에서도 글자의 의미와 관련된 발음오행 · 불용문자 · 용신 등을 활용해야 한다. 그리고 눈으로 보는 로고나 심벌마크 등의 브랜드 디자인은 글자의 의미뿐만 아니라 시각적인 면을 두루 고려해야 하므로 감각성명학의 일종인 불용문자와 측자파자를 활용해야 한다.

브랜드 네임은 소리를 중심으로, 브랜드 디자인은 감각을 중심으로 만들어야 한다. 다시 말해 브랜드 네임은 발음오행의 상생 · 상극과 관련된 오행성명학을 중심으로 하되 불용문자와 관련된 감각성명학(의미성명학)을 같이 활용해야 하고, 브랜드 디자인은 감각성명학과 관련된 측자파자를 중심으로 하되 형태는 원형과 정사각형을 채택하여 분열되지 않고 안정된 이미지를 만들어야 한다.

개인사업자나 중소기업은 브랜드 이미지보다 대표자의 영향력이 크므로 사장이나 대표자의 사주에 부족한 용신을 넣어서 회사 이름을 짓는다. 여기서 활용할 수 있는 용신은 색상용신, 방향용신, 발음용신, 감각용신 등 다양한데 어떤 오행이든 상관없이 용신에 해당되는 오행의 단어를 직접 이름에 넣어주면 된다. 여기서 감각성명학을 활용하여 뜻이 좋고 긍정적이고 희망적인 단어를 사용하는 것은 기본이다.

4. 브랜드 네임과 소리의 관계

앞서 브랜드 네임은 소리를 중심으로 지어야 한다고 설명하였다. 왜 소리가 중요하다고 하는가? 사람이 세상에 태어나면서 가장 먼저 경험하는 감각의 하나가 소리 즉 청각이다. 아니 태어나기 전 엄마 뱃속에 있을 때부터 엄마의 심장 소리를 듣는다. 그 후에는 이름을 지어주고 호적에 올리니 평생 동안 그 이름을 듣고 살게 된다. 이처럼 소리는 사람이 태어나면서 사망할 때까지 끊임없이 사람의 곁을 떠나지 않는다.

통신기기가 없고 도로가 발달되지 않았던 시기에는 소리보다는 글씨로 쓴 편지가 유일한 통신수단이었다. 의미를 전달하고 기록을 남기는 데에도 글자를 사용하였다. 그러므로 한자 획수나 한자의 의미가 운명을 좌우하였다고 할 수 있다. 그러나 현대에는 통신수단의 발달로 인해 모든 의사소통이 말로 이루어진다고 볼 수 있다. 말이 곧 소리이고 발음이다. 이렇게 글자를 중시하던 과거에서 발음을 중시하는 현대로 이어지면서 성명학에도 변화가 불가피하게 되었다.

사람은 평생 소리를 들으며 살아가기 때문에 그만큼 소리의 중요성은 클 수밖에 없다. 굳이 성명학이나 운명학과 관련짓지 않아도 일상생활에서 소리의 영향력을 얼마든지 확인할 수 있다.

식물이나 동물을 키우면서 음악을 들려주었을 때 성장 속도가 빨라지거나 더 건강해졌다는 이야기를 들어본 적이 있을 것이다. 우리나라에서도 오이나 토마토 등을 키우는 농부가 농작물에게 클래식 음악이나 자연의 소리를 들려주었더니 병충해에 강해지고 수확량이 늘어났다는 첨단 농법의 성공사례가 발표되곤 한다. 또 젖소에게 음악을 들려주니 우유 생산량이 늘어나고, 닭은 튼튼한 알을 더 많이 낳았다는 통계도 발표되곤 한다.

소리는 동식물뿐만 아니라 사람에게도 영향을 미친다. 몇 년 전 페루에서는 돌고래 소리가 뱃속 태아의 두뇌발달에 좋다는 연구결과가 발표되었다. 돌고래의 초음파로 태아의 뇌를 자극해 신경을 발달시킨다는 것인데, 이로 인해 돌고래 수족관을 찾는 임산부들이 많이 늘어났다고 한다. 나아가 돌고래 울음 소리에서 나오는 파동이 심신에 안정을 주며 피로나 스트레스를 다스리는 데 효과가 있다고 하여 돌고래 울음 소리를 녹음한 명상음악이 출시되기도 하였다.

미국에서는 뉴에이지 음악이나 홀리스틱 사운드(holistic sound, 인간 몸속의 생명을 통일적으로 치유하는 소리)가 인기를 얻고 있는데, 음악이나 소리가 질병 치료에 탁월한 효과가 있다는 실험결과가 나오면서 음악치료에 대한 관심이 커지고 있다. 음악 즉 소리를 활용하여 각종 질병을 치료하고 더불어 인간의 잠재의식 속에 내재된 가능성과 능력을 찾아내어 각자 자신이 가지고 있는 장점을 최대한 발휘하게 하는 것이 음악치료의 목적이다.

음악이란 바로 소리다. 사람을 부르는 소리인 이름은 기(氣)를 발생시켜 이름의 주인공에게 영향을 미치고 성격을 형성하며 삶을 변화시켜준다. 이름은 소리이고 소리는 사람을 만든다. 소리가 사람의 운명을 바꿀 수 있다는 것을 바로 현대의학이 증명해주고 있다.

그런데 소리에는 좋은 소리와 나쁜 소리가 있다. 식물이나 동물에게 시끄러운 소음을 틀어줄 때와 마음을 안정시키는 클래식 음악을 틀어주었을 때 성장 속도가 서로 다르다고 한다. 시끄러운 소음을 틀어주는 식물은 꽃이 피지 않거나 성장이 매우 느리고, 부드러운 클래식 음악을 틀어주는 식물은 성장 속도가 빠르고 튼튼하게 자란다는 것이다. 동물도 마찬가지다. 부드러운 클래식 음악을 틀어준 젖소에게서 그렇지 않은 젖소보다 더 많은 우유를 생산해낸다.

식물과 동물에게 영향을 미치는 영향이 이 정도인데, 하물며 사람에게 미치는 영향력은 어느 정도일까? 평생을 부르게 되는 이름은 더욱 영향력이 클 것이고, 기업의 얼굴이나 마찬가지인 회사 이름, 상품 이름 등의 브랜드 네임 또한 기업의 운명에 큰 영향을 미칠 것이다. 따라서 브랜드 네임을 성명학적으로 바르게 작명하는 것은 기업과 상품의 운명을 좌우한다고 볼 수 있다. 브랜드 네임이 좋은 소리라면 그것을 듣는 사람들에게 좋은 반응을 불러일으킬 것이고, 이것이 구매로 이어져 그 브랜드와 회사는 성공을 거둘 수 있게 될 것이다.

5. 브랜드 네임과 시각의 관계

사람이 살아가면서 청각(소리)만큼 중요한 것이 보는 것 바로 시각이다. 세상이 어떤 모습으로 보이는가 그리고 사람들이 자신을 어떻게 보느냐에 따라 사람의 삶은 달라질 것이다. 성명학 이론 중에서 시각과 관련된 내용은 바로 측자파자이다. 측자파자 이론은 글자가 분열되는 것을 가장 싫어한다.

예를 들어, 박상수(朴相洙)라는 이름은 측자파자 이론에서 매우 좋지 않다고 본다. 이름 세 글자가 모두 좌우로 갈라지므로 인생에 굴곡이 있고, 가족과 분열되며, 자신의 삶도 분열된다는 것이다.

측자파자 이론에서 가장 선호하는 것은 글자가 시각적으로 원형이나 정사각형을 이루는 것이다. 누가 보더라도 편안하고 안정되어 보이는 글자와 그림은 원형이

나 정사각형 형태이다. 편안하고 안정된 형태의 글자와 그림은 사람들에게 정서적 안정감을 주고 친밀감을 준다.

브랜드 이미지를 만드는 브랜드 네임이나 로고 · 심벌마크 등이 안정적이고 친밀한 느낌을 준다면 소비자는 해당 회사나 해당 상품에 대해 호감을 갖게 될 것이다. 그리고 그 호감 때문에 기꺼이 그 회사의 제품을 구매할 것이다.

측자파자 이론은 감각성명학(느낌성명학)이라고 할 수 있다. 시각적으로 '보기 좋은 떡이 먹기도 좋다'는 속담이 있다. 그만큼 좋은 이미지, 시각적으로 좋은 느낌을 주는 브랜드 네임이야말로 성공하기 위한 필수 조건이다.

2 브랜드 네이밍의 원칙

브랜드 네이밍(brand naming)이란 브랜드 네임 즉 회사나 상표, 서비스 등의 이름을 지어주는 일을 말한다. 브랜드 네이밍을 위해서는 이름을 짓는 일 이외에 경쟁 브랜드 조사와 수요자 분석이 뒷받침되어야 한다. 또한 좋은 브랜드 네임이 나온다 해도 상표권 등록 등 법적인 절차가 남아 있어서 그 과정이 결코 쉽지만은 않다. 마케팅 관련 문제는 논외로 하고, 여기에서는 일반적인 브랜드 네이밍의 원칙에 대해 알아본다.

브랜드 네이밍의 원칙

① 성명학 이론을 활용한다. ② 의미가 긍정적이고 희망적이어야 한다. ③ 기억하기 쉬워야 한다. ④ 소비자에게 기업 이미지나 상품 정보를 정확하게 전달해야 한다. ⑤ 시대적인 감각이 있어야 한다. ⑥ 기존의 브랜드 네임과 비슷하면 안 된다. ⑦ 법적인 보호장치가 있어야 한다.

첫째, 성명학 이론을 활용하여 브랜드 네임을 짓는다. 아무리 부르기 쉽고 쓰기 쉬운 브랜드 네임이라고 해도 성명학적으로 어울리지 않으면 좋지 않다. 브랜드 네이밍에 성명학을 활용하는 방법은 뒤에서 자세하게 설명할 것이다.

둘째, 브랜드 네임의 의미가 긍정적이고 희망적이어야 한다. 부정적이거나 좌절감이 느껴지는 단어는 반드시 피해야 한다. 말하고 듣는 사람들의 감정이 서로 교감하여 긍정적이고 희망적인 느낌을 주는 브랜드 네임은 실제로 사람들에게 긍정적이고 희망적인 영향을 미친다. 그러나 부정적인 느낌을 주는 브랜드 네임은 그 브랜드의 이름을 부르고 듣고 주고받는 사람들 사이에 나쁜 작용을 하는 기를 발생시켜서 결과적으로 그 회사의 운명에도 나쁜 영향을 미치게 한다.

셋째, 브랜드 네임이 기억하기 쉬워야 한다. 그래야 사람들이 쉽게 발음할 수 있고 자주 부를 수 있다. 좋은 브랜드 네임은 자주 불릴수록 발음의 기가 강해져서 사람들에게 좋은 파장의 기를 가져다 주고, 좋은 파장의 기는 다시 그 회사가 능력을 발휘하게 해준다.

부르기 쉽고 쓰기 쉬우려면 우선 발음하기 쉽고 기억하기 쉬워야 한다. 또한 지금은 세계화 시대라서 기업의 해외 진출이 활발하므로 세계 어디를 가든지 외국인도 쉽게 발음할 수 있고 쉽게 기억할 수 있어야 한다. 그러기 위해서는 이름이 간결하고 선명하며 어감이 좋아야 한다.

세계적인 브랜드의 하나인 코닥(Kodak)을 좋은 예로 들 수 있다. 코닥은 1880년 조지 이스트만(George Eastman)이 창립한 사진 관련용품 제조 판매 회사로서, 창립자 이스트만은 알파벳 'K'를 매우 좋아했다. 그는 'K'가 소비자나 사용자 모두에게 강한 인상을 주고 쉽게 잊혀지지 않는 힘이 있다고 생각하여 'K'를 회사 이름의 맨 앞과 끝에 넣기로 마음먹었다. 그렇게 해서 만들어진 브랜드 네임이 코닥이다. 코닥은 글자 수가 적어서 기억하기 쉽고 이미지가 생동감 있다. 이 회사가 필름부터 카메라에 이르기까지 세계적인 명성을 얻고 있는 것도 창업자의 탁월한 브랜드 네이밍 덕분이라고 할 수 있다.

코카콜라(Coca-Cola)는 2006년 현재 5년 연속 브랜드 가치 세계 1위 자리를 지키고 있는 세계적인 브랜드이며, 코크(Coke)라는 애칭으로도 유명하다. 1886년 애틀랜타의 약제사 존 펨버턴(1831~1888)이 코카의 잎, 콜라의 열매, 카페인 등을 주원료로 하는 음료를 만들어 '코카콜라'라는 이름으로 상품화했는데, 이름이 반복되는 단어로 이루어져 있어서 기억하기 쉽다. 또한 이름에서 콜라 특유의 톡 쏘는 맛이 느껴지고 이미지가 선명하다. 음료 브랜드로 이보다 좋을 수 있을까 싶을 정도로 신선한 이미지를 갖고 있다. 일정한 뜻이 없는 단순한 자음과 모음으로 이루어진 것 역시 이름을 기억하는 데 큰 장점이다.

세계적인 인터넷 검색엔진의 하나인 야후(Yahoo)도 독특한 브랜드 네임으로 유명하다. 야후는 'Yet Another Hierarchical Officious Oracle(모든 정보를 분야별로 나눠 친절하게 안내해주는 사람)'의 앞머리 글자를 따왔다고 하지만, 설립자인 제리 양(Jerry Yang)과 데이비드 파일로(David Filo)는 자신들이 『걸리버 여행기』에 나오는 인종(야후) 같다고 느껴서 이름을 야후로 정했다고 한다. 야후(Yahoo)는 두 음절로 짧고 간결하며 특이한 이름 때문에 사람들이 쉽게 기억할 수 있는 장점이 있다.

미국의 세계적인 패스트푸드 업체인 케이에프씨(KFC) 또한 기억하기 쉬운 브랜드이다. 단 세 글자 K · F · C로 이루어져 있어 한번 들으면 잊어버리지 않는 브랜드 네임이라고 할 수 있다. 자동차 브랜드 비엠더블유(BMW) 또한 단순한 글자 3개를 연결시켜 쉽게 기억할 수 있다.

넷째, 소비자에게 기업 이미지나 상품 정보를 정확하게 전달해야 한다. 기업 이념과 문화가 드러나고, 더불어 상품의 특징이나 이미지를 알릴 수 있는 이름이 좋다. 성공한 브랜드 중에는 이름만 들어도 사람들에게 무엇을 전달하고자 하는지 잘 알 수 있는 경우가 많다.

케이에프씨(KFC)는 '켄터키 프라이드 치킨'을 줄여 쓴 이름으로, 브랜드 네임만 들어도 치킨(닭고기 튀김)과 관련된 회사임을 잘 알 수 있다. 치킨 하면 케이에프씨라는 생각이 자연스럽게 들 만큼 제품의 특징을 잘 살린 이름이 바로 이 회사의 성공 비결이라 할 수 있다.

싸이월드(Cyworld) 또한 크게 성공한 브랜드 네임이다. 두 글자의 짧은 이름이라 기억하기 쉽고 친구 사이, 연인 사이, 동창 사이 등의 '사이'를 영어의 'cy'로 변형시켜 이름만 들어도 어떤 웹사이트인지 잘 알 수 있게 하였다.

초코파이 또한 최고의 브랜드 네임이라고 할 수 있다. 초콜릿의 초코를 딴 브랜드 네임을 통해 초콜릿을 원료로 만든 과자임을 쉽게 알 수 있다. 하이마트, 롯데마트, 이마트 등도 마트(mart)를 넣어서 물건을 판매하는 곳이라는 정보를 전달하여 성공을 거둔 브랜드이다.

다섯째, 시대적인 감각이 살아 있어야 한다. 따라서 브랜드 네임을 지을 때 브랜드를 소비할 사람들에 대해 철저하게 조사해야 한다. 제품 정보를 아무리 잘 표현한다고 해도 촌스럽거나 사람들에게 거부감을 불러일으키는 이름은 브랜드 네임으로 성공하기 어렵다.

동시대 사람들의 가치관과 문화를 종합적으로 분석하고, 소비자의 연령층을 고려한 브랜드 네이밍을 해야 한다. 젊은이들이 많이 찾는 제품은 젊은 세대에 어울리는 브랜드 네임을, 중년층이 많이 찾는 제품은 중년층의 정서에 어울리는 브랜드 네임을 지어야 한다. 필요하다면 브랜드 네임을 대대적으로 교체하여 브랜드 이미지를 새롭게 바꿀 수도 있다. 조선맥주를 하이트맥주로 바꾼 것은 오래된 이미지를 벗고 젊고 참신한 느낌을 주기에 충분하다.

그러나 특정 시기를 상징하는 단어나 한 시대의 특징을 나타내는 이름은 생명력이 오히려 짧을 수도 있다. 예를 들어 88올림픽이나 2002월드컵이 들어간 브랜드 네임은 그 시기에만 사용할 수 있다. 사람들의 관심이 줄어든 지금 그러한 브랜드 네임은 낡은 것이 되어버렸다. 단기간 잠깐 팔면 그만인 제품이라면 상관없지만, 오래도록 장수할 수 있는 브랜드 네임은 시대를 초월한 감각이 있어야 한다.

여섯째, 기존의 브랜드 네임과 비슷하면 안 된다. 아무리 훌륭하고 우수한 브랜드 네임을 개발했다고 해도 기존의 상호나 기존의 상품명과 비슷하다면 그 브랜드 네임은 아무런 의미가 없다. 예를 들어 삼상(三相)이라는 브랜드 네임을 개발했다고 치자. 이 이름이 아무리 좋다고 해도 삼성(三星)과 혼동이 되기 쉬우므로 브랜드 네임으로서 전혀 가치가 없다.

일곱째, 법적으로 보호받을 수 있어야 한다. 일단 브랜드 네임을 개발하면 한시라도 빨리 상표 등록을 하여 법적으로 보호받을 수 있도록 조치를 취해야 한다.

브랜드 네임의 보호

상호와 상품명 등 브랜드 네임은 법으로 주인이 정해져 있기 때문에 법적으로 보호받는다. 상호는 상법에 의해 보호받고, 상품명은 상표법의 보호를 받는다.

브랜드 네임은 법으로 주인이 정해져 있다. 브랜드 네임에는 상호와 상품명 두 종류가 있는데, 상호는 상인이 영업상 자신을 나타내는 데 사용하는 호칭으로서 상점이나 회사의 이름을 말하며, 상품명은 상인이 영업상 사고파는 물품의 이름을 말한다. 상호는 주체가 상인이고, 상인의 주체는 자연인과 법인으로 나뉜다. 상점이나 작은 회사는 자연인이 주체인 경우가 많고, 중소기업 · 대기업 · 그룹은 대부분 법인이 상호의 주체가 된다. 상호는 상법에 의해 보호받고, 상품명은 상표법의 보호를 받는다. 고의로 비슷한 이름을 사용하는 것은 물론이고, 설령 잘 모르고 사용했다고 할지라도 법적으로 책임을 물을 수 있다.

❶ 상법

- 제18조(상호선정의 자유) : 상인은 그 성명 기타의 명칭으로 상호를 정할 수 있다.
- 제19조(회사의 상호) : 회사의 상호에는 그 종류에 따라 합명회사, 합자회사, 주식회사 또는 유한회사의 문자를 사용하여야 한다.
- 제20조(회사상호의 부당사용의 금지) : 회사가 아니면 상호에 회사임을 표시하는 문자를 사용하지 못한다. 회사의 영업을 양수한 경우에도 같다.
- 제21조(상호의 단일성) : ① 동일한 영업에는 단일 상호를 사용하여야 한다. ② 지점의 상호에는 본점과의 종속 관계를 표시하여야 한다.
- 제22조(상호등기의 효력) : 타인이 등기한 상호는 동일한 특별시 · 광역시 · 시 · 군에서 동종영업의 상호로 등기하지 못한다.
- 제23조(주체를 오인시킬 상호의 사용금지) : ① 누구든지 부정한 목적으로 타인의 영업으로 오인할 수 있는 상호를 사용하지 못한다. ② 제1항의 규정에 위반

하여 상호를 사용하는 자가 있는 경우에 이로 인하여 손해를 받을 염려가 있는 자 또는 상호를 등기한 자는 그 폐지를 청구할 수 있다. ③ 제2항의 규정은 손해배상의 청구에 영향을 미치지 아니한다. ④ 동일한 특별시 · 광역시 · 시 · 군에서 동종영업으로 타인이 등기한 상호를 사용하는 자는 부정한 목적으로 사용하는 것을 추정한다.

❷ 상표법

- 제3조(상표등록을 받을 수 있는 자) : 국내에서 상표를 사용하는 자 또는 사용하고자 하는 자는 자기의 상표를 등록받을 수 있다.
- 제7조(상표등록을 받을 수 없는 상표) : ① 저명한 타인의 성명 · 명칭 또는 상호 · 초상 · 서명 · 인장 · 아호 · 예명 · 필명 또는 이들의 약칭을 포함하는 상표. 다만, 그 타인의 승낙을 얻은 경우에는 그러하지 아니하다. ② 선출원에 의한 타인의 등록상표(지리적 표시 등록단체표장을 제외한다)와 동일 또는 유사한 상표로서 그 지정상품과 동일 또는 유사한 상품에 사용하는 상표. '지리적 표시'란 상품의 특정 품질 · 명성 또는 그 밖의 특성이 본질적으로 특정 지역에서 비롯된 경우에 그 지역에서 생산 · 제조 또는 가공된 상품임을 나타내는 표시를 말한다. ③ 상표권이 소멸한 날(상표등록을 무효로 한다는 심결이 있은 경우에는 심결확정일을 말한다)부터 1년을 경과하지 아니한 타인의 등록상표(지리적 표시 등록단체표장을 제외한다)와 동일 또는 유사한 상표로서 그 지정상품과 동일 또는 유사한 상품에 사용하는 상표. ④ 타인의 상품을 표시하는 것이라고 수요자간에 현저하게 인식되어 있는 상표(지리적 표시를 제외한다)와 동일 또는 유사한 상표로서 그 타인의 상품과 동일 또는 유사한 상품에 사용하는 상표. ⑤ 특정 지역의 상품을 표시하는 것이라고 수요자간에 현저하게 인식되어 있는 타인의 지리적 표시와 동일 또는 유사한 상표로서 그 지리적 표시를

사용하는 상품과 동일한 상품에 사용하는 상표. ⑥ 수요자간에 현저하게 인식되어 있는 타인의 상품이나 영업과 혼동을 일으키게 할 염려가 있는 상표. ⑦ 국내 또는 외국의 수요자간에 특정인의 상품을 표시하는 것이라고 현저하게 인식되어 있는 상표(지리적 표시를 제외한다)와 동일 또는 유사한 상표로서 부당한 이익을 얻으려 하거나 그 특정인에게 손해를 가하려고 하는 등 부정한 목적을 가지고 사용하는 상표.

- **제8조(선출원)** : 동일 또는 유사한 상품에 사용할 동일 또는 유사한 상표에 관하여 다른 날에 2이상의 상표등록출원이 있는 때에는 먼저 출원한 자만이 그 상표에 관하여 상표등록을 받을 수 있다.

그렇다면 흔히 사용하는 지리적 명칭은 상표로 등록할 수 있을까? 결론적으로 말해 현저한 지리적 명칭 예를 들어 미국 등 국가명, 런던 등 도시명, 명동 등 번화가명은 상표등록을 할 수 없다. 그래서 마포구이집, 장충동왕족발, 제주항횟집, 종로학원, 충북소주처럼 지명을 사용하는 경우는 상표법으로 보호받을 수 없다.

그러나 상표등록이 되어 있지 않아도 오랜 기간 영업을 통해 많은 사람들이 그 상호를 인식하고 있는 경우에는 부정경쟁방지법에 의하여 보호받을 수 있다.

이러한 예로 종로학원과 천안종로학원 사이의 분쟁이 있다. 종로학원은 '종로'라는 지리적 명칭을 포함하고 있어서 상표등록을 할 수 없다. 그러나 우리나라에서 이미 이름 높은 학원으로서 사람들은 종로학원을 종로의 지명보다는 특정인의 학원으로서 인식하고 있다. 그렇기 때문에 천안종로학원이라는 이름은 두 학원이 전혀 관련이 없음에도 불구하고 이 학원이 종로학원의 천안 분원이라고 혼동을 일으킬 수 있다. 이에 법원에서는 타인의 상호, 상표 등과 동일한 또는 유사한 것을 사용하여 수요자 또는 거래자에게 혼동을 일으키는 행위로 보고 부정경쟁방지법에 의하여 천안종로학원은 간판을 내리라는 판결을 내렸다.

상표 등록

아무리 독특하고 인지도 높은 브랜드를 갖고 있다고 해도 상표 등록을 하지 않으면 무용지물이 되고 만다. 자신이 사용하고 있는 브랜드로 누군가가 먼저 상표 등록을 해버린다면 곤란한 상황에 처하게 된다.

우리나라 최초로 등록된 상표는 '천일산업'으로서 1949년 11월 28일에 등록되었다. 이후 브랜드의 중요성이 강조되면서 신규 브랜드 개발이 넘쳐나 2006년 말 현재 등록된 상표가 73만여 건이나 되고, 서울에만 32만여 건이 된다. 그러다 보니 '현대'라는 단어가 포함된 상호가 664개, '삼성'이라는 단어가 들어간 상호는 471개나 된다.

상표가 73만여 개나 되다 보니 새로 회사를 세우려는 사람 입장에서는 마음에 드는 이름은 이미 다 등록되어 있다고 보아도 틀리지 않을 것이다. 또한 업체에서는 상호를 상표 등록하면서 되도록 사업 내용을 많이 써놓기 때문에 유사상호 규제를 피하기 쉽지 않아 새로운 상호 등록이 매우 까다롭다. 자칫 잘못하면 상표권 위반으로 소송에 휘말릴 수 있기 때문에 신중하게 브랜드 네임을 지어야 한다.

해마다 상표권 위반 관련 사범으로 검찰에 7천~8천여 명이 적발되고, 특허청 산하 특허심판원에 따르면 상표권과 관련하여 심판 청구될 건수가 해마다 5천여 건에 달한다고 한다. 상표법에 따라 타인이 자기의 등록된 상표와 동일하거나 또는 이와 유사한 상표를 동일하거나 유사한 상품에 사용하고 있음이 명백하여 사업상 현저한 손해를 입혔을 경우 상표권자는 상표법이 정하는 바에 따라 정당한 법의 보호를 받을 수 있다.

3 국제화 시대의 브랜드 네이밍

1. 국제화 시대의 브랜드 네이밍 요건

사람의 이름이 각자에게 매우 중요하듯이 기업의 이름도 매우 중요하다. 현대는 국제화 시대이자 세계화 시대이다. 따라가기 싫어도 세계의 일원으로서 살아가지 않으면 안 된다. 특히 기업을 운영하는 사람들 입장에서는 더욱 그렇다. 변화에 적응하지 못하거나 변화를 거부하다가는 뒤처질 수밖에 없다.

국제화 시대의 브랜드 네이밍

기업의 브랜드 네임은 성명학적으로도 잘 어울려야 하고, 국제화 시대에 맞게 세계적으로 두루 사용할 수 있어야 한다. 세계공용어인 영어로 옮겨 쓰기 쉽고, 영어로 옮겨 썼을 때 발음이나 의미가 변형되지 않는 이름이 좋다.

기업의 이름은 성명학적으로도 잘 어울려야 하지만, 이러한 시대의 흐름을 고려하여 세계적으로 두루 사용할 수 있어야 한다. 즉 브랜드 네임이 세계 어디를 가더라도 공통적으로 사용되고 동일한 이미지를 주어야 한다. 브랜드 네임을 세계공용어인 영어로 쉽게 옮겨 쓸 수 있어야 하고, 영어로 옮겨 썼을 때 발음이나 의미가 변형되지 않아야 한다. 이를 위해서는 기업의 이미지와 잘 어울려야 할 뿐만 아니라 언어학적, 문화적, 종교적, 정치적, 종합적 검토가 이루어져야 한다.

국제화 시대에 잘 어울리는 브랜드 네임으로 삼성을 들 수 있다. 삼성은 성명학적으로 보면 100점이다(삼성의 브랜드 네임 분석은 뒤에서 자세하게 다룬다). 한자로는 三星 즉 '3개의 별'이란 의미를 가지고 있으며, 영문 표기 SAMSUNG은 발음하기에도 어렵지 않아 세계적으로 널리 쓰일 수 있다.

하나은행 역시 국제화시대에 잘 어울리는 브랜드 네임이다. 한국투자금융에서 은행으로 변신하면서 윤병철 회장과 김승유 행장이 직접 하나은행이라고 지었다고 한다. 하나은행의 '하나'는 첫째 · 한마음이라는 의미의 순우리말이다. 영어로는 HANA로 표기하므로 외국인들이 발음하기에도 전혀 어렵지 않다. 또한 한자문화권에서는 한아(韓亞)로 표기하여 인기를 누리고 있다고 한다. 실제로 홍콩의 한 여론조사에서 한국계 은행 중 가장 발음하기 쉬운 은행에 대하여 조사한 적이 있는데, 하나은행이 가장 발음하기 쉬운 은행으로 선정되었다.

2. 중국 진출을 위한 브랜드 네이밍

중국식 브랜드 네이밍의 필요성

① 뿌리 깊은 자문화중심주의로 인해 영어나 외국어 브랜드 네임은 중국에서 성공하기 힘들다. ② 문맹률이 높고 영어나 외국어를 읽지 못하는 사람들이 많다. ③ 중국어는 표의문자로서 글자의 의미를 중시하므로 문화적 동질감을 느낄 수 있는 한자 브랜드 네임이 좋다.

최근 2008년 북경올림픽을 앞두고 중국 경제가 눈부시게 성장하고 있다. 풍부한 자원과 인구 13억 명에 이르는 거대한 소비시장을 바탕으로 폐쇄적인 사회주의 국가에서 세계적인 경제 대국으로 발돋움한 것이다. 세계에서 가장 성장 잠재력이 많은 시장, 가장 매력적인 시장으로 떠오르면서 세계 유수의 기업들이 중국에 활발히 진출하고 있다.

우리나라에서도 이미 여러 기업들이 중국에 진출하여 성공을 거두고 있고, 앞으로도 더 많은 기업이 새로운 기회를 찾아 중국에 진출할 것이다. 그런데 자사 브랜드 가치를 매우 중시하는 세계 유수의 기업들이 유독 중국에서만큼은 그 브랜드를 고집하지 않고 한자로 브랜드 네임을 만들어 경제활동을 하고 있다. 그 이유가 무엇일까?

1) 중국식 브랜드 네이밍의 필요성

중국 진출을 위한 브랜드 네이밍에서 가장 중요한 것은 반드시 중국식 명칭, 중국식 브랜드 네임을 사용해야 한다는 것이다. 그 이유를 다음과 같이 설명할 수 있다.

첫째, 중국인들의 자문화중심주의(또는 중화주의)를 들 수 있다. 중국인들에게 뿌리 깊은 의식의 하나가 중화주의이다. 중화주의란 중국이 지리적으로나 문화적으로 세계의 중심이며 가장 우월한 문명을 가지고 있다는 의식을 말한다. 이러한 중화주의의 영향으로 중국인들은 다른 나라와 다른 문화에 대해 우월감을 가지고 있고, 결과적으로 세계 공용어가 된 영어나 그 밖의 외국어를 무시하는 경향이 있다. 중국에 진출하려는 기업들은 이러한 문화적인 배경을 인식하고 중국식 브랜드 네임을 만들어야 한다.

둘째, 중국의 높은 문맹률을 들 수 있다. 중국어도 제대로 읽지 못하는 사람들이 많은데 하물며 영어나 외국어를 읽는다는 것은 기대하기 어렵다. 사람들이 제대로 읽지도 못하는 브랜드가 성공하기란 불가능하다. 또한 영어 발음 중에는 중국어에 존재하지 않는 발음이 있으며, 또한 같은 철자라도 다르게 읽히는 경우가 많다.

우리나라 최고의 기업이자 세계적으로도 브랜드 가치를 인정받고 있는 삼성은 중국에 진출하면서 SAMSUNG이란 영문을 그대로 사용하였다. 그러나 중국인들은 삼성의 영문 이름을 읽기 어려워했다. 현재 표준중국어에 SAM이란 발음이 없으며, 아울러 SUNG이란 표기법도 없기 때문이다. 중국인들로서는 어떻게 읽어야 할지 문제일 수밖에 없다. 이런 경우 중국인들은 마음대로 바꾸어 부른다.

1997년 대만에서 열린 아시아 광고대전에서 삼성의 제품 광고가 입선한 적이 있다. 주최측에서 삼성에게 회사 이름을 보내 달라고 했을 때 삼성에서는 영문 이름 SAMSUNG만을 보냈다. 그러자 대만의 광고 심사위원회에서는 SAMSUNG을 쓰지 않고 그것을 음역한 싸무쑹[薩姆松, 살모송]으로 표기하는 해프닝이 벌어지기도 했다.

셋째, 중국어는 표의문자(表意文字)로서 글자 한 자 한 자의 의미를 중시한다. 성명학 중에서 감각 · 느낌 · 의미에 초점을 두는 것이 감각성명학이다. 중국인들은 복(福)과 화(禍)에 대해 관심이 매우 크기 때문에 브랜드 네임이 긍정적인 의미를 주어야 사람들에게 인기를 얻을 수 있다. 따라서 중국에서 사용할 브랜드 네임은 이러한 감각성명학을 바탕으로 지어야 한다. 또한 한자 이름을 사용한다고 해도 문화적 · 언어적 차이 때문에 한국식 한자명이 중국에서는 전혀 다른 뜻이나 어감으로 받아들여질 수 있으므로 주의해야 한다.

중국인들이 브랜드 네임의 의미를 얼마나 중요하게 여기는지는 다음의 예에서 잘 알 수 있다. 중국의 명차(名茶)로 말리화차(茉莉花茶)가 있다. 우리 주위에서 흔히 볼 수 있는 재스민차가 바로 이 말리화차이다. 그런데 유럽과 미국에까지 수출되는 이 차가 오히려 중국이나 동남아시아 등의 한자 문화권에서는 판매실적이 저조하였다. 이유는 바로 말리(茉莉)의 발음 때문이었다. 말리(茉莉)가 '이익이 없다'는 몰리(沒利)와 발음이 비슷하여 상인들의 거부반응이 심했던 것이다. 중국어로 말리(茉莉)와 몰리(沒利)는 '메이리'로 비슷하게 발음된다. 그래서 말리(茉莉)를 협(莢)으로 고치고 나서 중국어로 '이득이 생긴다'는 래리(來利)와 비슷한 발음이 되어 상인들이 선호하기 시작했고, 매출이 급신장하게 되었다.

또 다른 예로 금사(金獅)라는 의류 회사가 있었다. 홍콩에서 처음 시작된 이 회사는 처음에는 매우 고전을 하였다. 홍콩에서 '몽땅 밑지다'라는 의미인 진륜(盡輪)과 발음이 같아서 길흉에 대한 관심이 큰 홍콩 사람들의 거부감이 대단히 컸던 것이다. 중국 대륙에서도 '자금을 잃어버린다'는 의미의 금실(金失)이나 '전부 상실한다'는 진실(盡失)과 발음이 같았다. 당연히 중국인들은 이 회사의 제품을 꺼렸다. 시간이 흐를수록 매출이 오히려 줄어들었다. 그래서 금사(金獅)라는 이름에서 사(獅)를 바꾸기로 하고 사자의 영어 발음인 라이언(Lion)에서 응용하여 리래(利來)를 만들고, 골드(Gold)에 해당하는 앞 글자 금(金)과 합쳐서 '금리래(金利來)'로 이름을 바꾸었다. 중국어로는 '진리라이'로 발음한다. 이후 브랜드 네임의 의미처럼 매출이 급성장하면서 넥타이로 시작한 작은 회사가 와이셔츠, 양복까지 생산하는 유명한 회사가 되었다. 이 회사의 새로운 브랜드 금리래(金利來)는 전 세계가 즐기는 명품 브랜드가 되었다.

글자나 발음만으로 기업을 구별하는 서구와 달리 중국은 브랜드 네임의 의미에 대해 관심이 많다. 삼성과 농심은 브랜드가 원래 한자 이름이므로 한자 문화권인 중국에서 쉽게 통하리란 단순한 생각으로 기존 이름 그대로 중국에 진출하였다. 그 결과 애니콜이나 신라면과 새우깡이 인기를 얻었음에도 불구하고 삼성이나 농심의 브랜드 이미지는 제대로 인식시키지 못하였다. 비슷한 시기에 진출한 모토로라나 노키아가 한자 브랜드 네임을 활용하여 기업 이미지를 확실하게 인식시킨 것과 달리 애니콜을 만든 회사가 삼성이란 것을 제대로 인식하지 못하고, 신라면과 새우깡을 농심에서 만들었다는 것을 제대로 인식시키지 못한 것이다.

2) 중국식 브랜드 네이밍 사례

세계적인 브랜드이면서도 중국 시장에 진출하면서 새로운 브랜드 네임을 내세워 성공을 거둔 사례를 살펴보자. 세계 10대 명품 브랜드의 하나인 코카콜라(Coca-Cola)는 중국에 진출하면서 기존의 이름 대신 중국 사람들에게 친근하게 다가갈 수 있는 새로운 이름을 개발해냈다. '입에 가져갈수록 즐겁다' 즉 '마실수록 즐거운'이란 의미의 중국어 커코우커러[可口可樂, 가구가락]가 바로 코카콜라의 중국식 브랜드이다. 코카콜라는 중국에서 매우 큰 성공을 거두었는데, 그 결과 단순한 의미의 단어가 가치 있는 브랜드 네임으로 인정받게 되었다. 이는 감각성명학 측면에서 매우 성공적인 브랜드 네이밍이라고 할 수 있다.

맥도날드는 마이땅라오[麥當勞, 맥당로]로, 케이에프씨(KFC)는 처음에는 컨터지[肯特基, 긍특기]로 했다가 너무 강한 느낌이라고 판단하여 컨더지[肯德基, 긍덕기]로 바꾸어 중국에 진출하였다. 여기서 기(基)는 닭 계(鷄)와 비슷하게 발음되어 '닭을 파는 곳'으로 쉽게 인식되고, 앞 글자에 항상 긍정적이고 덕의 기본이 된다는 의미가 있어서 브랜드 이미지가 중국인들에게 친근하게 자리잡게 되었다.

세계적인 스포츠용품 브랜드 나이키(Nike)는 그리스 어로 '승리의 여신'이란 의미다. 그런데 중국 표준어에 '키' 발음이 없어서 나이커[耐克, 내극]라는 이름을 선택하였다. '참고 인내하여 어려움을 극복한다'는 의미를 통하여 '나이커'라는 브랜드의 의미가 매우 선명하게 살아나게 되었다.

세계적인 대형 유통업체 까르푸(Carrefour)는 중국에 진출하면서 브랜드 네임을 자러푸[家樂福, 가락복]로 지었다. 자러푸는 중국에 진출한 외국 브랜드로는 최고의 히트작이라고 할 만하다. 가정에 즐거움과 복이 온다는 의미로 인해 중국 사람들에게 매우 친근하고 마음에 쏙 드는 브랜드가 되었기 때문이다.

그 밖에 인터넷 검색 엔진 야후(Yahoo)는 중국에 진출하면서 야후[雅虎, 아호]라는 이름을 사용하였는데, 이 이름은 기존의 이름인 야후와 발음이 같으면서 우아한 호랑이란 이미지가 중국인들에게 호감을 얻으면서 성공을 거두었다. 카메라의 대명사 미놀타(Minolta)는 중국 브랜드를 완넝따[萬能達, 만능달]로 정했는데, '모든 것을 능히 이룬다'는 의미를 지니고 있다. 자동차 업계에서는 메르세데스 벤츠(Mercedes-Benz)가 '신나게 질주한다'는 의미의 펀츠[奔馳, 분치]를 브랜드 네임으로 사용하고 있으며, 폭스바겐(Volkswagen)은 '국민의 차'란 의미인데, 중국에서도 원래의 의미를 살린 따중[大衆, 대중]이라는 브랜드 네임을 내세웠다.

한국 기업 중에서도 중국식 브랜드 네임으로 성공을 거둔 경우가 있다. 롯데, 오리온, 이마트가 그 예이다. 롯데는 러티엔[樂天, 낙천]이라는 '즐거운 하늘'의 이미지를 내세움으로써 중국 사람들에게 호감을 주는 브랜드로 자리잡았다.

오리온의 중국식 브랜드 네임은 하오리요우[好麗友, 호려우]로서 '좋고 아름다운 친구' 라는 의미를 지니고 있다. 본래 오리온의 이름은 동양제과인데 '동양(東洋)' 은 중국에서 일본을 비하해 부르는 말로, 반일감정이 심한 중국에서는 부정적인 이미지가 있다. 이에 오리온은 '좋고 아름다운 친구'라는 친근한 이미지로 중국인들에게 긍정적인 느낌을 줄 수 있었다. 오리온의 대표 상품인 초코파이는 챠오커리파이[巧克力波, 교극력파]인데 힘이 느껴지는 브랜드로서 중국에서 매우 인기 있는 제품이다.

이마트의 중국식 브랜드 네임인 이마이더[易買得, 이매득]는 '사기 쉬운'이란 의미를 갖고 있다. 편리한 쇼핑을 내세움으로써 성공한 브랜드라고 할 수 있다.

중국식 브랜드 네이밍의 원칙

① 원래의 브랜드 네임과 발음이 비슷하게 짓는다. ② 원래의 브랜드 네임과 의미가 비슷하게 짓는다. ③ 원래의 브랜드 네임과 발음이 비슷하면서도 새롭고 긍정적인 의미를 지니도록 짓는다. ④ 원래의 이름을 그대로 사용한다.

이 밖에도 중국에 진출한 많은 기업들이 중국 소비자들의 마음을 사로잡을 수 있는 브랜드 네임을 개발하기 위해 자본과 시간을 투자하고 있다. 특히 영어나 기타 외국어 브랜드 네임을 그대로 사용하기보다는 중국어로 된 브랜드 네임을 사용하여 성공을 거둔 경우를 쉽게 찾아볼 수 있다.

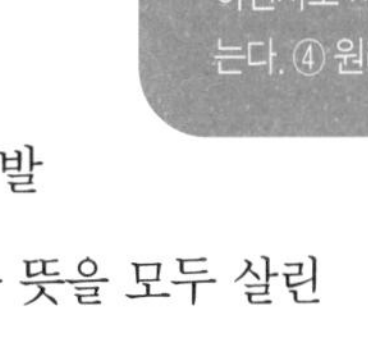

해외 기업들의 중국식 브랜드 네이밍을 보면 기존의 브랜드와 발음이 비슷하거나 의미가 비슷하도록 이름을 짓는다. 이 때 발음과 뜻을 모두 살린 브랜드 네임은 더욱 많은 사랑을 받는다. 세계적인 브랜드 네임이 중국에서 어떻게 바뀌어 사용되는지 비교해보면 무척 재미있을 것이다.

- **네슬레(Nestle)** : 취에차오[雀巢, 작소]. 새둥지라는 뜻으로 브랜드 네임 본래의 의미를 살렸다.
- **노키아(Nokia)** : 누어지아[諾基亞, 낙기아]. 브랜드 네임 본래의 발음을 살렸다.

- 델(Dell) : 따이얼[戴爾, 대이]. 브랜드 네임 본래의 발음을 살렸다.
- 도요타(Toyota) : 도요타[豊田, 풍전]. 브랜드 네임 본래의 뜻과 발음을 살렸다. '풍요로운 밭' 이란 의미를 담고 있다.
- 레고(Lego) : 러까오[樂高, 낙고]. 즐거움(기쁨)이 넘친다는 의미로, 브랜드 네임 본래의 뜻과 발음을 살렸다. 레고는 덴마크 어로 '재미있게 놀아라' 라는 뜻이다.
- 롤스로이스(Rolls-Royce) : 라오쓰라이쓰[勞斯萊斯, 노사래사]. 브랜드 네임 본래의 발음을 살렸다.
- 르노(Renault) : 레이누어[雷諾, 뇌락]. 브랜드 네임 본래의 발음을 살렸다. 우레와 같은 승낙이란 뜻이다.
- 마이크로소프트(Microsoft) : 웨이란[微軟, 미연]. 작고 부드럽다는 뜻으로, 브랜드 네임 본래의 의미를 살렸다.
- 말보로(Marlboro) : 완바오루[万寶路, 만보로]. 브랜드 네임 본래의 발음을 살렸다. 만 가지 보물길, 보석이 가득한 길이란 뜻이다.
- 모토롤라(Motorola) : 모어투어루어라[摩托羅拉, 마탁라랍]. 브랜드 네임 본래의 발음을 살렸다.
- 미스터피자(Mr. Pizza) : 비싸 시앤성[比薩先生, 비살선생]. 피자 선생이란 뜻으로 브랜드 네임 본래의 의미를 살렸다.
- 버드와이저(Budweiser) : 바이웨이[百威, 백위]. 브랜드 네임 본래의 발음을 살렸다.
- 비엠더블유(BMW) : 바오마[寶馬, 보마]. 브랜드 네임 본래의 발음을 살렸다. 또한 고급 승용차란 뜻으로, 브랜드의 이미지까지 살렸다.
- 세븐업(Seven Up) : 치시[七喜, 칠희]. 브랜드 네임 본래의 의미를 살려 세븐(seven)은 칠(七)로, 업(up)은 기쁠 희(喜)로 옮겼다. 이 음료수를 마시면 일곱 가지의 기쁨을 누릴 수 있다는 뜻이다.

- 소나타(Sonata) : 쑤어나타[索娜塔, 색나탑]. 브랜드 네임 본래의 발음을 살렸다.
- 소니(Sony) : 쑤어니[索尼, 색니]. 브랜드 네임 본래의 발음을 살렸다.
- 스프라이트(Sprite) : 처음에는 브랜드 네임 본래의 발음을 살려 쓰보라이[斯波萊, 사파래]라고 지었다. 스프라이트(sprite)의 의미는 꼬마요정인데, 중국에서 요정은 요괴, 요사스러운 여자라는 부정적인 이미지를 갖고 있다. 이런 의미를 지닌 단어를 그대로 쓸 수 없어서 발음이 비슷한 쓰보라이를 내세웠지만, 소비자에게 인기를 얻지 못했다. 의미가 청량음료와는 전혀 관련이 없고 발음도 끌리지 않았기 때문이었다. 그래서 다시 개발한 브랜드 네임이 바로 쉬예삐[雪碧, 설벽]이다. 눈 설(雪) 자와 푸를 벽(碧) 자로 이루어진 이 브랜드 네임은 본래의 발음과는 많이 달라졌지만, 겨울철 흩날리는 눈과 푸른 시냇물을 떠올리게 하여 청량음료로서 매우 훌륭한 이름이다.
- 아우디(Audi) : 아오디[奧迪, 오적]. 브랜드 네임 본래의 발음을 살렸다.
- 애플(Apple) : 핑구어[苹果, 평과]. 브랜드 네임 본래의 뜻을 그대로 풀이한 이름이다. 핑구어는 중국어로 사과를 뜻한다.
- 에릭슨(Ericsson) : 아이리신[愛立信, 애립신]. 브랜드 네임 본래의 발음을 살렸다. 사랑으로 믿음을 세운다는 뜻이다.
- 이케아(Ikea) : 이지아[宜家, 의가]. 브랜드 네임 본래의 발음을 살렸다. 또한 아름다운(화목한) 집이란 뜻이 가구 브랜드 이미지에 잘 어울린다.
- 인텔(Intel) : 잉터얼[英特爾, 영특이]. 브랜드 네임 본래의 발음을 살렸다.
- 제너럴 일렉트릭(General Electric) : 퉁융디엔치[通用電氣, 통용전기]. 브랜드 네임 본래의 의미를 살렸다.
- 제너럴 모터스(GM, General Motors Corporation) : 퉁융치처[通用汽車, 통용기차]. 브랜드 네임 본래의 의미를 살려서 제너럴(General)은 퉁융[通用, 통용]으로, 모터스(Motors)는 치처[汽車, 기차]로 바꾸었다. 중국어로 치처는 자동차란

뜻이다.

- 제록스(Xerox) : 스러[施樂, 시락]. 브랜드 네임 본래의 발음이 살아 있고, 즐거움을 준다는 새로운 의미까지 부여하였다.
- 존슨(Johnson) : 치앙성[强生, 강생]. 활력을 불어넣는다는 뜻으로, 브랜드 네임 본래의 발음이 살아 있고, 화장품 이미지에 맞는 새로운 뜻을 부여하였다.
- 지멘스(Siemens) : 시먼즈[西門子, 서문자]. 브랜드 네임 본래의 발음을 살렸다.
- 킷캣(Kit Kat) : 치차오[奇巧, 기교]. 브랜드 네임 본래의 발음이 살아 있고, (초콜릿) 맛이 기이하고 묘하다는 의미가 있어 과자 브랜드로 매우 훌륭하다.
- 타임워너(Time Warner) : 스다이 화나[時代華納, 시대화납]. 타임(Time)은 브랜드 네임 본래의 뜻을 살려 스다이[時代, 시대]로 옮기고, 워너(Warner)는 발음을 살려서 화나[華納, 화납]로 옮겼다.
- 펩시콜라(Pepsicola) : 바이스커러[百事可樂, 백사가락]. (마시면) 세상 모든 일이 즐거워진다는 뜻으로, 브랜드 네임 본래의 발음이 살아 있다.
- 포드(Ford) : 푸트어[福特, 복특]. 특별한 복이란 뜻으로, 브랜드 네임 본래의 발음이 살아 있다.
- 피자헛(Pizza Hut) : 삣씽학[必勝客, 필승객]. 반드시 승리하는 손님이란 뜻이다. 브랜드 네임 본래의 발음을 살리기 위해 광동 방언을 따랐다.
- 혼다(Honda) : 혼다[本田, 본전]. 브랜드 네임 본래의 발음과 이미지를 살렸다. 일본의 밭(들), 본래의 밭(들)이란 뜻이다.

3) 중국의 브랜드 네임

이제까지 외국 기업이나 한국 기업이 중국에 진출하면서 사용한 브랜드를 알아보았는데, 중국 기업은 자국 내에서 어떤 브랜드 네임을 사용하는지 알아보자.

칭다오[靑島, 청도]시는 경치가 아름다워 휴양지로 유명하며, 상업적으로 매우 성공한 도시이다. 칭다오시에는 중국 최대의 가전업체인 하이얼[海爾, 해이]그룹 본사가 있다. 이 회사의 전신은 중국 정부가 세운 칭다오 냉장고 공장으로, 독일 리브헤어(Liebherr)사의 냉장고 기술을 도입하면서 히트상품을 만들어내기 시작하였다. 처음에는 제품의 이름을 칭다오리바하이얼[琴島利勃海爾, 금도이발해이]로 지었는데, 이름이 너무 길어서 고객들이 쉽게 알아듣기 힘들었다. 그래서 이름을 리브헤어(Liebherr)로 줄였으나 이 또한 고객들에게 인식시키기 어려웠다. 결국 특별한 의미가 있는 단어는 아니지만 간결한 글자와 부드러운 어감을 살린 하이얼(Haier) 즉 해이(海爾)로 바꾸고 나서 고객들에게 쉽게 인식되었고, 지금은 중국에서 가장 많이 팔리는 가전 브랜드가 되었다. 현재 하이얼은 중국 최고의 브랜드 가치를 지닌 것으로 평가받는다.

칭다오맥주는 중국 맥주 시장에서 1위를 차지하는 유명 상품이다. 이 맥주는 단순히 지명을 사용하여 작명한 것이지만, 푸를 청(青) 섬 도(島)로 푸른 섬과 맥주의 시원한 맛이 잘 어우러져 성공한 브랜드가 되었다.

청도쌍성(青島雙星)은 시작 단계에서는 '시장에서 빛을 발하는 단 하나의 별'이라는 의미로 일성(一星)이란 브랜드 네임을 사용하였다. 당시에는 상표에 별 하나가 그려져 있었다. 그 후 중국 시장이 개방되고 시장경제가 활발하게 발전함에 따라 첨단 과학기술과 철저한 관리를 병행해야 한다는 뜻으로 '2개의 별'이란 의미의 '쌍성(雙星)'으로 브랜드 네임을 바꾸었다. 2개의 별 중에서 하나는 과학기술을 상징하고 다른 하나는 관리를 상징한다. 현재 청도쌍성은 중국에서뿐만 아니라 세계적인 유명 브랜드가 되어 유럽에서도 인기가 높다. 세계 진출에 성공한 후에는 2개의 별이 각각 동반구와 서반구를 의미하는 것으로 바뀌었는데, 여기에는 동서양을 평정한다는 거대한 꿈이 담겨 있다.

한편 한자식 이름에서 탈피한 브랜드 네임도 있다. 가전 및 정보통신업체인 티씨엘(TCL)그룹의 이름은 Telephone Communication Ltd의 약자로, 세계화 추세에 맞추어 영어로 브랜드 네임을 짓고 세계경제 무대에 성공적으로 진출하였다.

티씨엘(TCL)그룹은 오늘날 중국의 숫사자란 의미인 'Today China Lion'으로 개명하였다. 여기에는 금일중국웅사(今日中國雄獅), 즉 잠자던 과거의 중국 사자가 세계화 시대를 맞아 잠에서 깨어나 세상을 놀라게 할 것이라는 거대한 꿈이 내포되어 있다.

그런가 하면 중국의 전통문화를 부각시킨 브랜드 네임으로 성공을 거둔 기업도 있다. 의류 브랜드인 홍더우[紅豆, 홍두]는 '사랑의 열매'란 의미로, 중국 당나라 시대 시인 왕유(王維)의 시에서 유래되었으며, 순결하고 아름다운 사랑의 상징으로 쓰인다.

중국인이라면 누구나 잘 알고 있는 이 시 덕분에 홍더우는 중국인들에게 선풍적인 인기를 얻으며 큰 성공을 거둘 수 있었다. 젊은 연인들은 이 브랜드의 옷을 서로 선물하며 사랑을 고백하고, 해외 중국 교포들은 고국에 대한 추억으로 이 옷을 선물하면서 매출이 크게 늘어난 것이다.

그러나 해외에서 실패한 중국 브랜드도 있다. 산칭[三槍, 삼창]과 팡팡[芳芳, 방방]이 그 예이다. 의류 브랜드 산칭은 미국에 진출하면서 통관신고서와 상품 포장에 적혀 있는 삼창(三槍)이란 글자가 문제가 되어 세관에서 금지되고 말았다. 미국에서 무기 수출입은 절대 금지였기 때문이다.

팡팡은 립스틱 브랜드로 중국에서 꽤나 인기 있었다. 그런데 이 립스틱이 미국 사람들에게는 전혀 인기가 없었다. 알고 보니 영어로 fang은 개이빨 또는 독이빨 등의 의미를 지니고 있었던 것이다.

재미이있는 브랜드 이야기

중국인이 좋아하는 브랜드 네임

사람은 자신의 감정을 매우 소중하게 생각하기 때문에 성명학 중에서도 감각성명학이 중요하게 활용된다. 중국인들 역시 뜻이 좋고 느낌이 좋은 브랜드 네임을 선호한다. 특히 중국인들은 한자에 대한 자부심이 강하고 글자 한 자 한 자의 뜻에 큰 의미를 부여한다. 복 복(福)과 여덟 팔(八)은 발음이 서로 같기 때문에 중국인은 팔(八)이란 숫자가 들어가는 상호나 상품명을 선호한다. 숫자 팔(八)이 들어가면 복이 있다고 믿기 때문이다.

코카콜라(Coca-Cola)는 중국에 진출하면서 커코우커러[可口可樂, 가구가락] 즉 '입이 즐겁고 맛도 좋은'이란 뜻을 가진 브랜드 네임으로 바꾸었다. 다른 나라에서는 코카콜라를 그대로 사용하더라도 의미를 중시하는 중국에서는 감각(느낌)이 좋은 글자를 사용하여 브랜드 네이밍을 한 것이다.

인터넷 검색 포털사이트인 구글(Google)은 구거[谷歌, 곡가]라는 이름으로 중국에 진출하였다. 구거[谷歌]는 '풍년의 노래', '기쁨의 노래'라는 뜻이다.

성명학은 기(氣)의 학문이다. 기에는 여러 종류가 있다. 사람이 어떤 것을 선호하고 집중하는가에 따라 기의 영향력은 달라진다. 중국인들은 의미를 중시한다. 그러므로 중국에 진출하려는 기업은 브랜드 네임의 의미에 중점을 두어야 한다. 이 때 오행의 상생·상극을 고려하면 더욱 좋을 것이다.

한 가지 덧붙이자면 중국인들은 붉은색을 선호한다. 2007년 들어 붉은돼지띠(황금돼지띠라고 하지만 역학상 붉은돼지띠가 맞다)에 열광하는 것은 중국 사람들의 붉은색 선호사상 즉 붉은색은 재물과 복을 가져다 준다는 믿음 때문이다. 보다 많은 사람들이 좋아하는 색상일수록 기가 집중될 것이다. 그러므로 중국 진출을 계획하는 기업은 붉은색의 의미와 느낌을 활용하라.

브랜드 네임별 특징

사람들에게 사랑받는 브랜드 네임은 이루 헤아릴 수 없을 만큼 많다. 그 중에는 사람 이름이나 지방 이름을 따오거나, 특정한 언어나 단어로 이루어진 경우가 많다. 다음은 브랜드 네임을 각각의 특징에 따라 분류한 것이다.

1. 성이나 이름을 활용한 브랜드 네임

서양에서는 회사나 가게의 이름에 자신의 이름을 붙이는 경우가 많다. 특히 화장품 회사나 패션 회사는 자신의 이름을 직접 브랜드 네임으로 사용하는 경우가 흔하다.

우리나라에서도 자신의 이름을 활용한 브랜드를 쉽게 찾아볼 수 있다. 가장 흔한 경우가 바로 병원일 것이다. 병원 원장이 자신의 이름으로 병원을 개업하므로 대개 병원 원장의 이름이 곧 병원 이름인 셈이다. 이 밖에 하선정 멸치액젓, 김정문 알로에, 김영모 제과점, 박영률 출판사, 주재근 베이커리, 강성원 우유, 윤씨농방 등 창업자의 이름을 활용한 브랜드가 있다. 디자이너 앙드레김은 의상뿐만 아니라 속옷, 안경 등 패션제품에까지 자신의 이름을 붙인 브랜드를 갖고 있다.

❶ 메르세데스 벤츠

세계적인 명차 메르세데스 벤츠(Mercedes-Benz)를 만드는 회사는 다임러 크라이슬러이다. 원래 다임러 벤츠였던 것이 1998년 크라이슬러와 합병하면서 지금의 이름으로 바뀌었다. 다임러 벤츠의 창립자는 고틀립 다임러(Gottlieb Daimler, 1834~1900)와 칼 벤츠(Karl Friedrich Benz, 1844~1929) 두 사람이다. 이들은 각각 자신들의 이름을 딴 자동차 회사 다임러와 벤츠를 경영하고 있었는데, 1차대전 후 극심한 불황에서 벗어나기 위해 두 회사를 합병하였다. 이후 상표명은 메르세데스 벤츠, 회사명은 다임러 벤츠가 되었다.

상표명이 메르세데스 벤츠가 된 것은 다임러의 서부 유럽과 미국의 판매대리인이었던 예리네크의 제안 때문이었다. 즉 에밀 예리네크(Emile Jellinek)가 사랑하는 딸의 이름인 메르세데스(Mercedes)를 벤츠(Benz)에 붙여 팔고 싶다고 제안하자, 벤츠의 경영진이 그 딸이 아름답고 예절이 바른 것에 호감을 갖고 그 제안을 허락하였고 메르세데스 벤츠라는 이름으로 자동차를 판매하도록 한 것이다. 이리하여 회사를 가리킬 때는 다임러 벤츠, 그 회사에서 제작하는 자동차와 상표를 가리킬 때는 메르세데스 벤츠라고 한다.

❷ 아르마니

의류, 향수, 화장품, 액세서리, 신발, 가구, 시계 등을 만드는 이탈리아의 패션 브랜드로서, 1975년 조르지오 아르마니(Giorgio Armani)와 세르지오 갈레오티(Sergio Galeotti)가 공동으로 창립하였다. 모델을 위한 의상을 만들지 않고 움직이는 사람을 위한 옷을 만든다는 철학에 따라 단순하고 우아하며 편안한 의상을 디자인하는 것으로 유명하다.

❸ 루이비통

프랑스의 명품 브랜드로서, 창업자 루이 비통(Louis Vuitton)은 1821년 프랑스 쥐라주에서 태어나 1935년 파리로 와서 트렁크 및 케이스 제작자인 마레샬(Marechal)

의 견습공으로 일하다 직사각형 모양의 뚜껑이 평평한 트렁크 가방을 최초로 개발하여 큰 성공을 거두었다. 이후 독창적이고 실용적인 트렁크 디자인으로 파리 세계박람회에서 금메달을 수상하였다. 현재 루이비통은 가방에서 액세사리, 의류를 모두 취급하는 토탈패션으로 확대되었다.

❹ 페라가모

이탈리아의 명품 브랜드로서, 창업자는 살바토레 페라가모(Salvatore Ferragamo, 1898~1960)이다. 1898년 이탈리아 캄파니아주 나폴리 근교의 보니토(Bonito)에서 태어난 그는 9세 때 처음 구두를 만들었고 이를 계기로 구두점에서 견습공으로 일하였다. 16세 때 미국으로 건너가 할리우드 근처에서 구두점을 운영했는데 독특한 디자인의 구두로 배우들에게 인기가 높았다. 그 후 미국의 대공황으로 경제가 어려워지자 1929년 고향 이탈리아로 돌아와 피란체에 구두점을 열었다. 페라가모 구두는 독창적인 디자인뿐만 아니라 편안한 착용감으로 인기가 높다. 그의 사후 가족들이 사업을 이어받아서 의류, 가방 등으로 확장해 나갔다.

❺ 샤넬

세계적인 패션 브랜드로서 창립자는 프랑스의 가브리엘 샤넬(Gabrielle Bonheur Chanel, 1883~1971)이다. 처음에는 모자 디자이너로 활동을 시작하였고 그 후 여성복 디자이너로 전향하였다. 기존의 코르셋 등 답답한 속옷이나 장식성이 많은 옷 대신 입기 편한 옷을 디자인하여 많은 여성들로부터 사랑을 받았다. 지금은 의류뿐만 아니라 향수와 화장품 등으로 사업을 확장하였다.

❻ 베르사체

베르사체 역시 세계적인 명품 브랜드로서 창립자는 이탈리아의 지아니 베르사체

(Gianni Versace, 1946~1997)이다. 여성복 디자이너로 시작해서 액세서리, 가죽, 모피, 향수 등 다양한 브랜드로 확장해 나갔다. 화려하고 여성적이며 현란한 원색과 패턴, 실루엣과 디테일이 특징이다.

❼ 크리스찬 디올

프랑스의 세계적인 명품 브랜드로서 창립자는 크리스찬 디올(Christian dior, 1905~1957)이다. 처음에는 건축에 관심을 가졌으나 경제적으로 어려워지자 드레스와 모자의 크로키를 그리기 시작하면서 패션 디자이너로 변신하였다. 1947년 튤립 모양의 스커트와 재킷인 '뉴룩' 을 선보이며 돌풍을 일으켰으며, 이후 패션사에 길이 남을 주옥 같은 디자인으로 많은 여성들에게 사랑을 받았다. 의류, 화장품, 향수 등에서 명품 브랜드로 인정받고 있다.

❽ 유대인의 이름을 따서 만든 브랜드 네임

- 페리어(Perrier) : 프랑스의 생수 브랜드
- 배스킨라빈스(Baskin Robbins) : 미국의 아이스크림 브랜드
- 헬레나 루빈스타인(Helena Rubinstein) : 프랑스의 화장품 브랜드
- 비달 사순(Vidal Sasson) : 미국의 헤어 용품 브랜드
- 리바이스(Levi's) : 미국의 의류 브랜드
- 캘빈 클라인(Calvin Klein) : 미국의 패션 브랜드
- 랄프 로렌(Ralph Lauren) : 미국의 패션 브랜드
- 코닥(Kodak) : 미국의 사진 용품 브랜드
- 에스티 로더(Ester Lauder) : 미국의 화장품 브랜드
- 샘소나이트(Samsonite) : 미국의 가방 브랜드
- 허츠(Heartz) : 미국의 렌트카 브랜드

2. 프랑스 어로 된 브랜드 네임

브랜드 네임을 특정 언어로 짓는 경우는 매우 흔하다. 그 중에서도 프랑스 어는 화장품뿐만 아니라 의류, 음식 등 다양한 분야의 브랜드 네임에 두루 활용된다. 어떤 브랜드 네임에 어떤 의미의 프랑스 어가 사용되었는지 정리해보았다. 여기에서는 의미를 잘 알 수 있도록 단어를 띄어쓰기하였다.

❶ 화장품

- 라 프레리(La Prairie) : 초원
- 드 라 메르(De La Mer) : 바다
- 부르주아(Bourgeois) : 자본가 계급
- 끌리니끄(Clinique) : 병원, 진료소
- 마몽드(Ma Monde) : 나의 세계
- 라네즈(La Neige) : 눈(snow)
- 로제(Rosee) : 이슬
- 끌레 드 뽀(Cle De Peau) : 아름다운 피부의 열쇠
- 라끄 베르(Lac Vert) : 초록 호수
- 보 땅(Beau Temps) : 좋은 날씨
- 에스쁘와(Espoir) : 희망
- 쟈도르(J'adore) : 나는 흠모한다
- 샹스(Chance) : 기회
- 볼 드 뉘(Vol De Nuit) : 야간비행. 생텍쥐페리의 소설 『야간비행(Vol De Nuit)』에서 유래한 이름
- 쁘와종(Poison) : 독, 독약, (독처럼) 불가항력적인 매력을 가진 사람

❷ 의류

- 비씨비지(BCBG) : 훌륭한 멋쟁이, 훌륭한 취향. Bon Chic Bon Genre의 약자
- 에꼴 드 빠리(Ecole De Paris) : 파리의 학교
- 에스쁘리(Esprit) : 정신, 영혼
- 쁘랭땅(Printemps) : 봄
- 아 라 모드(A La Mod) : 유행하는, 현대풍의
- 르 꼬끄 스포르티브(Le Coq Sportif) : 활발한 수탉
- 쁘띠 꼬숑(Petit Cochon) : 작은 돼지

❸ 음식점

- 르 뺑(Le Pain) : 빵. 베이커리 브랜드
- 르 노뜨르(Le Notre) : 우리들의 것. 베이커리 브랜드
- 파리 바게뜨(Paris Baguette) : 파리의 바게뜨빵. 베이커리 브랜드
- 뚜 레 쥬르(Tous Les Jours) : 매일매일. 베이커리 브랜드
- 르 샤(Le Chat) : 고양이. 커피숍
- 쉐 누(Chez Nous) : 우리들의 집. 커피숍
- 살롱 드 떼(Salon de Th) : 차가 있는 방. 커피숍
- 쟈뎅(Jardin) : 정원. 커피숍
- 팡세(Pense) : 사상, 생각. 카페. 정확한 발음은 빵세
- 마르쉐(March) : 시장. 패밀리 레스토랑
- 르 쁘띠 파리(Le Petit Paris) : 작은 파리. 레스토랑

❹ 잡지

- 보그(Vogue) : 유행, 인기

- 쎄씨(Ceci) : 이 곳. 정확한 발음은 써씨
- 엘르(Elle) : 그녀. 같은 이름의 의류 브랜드도 있다
- 뱅 땅 키키(Vingt Ans KiKi) : 20살의 키키(사람 이름)
- 라 벨르(La Belle) : 아름다운 여인
- 에꼴(Ecole) : 학교
- 뚜르 드 몽드(Tour De Monde) : 세계 여행
- 노블레스(Noblesse) : 귀족, 품위
- 앙팡(Enfant) : 아이

❺ 기타

- 쿠크다스(Couque D'asse) : 벨기에 아스(Asse) 지방의 쿠키. 제과 브랜드
- 뽀또(Poteau) : 단짝 친구. 제과 브랜드
- 몽 쉘 통통(Mon Cher Tonton) : 사랑하는 나의 아저씨(삼촌). 제과 브랜드
- 봉봉(Bonbon) : 사탕. 음료 브랜드
- 에뜨랑제(Etranger) : 외국인, 이방인. 껌 브랜드
- 루이 까또즈(Louis Quatorze) : 루이 14세. 잡화 브랜드
- 디망쉬(Dimanche) : 일요일. 구두 브랜드
- 브랑누아(Blanc—Noir) : 흰—검은. 구두 브랜드
- 센스(Sens) : 센스. 정확한 발음은 쌍스. 노트북 브랜드
- 모나미(Mon Ami) : 나의 친구. 띄어 쓰면 '몽아미' 로 발음되지만 프랑스 특유의 연음으로 '모나미' 가 된다. 문구 브랜드
- 마 쉐리(Ma Chrie) : (남자가 연인에게 또는 엄마가 딸에게) 나의 귀염둥이. 세제 브랜드
- 까르푸(Carrefour) : 사거리. 정확한 발음은 꺄르푸. 대형할인점 브랜드

- 비쥬(Bijou) : 보석. 2인조 그룹 이름
- 상떼 빌(Sante Ville) : 건강한 마을. 아파트 브랜드
- 쉐르 빌(Chere Ville) : 사랑스러운 마을. 아파트 브랜드
- 뤼미에르(Lumire) : 빛. 극장 이름
- 마로니에(Maronnier) : 너도밤나무. 대학로의 공원 이름
- 랑데부(Rendezvous) : 약속, 만남. 샴푸 브랜드

브랜드 네임을 보면 차를 알 수 있다

차의 이름에는 자동차 회사의 역사가 담겨 있고, 차의 성격이 담겨 있고, 차의 의미가 담겨 있다. 이름 석 자가 사람의 운명에 영향을 미치듯이, 자동차 브랜드도 상품으로서 차의 운명을 좌우하는 경우가 많다.

그렇기 때문에 자동차 회사들은 수백여 개의 브랜드 네임 후보작을 상표로 등록해놓고 있다. 특허청에 따르면, 2006년 4월 30일 현재 우리나라의 자동차 관련 상품 출원은 1만 1458건에 이른다고 한다. 1955년 10월 12일 우리나라의 첫 자동차 '시발'의 상표 출원 이후 폭발적으로 증가한 것이다.

독일의 비엠더블유(BMW)와 스웨덴의 사브(Saab)는 숫자를 브랜드 네이밍에 활용한다. BMW는 등급에 따라 3, 5, 7, 8 시리즈로 불리는데, 예를 들어 BMW325i의 3은 3시리즈를 의미하고, 25는 배기량인 2,500cc를 나타낸다. BMW320의 3 역시 3시리즈를 의미하며, 배기량이 실제로는 2,170cc여서 321.70이라 할 것을 이름 짓기 편하도록 320으로 부르고 있다. 여기서 3, 5, 7, 8은 독일의 자동차 등록번호 기준을 그대로 사용하고 있다.

사브는 자동차 이름에 9를 사용한다. 사브 900과 사브 9000으로 사용하다가 현재는 사브 9-3과 사브 9-5로 사용하고 있다. 여기서 숫자 9는 사브가 제2차세계대전 당시 만들던 항공기 개발 번호이다.

그 밖에 스웨덴 볼보(Volvo) 244의 경우는 등급 2, 엔진기통 4, 문짝 4개를 나타낸다.

폭스바겐(Volkswagen)은 자사 브랜드 네임에 바람의 이름을 붙인다. 무역풍의 이름에서 따온 파사트(Passat), 아드리아 해의 강한 한풍(寒風)의 이름에서 따온 보라(Bora), 멕시코 만의 강한 북남풍의 이름에서 따온 골프(Golf) 등이 있다.

인디언 부족 이름에서 따온 크라이슬러(Chrysler)의 체로키(Cherokee), 평원에 사는 야생마의 이름에서 따온 포드(Ford)의 머스탱(Mustang) 역시 독특한 브랜드 네임이다.

우리나라의 자동차 회사 역시 브랜드 네이밍에 매우 공을 들인다. 이탈리아 어로 풍요로운 삶을 뜻하는 라비타(Lavita), 청춘을 의미하는 베르나(Verna), 이탈리아 휴양도시 이름에서 따온 투스카니(Tuscani), 스페인 어로 상어를 뜻하는 티뷰론(Tiburon), 뉘앙스를 뜻하는 마티즈(Matiz), 희망이라는 에스페로(Espero), 전진이라는 의미의 아반떼(Avante), 그리스 어로 아름다움을 뜻하는 칼로스(Kalos) 등 주로 외국어로 이름을 짓는 경우가 많다. 그러나 순우리말로 지은 자동차 이름도 있다. 누비라(Nubira), 무쏘(Musso) 등이 그 예로, 사람들에게 많은 사랑을 받았다.

브랜드 네임으로 자동차의 성격을 알 수 있는 경우도 있다. 차 이름은 기억하기 쉽고 부르기 쉽게 짧게 짓지만, 브랜드 네임에는 구체적인 정보를 담는 것이다. 티코(Tico)가 좋은 예이다. 티코는 작다는 뜻의 tiny와 튼튼하다는 뜻인 tight의 앞 두 글자 'ti'와, 편리하다는 뜻의 convenient와 아늑하다는 뜻의 cozy 그리고 친구라는 뜻의 companion의 앞 두 글자 'co'를 조합한 단어이다. 즉 작지만 단단하고 편리하며 아늑하고 경제적인 차를 말한다.

메르세데스 벤츠(Mercedes-Benz)의 스포츠카 'SLK'는 독일어로 활동적이라는 뜻의 Sport와 가볍다는 뜻의 Liecht 그리고 작다는 뜻의 Kleine를 조합한 이름이다. 작고 가벼운 스포츠카란 특징이 이름에 잘 나타나 있다.

5 스타의 브랜드 네이밍

케이블 방송과 유선 방송 그리고 인터넷 방송 등 각종 방송매체의 발달로 인해 우리는 하루 24시간 내내 다양한 분야의 인기 스타들을 접할 수 있게 되었다. 그만큼 스타들과 가깝게 만나고 있다. 지리적인 거리는 전혀 문제가 되지 않는다. 미국 할리우드 스타가 영화 홍보를 위해 우리나라를 방문하기도 하고, 반대로 한류 열풍을 타고 우리나라 스타들이 중국이나 일본 등 다른 나라의 팬들을 방문하기도 한다. 나라와 지역에 상관없이 스타의 이름은 팬들을 열광하게 만든다.

스타 하면 가장 먼저 떠오르는 것이 그들의 이름이다. 스타는 이름값으로 산다고 해도 과언이 아니다. 우리는 스타들의 이름을 수없이 듣고 부른다. 인기 절정의 톱스타들의 이름이 친구들의 이름보다 더 친숙하게 느껴지고, 그들의 이름을 더 많이 부를 정도이다. 엔터테인먼트 산업(연예 산업)이 발달하면서 스타가 하나의 상품으로 자리잡았듯이, 스타의 이름도 단순한 호칭이 아닌 브랜드 네임으로 사랑받고 있다.

1. 스타의 브랜드 네이밍 원칙

스타들에게 이름은 매우 중요하다. 스타들은 본명을 그대로 사용하기도 하지만, 각자의 취향과 개성에 따라 다양한 예명을 사용하기도 한다. 비록 본명은 아니더라도 많은 사람들에 의해 불리고 기억된다는 점에서 예명의 중요성을 무시할 수 없다. 이름은 불리면서 완성되기 때문이다.

예를 들어, 서태지의 본명은 정현철이지만 정현철을 아는 사람은 많지 않아도 서태지를 모르는 사람은 거의 없을 것이다. 그만큼 연예계에서 예명은 중요하다.

그렇다면 스타의 이름은 어떻게 작명해야 하는가? 스타의 이름도 일반적인 브랜드 네이밍 원칙을 따라야 한다. 즉 발음하기 쉽고 쓰기 쉬우며 기억하기 쉬운 이름, 짧고 간단한 이름이 좋다. 또한 발음했을 때 부정적인 의미나 이상한 내용이 연상되지 않아야 하며, 다른 사람의 이름 특히 유명 연예인의 이름과 혼동되지 않아야 한다.

무엇보다 성명학을 이용하여 작명하는 것이 중요하다. 이름은 그 사람의 운명에 커다란 영향을 미친다는 것이 성명학의 주된 내용이다. 성명학 원리를 활용하여 작명하되, 의미 · 발음 · 표기의 3가지가 연예인의 이미지와 잘 조화되어 팬들이 선호하는 토털 이미지가 형성되었을 때 비로소 그 연예인의 이름은 성공작이라고 할 수 있다. 다시 말해 이름의 이미지나 의미가 그 연예인의 이미지와 잘 어울려야 하고, 이름을 발음할 때의 느낌이 그 연예인의 인상과 어울려야 하며, 이름을 글자로 썼을 때의 느낌이 그 연예인의 이미지와 맞아떨어져야 한다.

스타의 브랜드 네이밍 원칙

① 발음하기 쉽고 쓰기 쉬워야 한다. ② 짧고 간단해야 한다. ③ 긍정적인 의미여야 한다. ④ 부를 때나 들을 때 즐거움을 주어야 한다. ⑤ 한번 들으면 기억하기 좋아야 한다. ⑥ 다른 사람 특히 유명 연예인의 이름과 혼동되지 않아야 한다. ⑦ 발음상 부정적인 의미나 이상한 내용이 연상되지 않아야 한다. ⑧ 성명학상 잘 맞아야 한다.

그렇다면 스타의 브랜드 네이밍에 성명학은 어떻게 활용하는가? 먼저 연예인의 사주팔자를 분석하여 용신을 찾은 후, 그 용신에 해당하는 오행으로 이름을 짓는 것이다. 용신에 대해서는 다음 2부에서 자세하게 설명할 것이다.

그 다음으로는 이름이 주는 느낌이 좋아야 한다. 아무리 용신성명학상 좋은 이름이라고 해도 감각성명학적으로 의미가 좋지 않으면 좋은 이름이 아니다. 연예인의 예명을 바보, 악마 등으로 짓는다면 어느 누가 호감을 가지겠는가.

스타의 브랜드 네이밍 원칙

① 발음하기 쉬워야 한다.

② 짧고 간단해야 한다.

③ 쓰기 쉬워야 한다.

④ 긍정적인 의미를 가지고 있어야 한다.

⑤ 부를 때나 들을 때 즐거움을 주어야 한다.

⑥ 한번 들으면 기억하기 좋아야 한다.

⑦ 다른 사람의 이름 특히 유명 연예인의 이름과 혼동되지 않아야 한다.

⑧ 발음상 부정적인 의미나 이상한 내용이 연상되지 않아야 한다.

⑨ 가장 중요한 원칙으로서 성명학상 잘 맞아야 한다.

2. 스타의 이름을 딴 브랜드

요즘의 연예계 스타들은 하나의 상품처럼 연예기획사의 체계적인 관리를 거치며 만들어진다. 기업에서 상품을 만들고 광고 등 마케팅을 통해 히트상품을 만드는 것과 마찬가지다.

스타 자신도 하나의 브랜드이지만, 일단 스타가 된 다음에는 그 스타의 브랜드 파워를 활용한 새로운 브랜드가 만들어져서 또 다시 수익을 창출한다. 이처럼 스타들은 자신의 이름을 브랜드로 내세우면서 동시에 직접 자본을 투자하거나 디자인, 제품 선정, 마케팅 등에 다양하게 참여한다.

스타의 이름을 활용한 브랜드는 패션과 화장품 업계를 중심으로 활발하게 만들어지고 있다. 세계적으로 엔터테인먼트 산업이 가장 발달한 미국의 경우 팝가수 브리트니 스피어스의 이름을 딴 향수가 선풍적인 인기를 얻었으며, 가수이자 영화배우인 제니퍼 로페즈는 자신의 이름을 딴 '제이로(J. Lo)'라는 향수 및 의류 브랜드로 큰 성공을 거두었다. 세계적인 팝가수 마이클 잭슨 역시 자신의 이름을 딴 의류 브랜드를 일본에서 출시하기 위해 준비하고 있다고 한다.

스타 브랜드가 연예계 스타들의 전유물은 아니다. 스포츠 스타 또한 자신의 이름을 내건 브랜드로 새롭게 팬들을 만난다. 살아 있는 골프계의 전설로 불리는 잭 니클라우스는 자신의 이름을 딴 골프웨어 및 골프센터 브랜드인 '잭 니클라우스'를 통해 사업가로도 성공을 거두고 있다.

우리나라에서도 연예기획사에서 연예인을 체계적으로 관리하면서 스타 브랜드가 급속하게 확장되고 있다. 주로 음식, 패션 분야에서 홈쇼핑 광고를 통한 스타 브랜드가 큰 성공을 거두고 있다. 음식솜씨 좋기로 유명한 김수미와 진미령이 각각 자신의 이름을 딴 음식 브랜드로 화제가 된 바 있다.

아시아의 스타로 떠오른 가수 보아는 국내에서 '보아워치'라는 시계를 선보인 바 있고, 일본에서는 일본 아디다스와 함께 '아디다스 보아'라는 브랜드로 보아 스니커즈, 보아 T셔츠를 내놓았다.

브랜드가 아니라 제품 한 가지에 스타의 이름을 사용하는 경우도 있다. 세계적인 화장품 회사 비오템은 가수 이효리의 이름을 딴 '효리 핑크'라는 립글로스를 출시하여 큰 인기를 얻었다. 이효리는 프랑스 본사에서 보내준 신제품 컬러 샘플 중에서 색상을 결정하는 등 제품 구상 단계부터 직접 참여하였다.

스타 브랜드는 제조업자와 스타의 이해관계가 맞아 떨어진 결과로서, 제조업자들은 스타의 이름을 앞세워 제품의 브랜드를 소비자에게 손쉽게 인식시킬 수 있는

프리미엄을 얻을 수 있고, 스타와 연예기획사는 스타 브랜드로 수입원을 확장할 수 있기 때문에 앞으로도 스타 브랜드는 더욱 늘어날 것이다.

3. 스타의 이름에 얽힌 재미있는 이야기

요즘 젊은이들은 인터넷 세대이다. 어떤 정보도 손쉽게 접할 수 있고 수백만 명이 동시에 같은 정보를 접할 수 있다. 지루하고 딱딱하고 엄숙한 것은 싫어한다. 빠르고 가볍고 즐거운 것을 선호한다. 당연히 스타의 이름 또한 젊은이들의 취향을 파악하여 그에 어울리는 이름을 지어야 한다.

스타의 이름은 시대에 따라 변화되어 왔다. 오래 전에 활동하던 연예인들의 이름은 그저 동시대 다른 사람들의 이름과 비슷하거나 조금 더 세련된 느낌을 주는 이름이 많았다. 그러나 하루 하루가 달라지는 멀티미디어 시대, 인터넷 시대, 유비쿼터스(ubiquitous) 시대에는 스타의 이름에도 뚜렷한 특징이 있다.

우리나라에서 가수는 생명력이 짧다. 물론 처음부터 그랬던 것은 아니다. 예전의 가수들은 일단 인기를 얻으면 수십 년 동안 가수로서 명성을 유지하였다. 김정구, 이미자, 조용필, 남진, 나훈아 같은 경우는 30년 넘게 가수로서 꾸준히 팬들의 사랑을 받았다.

그러나 요즘에는 예전처럼 오랫동안 사랑받는 가수가 드물다. 인터넷이 등장하면서 TV 출연이나 공연에 대한 즉각적인 반응들이 실시간으로 올라오고, 팬들의 취향은 하루가 짧다고 바뀌고 있다. 이러한 변화를 따라가지 못하면 더 이상 팬들에게 관심을 끌지 못하고 인기 스타의 자리에서 내려와야만 한다. 짧으면 1~2년, 길면 3~5년이 가수로서 활동할 수 있는 기간이다. 따라서 가수로서 살아남기 위해서는 팬들에게 세련되고 예쁜 느낌을 주는 이름보다는 자신을 빨리 인식시키고 기억할 수 있는 이름을 사용하는 것이 유리하다. 한마디로 톡톡 튀는 이름이어야 성공할 수 있다는 것이다.

최근 획기적이라고 할 만큼 독특한 이름을 가진 가수들이 등장하기 시작하였다. 10여 년 전 H.O.T가 등장했을 때 김정구, 이미자, 남진, 나훈아, 조용필 등의 이름에 익숙했던 나이 든 세대들은 H.O.T를 어떻게 불러야 할지조차 몰랐다. 오죽하면 H.O.T를 아예 읽지 못하면 구세대고, '핫'으로 읽으면 중간세대, '에이치오티'로 읽으면 신세대란 우스갯소리도 있었다. 그 이후에 등장한 신세대 가수나 그룹들 역시 이름만 들어서는 뜻을 짐작하기 어려운 톡톡 튀는 이름을 많이 사용하였다.

소녀팬들에게 큰 인기를 얻고 있는 보이밴드(Boy Band) SS501은 '에스에스501'이라고 부르면 촌스럽지만, '더블에스501'이라고 하면 시대적 감각을 따라 간다고 말한다. S(Sun-Star)+S(Singer)+501(다섯이 영원히 하나 됨)이라니 이름에 담긴 뜻이 매우 크다.

3인조 혼성 댄스그룹인 코요태의 이름은 원래 높을 고(高), 빛날 요(耀), 클 태(太)로, '높고 빛나고 크게 성공하라'는 의미를 갖고 있다. 그러나 힘이 없어 보인다고 하여 지금의 이름인 코요태가 되었다. 이러한 의미를 모르는 사람에게는 동물 이름 같기도 하고, 외국 이름 같기도 한 독특한 그룹명이다.

지금은 해체한 S.E.S 또한 튀는 이름이다. S.E.S는 멤버인 바다(Sea), 유진(Eugene), 슈(Shoo)의 앞글자를 따서 지은 이름이다. god 역시 처음에는 신(神)의 의미인 '가드'로 출발했지만 점차 인기를 얻으면서 '지오디'로 바꾸어 부르게 되었다.

그러나 예명을 사용하지 않고 자신의 본명을 그대로 사용하는 가수도 있다. 아시아의 별로 우뚝 선 보아의 본명은 권보아로 성만 빼고 이름을 그대로 사용한다. 그런가 하면 성과 이름을 바꾸어서 사용하는 재미있는 예도 있다. 뛰어난 가창력을 가진 진주는 본명이 주진이다. 한편 조성모, 옥주현, 이효리처럼 본명을 그대로 사용하는 가수도 많이 있다.

사람들에게 사랑받는 인기 가수의 예명 중에는 숨겨진 이야기가 많다. 국내는 물론 일본, 대만, 태국에서까지 인기를 얻고 있는 세븐(Seven)의 작명 이야기는 잘 알려져 있다. 세븐은 꽤 오랜 기간 기획사에서 연습생으로 지냈는데, 대표이사인 양현석과 중국집에 간 날 단무지 7개가 나왔다고 한다. 이 단무지를 보고 양현석이 '너 세븐 해라'라고 한 것이 바로 이름이 되었다는 사연이다. 세븐은 행운의 숫자 7을 의미하므로 이름 덕을 톡톡히 본 셈이다.

여성 가수 아이비(Ivy)의 이름에 얽힌 이야기도 유명하다. 한류 열풍의 주역인 비를 키워낸 박진영은 박은혜란 연습생 가수를 4년 가까이 공들여 키우고 있었다. 하지만 가수로 데뷔하기 전 이미 탤런트 중에 박은혜가 있어서 기획사에서는 예명에 대해 무척 고민하게 되었다. 박진영은 섹시한 이미지에 춤을 잘 추는 박은혜를 보고 '여자 비'라는 말로 자주 칭찬하였다. 그러던 어느 날 기획사 사람들과 예명에 대해 이야기하던 박진영은 '나는 비'란 의미의 '나비'란 이름을 생각해냈다. 이름의 의미에 대해서는 모두가 공감했지만 곤충인 나비가 생각난다는 이유로 쉽게 결정을 내리지 못하고 있는데, 누군가가 '나'를 영어로 바꿔보면 어떻겠느냐고 제안했고 그 자리에 있던 사람들 모두가 환호의 박수를 쳤다. 그렇게 지어진 이름이 '나는 비'란 의미의 '아이비'가 되었다고 한다.

박진영이 프로듀서로 있는 JYP사단은 한글 이름을 붙이는 것이 특징이다. 아시아를 뛰어넘어 세계적인 가수와 연기자로 거듭나고 있는 비(Rain)는 원래 비를 좋아한다고 해서 붙여진 이름이다. 원투는 랩 가사를 뜻하는 '원래 건방진 말투'의 앞뒤 글자를 따서 만들었다. 그 밖에도 별과 노을이 있다.

실력파 가수로 사랑받고 있는 거미 또한 이름에 얽힌 사연이 특이하다. 예명을 짓기 위해 오랫동안 고심하고 있던 거미가 연습실에서 노래 연습을 하고 있었는데 스태프들이 갑자기 연습실 천장에 거미줄을 달고 있는 거미를 보았고, 그 자리에서 거미라는 예명이 지어졌다고 한다.

황신혜밴드는 밴드 멤버들이 모두 탤런트 황신혜를 좋아한다고 해서 황신혜 밴드라고 이름을 붙였다. 4인조 여성그룹 레드삭스(Redsox)는 얼핏 들으면 메이저리그의 보스턴 레드삭스를 연상하기 쉽지만 야구와는 전혀 상관이 없다. '붉은 열정으로 가요계를 강타하겠다' 는 포부를 담은 이름이다. 인기 절정의 보이밴드 동방신기(東方神起)는 '동방의 신이 일어나다' 의 뜻으로 아시아 진출을 겨냥하여 한자 이름을 지었다. 같은 SM엔터테인먼트 소속인 천상지희(天上智喜)는 '천상의 지혜와 기쁨' 이라는 뜻을 갖고 있다. 4인조 혼성밴드인 럼블피시(Rumble Fish)는 '팔딱팔딱 뛰는 물고기' 란 뜻으로 갓 잡아 올린 생선처럼 신선한 음악을 들려주고 싶다는 의미를 가지고 있다. 원티드(Wanted)는 '현상수배' 란 뜻으로 자신들의 음악을 좋아하는 팬들이 영원히 쫓아다니길 바라는 마음으로 이름을 붙였다. 힙합 듀오 사이드-비(Side-B)는 LP판의 사이드 A면과 B면 중에서 메인 곡이 아닌 마이너 곡들로 채워지는 B면을 상징한다. 여성 4인조 그룹 빅마마(Big Mama)는 '큰 엄마처럼 푸근한 노래를 하겠다' 는 뜻을 갖고 있고, 남성 듀오 스토니 스컹크(Stony Skunk)는 '돌같이 굳은 마음으로 중독성 강한 음악을 한다' 는 의미를 갖고 있다. 그 밖에 가수의 이름에 담긴 의미를 보면 다음과 같다.

- H.O.T : Hign Five Of Teenager. 십대들의 우상
- NRG : New Radiancy Group. 새롭게 빛나는 그룹
- SG워너비 : 사이먼 앤 가펑클(Simon and Garfunkel)처럼 전설적인 그룹이 되고 싶다는 뜻

- 렉시(Lexy) : 럭셔리(luxury) + 섹시(sexy)의 합성어
- 버즈(Buzz) : 꿀벌이 윙윙거린다는 뜻
- 슈가(Sugar) : 설탕처럼 달콤한 음악을 하겠다는 뜻
- 신화(神話) : 가요계의 신화가 되겠다는 뜻
- 에픽하이(Epik High) : 시에 만취된 상태
- 왁스(Wax) : 가요계를 왁스처럼 반짝반짝 빛내고 싶다는 뜻
- 원타임(1TYM) : 한순간에 자신들의 음악을 느끼게 해주겠다는 뜻
- 인디고(Indigo) : 쪽빛. 남색
- 제이워크(J-Walk) : 무단횡단
- 젝스키스(Sechskies) : 독일어로 6개의 수정이라는 뜻
- 쥬얼리(Jewellery) : 가요계의 보석이 되겠다는 뜻
- 체리필터(Cherry Filter) : 어떤 음악이든지 자신들을 거치면 체리향이 난다는 뜻. 즉 자신들만의 음악을 하겠다는 의지의 표현
- 케이팝(Kpop) : 한국 팝의 대표가 되고 싶다는 뜻
- 클래지콰이(Clazziquai) : 클래식+재즈의 합성어에 영국 그룹 자미로콰이(Jamiroquai)의 콰이를 붙인 이름
- 타블로(Tablo) : 예술가가 그리는 그림 또는 장면이란 뜻의 Tableau의 변형. '탑(Top)으로' 를 소리나는 대로 쓴 것
- 테이크(Take) : 잡다, 포획하다. 테이크 멤버들의 열정과 재능과 끼로 가요계의 정상을 잡겠다는 뜻
- 플라이투더스카이(Fly to the Sky) : 하늘을 날아다닐 정도로 높은 인기를 누리라는 뜻
- 핑클(Fin.K.L) : Fine Killing Liberty에서 따온 이름. 자유를 억압하는 것을 끝내겠다는 뜻

스타의 본명과 예명

영화배우 · 탤런트

예명	본명	예명	본명	예명	본명
공 유	공지철	박시은	박은영	오지명	오진홍
금보라	손미자	박진성	박춘규	옥소리	옥보경
김 청	김청희	박정철	박 철	원 빈	김도진
김규리	김문선	반효정	반만희	유아인	엄홍식
김동현	김호성	백인철	이용진	유 퉁	유 순
김보성	허 석	변희봉	변인철	윤다훈	남광우
김세윤	김창세	사 강	홍유진	윤예리	윤서정
김수미	김영옥	서우림	서희자	이 본	이본숙
김윤경	김홍복	선우용녀	정용례	이수나	이순재
김정난	김현아	손예진	손언진	이 완	김형수
나문희	나경자	송승헌	송승복	이지원	이현경
남궁원	홍경일	송지효	천성임	이 찬	곽현식
남성훈	권성준	수 애	박수애	임동진	임동철
남일우	남철우	신 구	신순기	임성민	임관배
노주현	노운영	신신애	신금매	임채원	임경옥
도지원	도지영	신 애	조신애	장신영	장신자
독고영재	전영재	신민아	양민아	재 희	이현균
류 진	임유진	신성일	강신영	전지현	왕지현
류수영	어남선	심혜진	심상군	정다빈	정혜선
민지혜	왕지혜	오솔미	한혜선	정혜선	정영자
박솔미	박혜정	오승은	안진옥	주 현	주일춘

예명	본명	예명	본명	예명	본명
주진모	박진태	**추자현**	추은주	**한지혜**	이지혜
지 성	곽태근	**하 하**	하동훈	**한채영**	김지영
채 림	박채림	**하지원**	전해림	**허 진**	허옥숙
채정안	장정안	**한가인**	김현주	**현 빈**	김태평
최불암	최영한	**한예슬**	김예슬이	**현 석**	백석현
최지우	최미향	**한지일**	한정환	**황신혜**	황정만

가수

예명	본명	예명	본명	예명	본명
MC몽	신동현	**데 니**	안신원	**설운도**	이영춘
강 두	송용식	**도원경**	김성혜	**세 븐**	최동욱
강수지	조문례	**루 루**	손윤미	**션**	노승환
강 타	안칠현	**리 치**	서대용	**소찬휘**	김경희
거 미	박지연	**민해경**	백미경	**신 지**	이지선
김민우	김상진	**바 다**	최성희	**신혜성**	정필교
김상아	김재하	**박승화**	박승진	**심수봉**	심민경
김영민	김영득	**박화요비**	박미영	**싸이**	박재상
김지애	동길영	**방실이**	방영순	**에릭**	문정혁
나종민	나종호	**보아**	권보아	**왁스**	조혜리
나훈아	최홍기	**브라이언**	주민규	**유 리**	차현옥
남 진	김남진	**빈**	전혜빈	**유 열**	유종렬
노유민	노갑성	**서문탁**	이수진	**윤익희**	노귀녀
다 나	홍성미	**서태지**	정현철	**이 적**	이동준

예명	본명	예명	본명	예명	본명
이수영	이지연	**조 앤**	이연지	**팀**	황영민
이주원	이주헌	**조PD**	조중훈	**하 늘**	김하늘
이하늘	이근배	**진 주**	주 진	**하리수**	이경은
이현우	이상원	**최연제**	김연제	**하소연**	하유선
자 두	김덕은	**최진희**	최명숙	**혜 령**	최혜령
전 진	박충재	**춘 자**	홍수연	**혜은이**	김승주
정수라	정은숙	**탁재훈**	배성우	**환 희**	황윤석
제 이	정재영	**태진아**	조방헌	**휘 성**	최휘성

희극인 · 방송인

예명	본명	예명	본명	예명	본명
강 석	전영근	**송 해**	송복희	**임하룡**	임한용
김구라	김현동	**쉐키루 붐**	이민호	**정재환**	정광철
김현영	김용녀	**오재미**	오재희	**찰 스**	최재민
리마리오	이상훈	**이영자**	이유미	**최성훈**	최승만
배칠수	이형민	**이휘재**	이영재	**현 영**	유현영
백남봉	박두식	**임성훈**	임종창	**홍기훈**	오희태

6 드라마 · 영화 제목

스타들만 예명을 잘 지어야 하는 것은 아니다. 영화의 주인공이나 연속극의 주인공 같은 가공의 인물 역시 이름을 잘 지어야 한다. 주인공의 이름이 작품의 성패에 무시못할 영향을 미치기 때문이다.

무엇보다 드라마나 영화의 성공에 가장 큰 영향을 미치는 것은 바로 제목이다. 제목에 감독의 연출의도가 드러나기 때문에 제작자들은 제목을 정하는 데 각별한 신경을 쓴다. 요즘에는 주인공의 이름을 제목에 사용하는 경우가 많다. 여기에는 시청자나 관객들에게는 호기심을 자극하고, 배우에게는 출연작품에 대한 애착을 느끼게 해주고 책임감을 부여한다는 의도가 있다.

드라마 '내 이름은 김삼순', '굳세어라 금순아', '국희', '상두야 학교 가자' 등은 주인공의 이름을 전면에 내세웠고 시청자들에게 많은 사랑을 받았다. '국희'는 53.1%의 높은 시청률을 기록하여 국희 신드롬을 불러일으켰으며, 주인공의 이름을 딴 과자까지 출시되었다.

영화로는 '선생 김봉두', '간첩 리철진', '박봉곤 가출사건', '친절한 금자씨', '사랑해 말순씨', '여자 정혜', '슈퍼스타 감사용', '맨발의 기봉이', '복면 달호' 등이 있다. 특히 '친절한 금자씨'는 '올드보이'로 2004년 제57회 칸영화제에서 심사위원 대상을 받은 박찬욱 감독과 인기 여배우 이영애가 주인공으로 출연한 영화인데, 주인공의 이름이 바로 '금자씨'이다.

외국 영화 중에서도 주인공의 이름을 제목으로 정한 경우를 쉽게 찾아볼 수 있다. '제리 맥과이어(Jerry Maguire)', '늑대와 춤을 (Dances With Wolves)', '레옹(Leon)', '인디아나 존스(Indiana Jones)', '브리짓 존스의 일기(Bridget Jones's Diary)' 등은 우리나라에서도 큰 성공을 거두었다.

한편 국내에 개봉하는 외국 영화들은 어떻게 이름을 붙일까? 가장 쉬운 방법은 원제(원래 제목)를 그대로 사용하는 것이다. 영화를 만든 제작사에서 영화를 가장 잘 표현할 수 있는 제목을 붙인 것이므로 이미 일차적인 검증을 마친 상태라고 할 수 있다. 따라서 그 제목 그대로 영화관에 내걸어도 큰 위험부담이 없다.

예전에는 스케일이 크거나 개봉시 화제가 됐던 영화는 원제 그대로 사용하는 것이 보통이었다. 그러나 요즘은 영화의 규모에 관계없이 원제를 그대로 사용하는 추세이다. 인터넷과 대중매체의 발달로 최신의 영화정보를 얻기가 쉬워지면서 영화에 대한 이해가 높아졌고, 어설픈 번역으로 오히려 원제의 의도가 훼손되는 것보다 차라리 원제를 그대로 사용하는 것이 훨씬 세련되고 영화를 잘 대변하는 방법이라고 생각하게 되었다.

그러나 원제를 우리 정서에 맞는 한글로 바꿔 큰 성공을 거둔 영화도 많다. 아무리 영화의 오리지널리티(originality)를 중시한다 해도 외국어보다는 우리말 제목이 친근하게 느껴지고 영화에 대한 이해를 도와줄 것이다.

폴 뉴먼과 로버트 레드포드 주연의 영화 '내일을 향해 쏴라'의 원 제목은 '부치 캐시디 앤 더 선댄스 키드(Butch Cassidy And The Sundance Kid)' 로서, 두 배우의 극중 이름인 부치 캐시디(Butch Cassidy)와 선댄스 키드(Sundance Kid)를 딴 것이다. 한글 제목 '내일을 향해 쏴라' 는 암담한 현실에 좌절하지 않고 용기를 가지고 미래로 나아가는 젊은이들의 모습을 그린 영화의 주제를 그 무엇보다 잘 표현해냈고 우리나라에서도 큰 성공을 거두었다. 영화와 상관없이 '내일을 향해 쏴라' 라는 말은 실의에 빠진 사람들에게 용기를 잃지 말고 앞으로 나아가라는 희망의 메시지로도 자주 사용될 만큼 감동을 주었다.

드라마나 영화 제목을 붙이는 일도 브랜드 네이밍의 연장이다. 브랜드 네임이 상품의 이름으로서 소비자들의 선택을 좌우하듯이, 영화 제목은 영화의 흥행과 밀접한 관련이 있다. 관객이란 소비자는 영화의 제목을 보고 영화를 볼 것인지 말 것인지를 결정하기 때문이다.

수입한 영화 제목을 우리 식으로 고치는 작업은 결과적으로 원제를 더욱 빛나게 해야 한다. 그런 의미에서 이전의 브랜드 이미지를 강화하거나 새롭게 바꾸어 브랜드 파워를 향상시키는 리뉴얼(renewal) 과정이라고 할 수 있겠다.

재미있는 브랜드 이야기

우리말로 된 병원 이름들

병원 하면 무섭고 어려운 곳으로 생각하기 쉽다. 그래서 병원과 의사는 멀리할수록 좋다는 말이 생겨났다. 일반적으로 병원 이름을 지을 때는 병원도 브랜드가 될 수 있다는 생각 없이 단순히 원장의 이름을 넣어 짓는 경우가 많다. 때로는 병원이 위치한 지역 이름을 사용하거나 원장의 이름을 넣어 짓는다. 그래서 이제까지의 병원 이름은 단순하고 딱딱한 느낌을 주는 경우가 많았다. 그런데 최근에는 이름에서 친근함과 편안함을 느낄 수 있도록 한글로 이름을 짓는 병원이 늘어나고 있다.

지인이 치과 병원을 개업할 때, 병원 특유의 어두운 이미지를 없앤 '하얀미소치과'라는 이름을 지어주었다. 치과와 밝게 웃는 이미지가 매우 잘 어울리고, 사람들에게 새롭고 산뜻한 느낌을 준다. 실제로 오랜 기간 병원 운영이 힘들었는데 새로운 이름으로 다시 시작한 이후 많은 사람들이 병원을 찾아와 성공적으로 운영하고 있다고 한다.

몸이 불편하거나 아픈 사람들에게 병원은 두렵고 불편한 곳일 수밖에 없다. 이런 사람들에게 병원 이름이 쉬운 우리말로 되어 있다면 부담스럽지 않고 친근하게 느껴질 것이다.

실제로 우리말로 된 병원 이름을 많이 찾아볼 수 있다. '밝은미소치과', 인터넷 세대를 겨냥한 'e-하얀미소치과'와 'e-밝은미소치과', '웃는내일치과', '해맑은치과' 등도 쉽고 편안한 이름이다. 그 밖에 '힘찬병원', '나누리병원', '우리들병원', '시원한 신경외과', '아름다운나라 성형외과', '하얀나라 피부과', '하얀피부과', '아름다운 피부과', '고운세상 피부과', '갸름한 성형외과', '아침항문외과', '속편한내과', '해맑은안과' 등 많은 예가 있다. 앞으로 병원마다 관련 분야와 잘 어울리는 우리말 이름들이 더 많아졌으면 하는 바람이다.

chapter 2

브랜드 네이밍 활용 이론

음양오행

천간지지

사주팔자

오행의 분석

육친론

용신

1 음양오행

브랜드 네이밍과 성명학

브랜드 네임 역시 이름이므로, 이름짓기를 다루는 성명학 이론을 활용해야 한다. 이 때 음양오행, 사주팔자, 육친, 용신 매우 중요한데, 이 이론들은 사주명리학의 핵심이며 성명학에서도 중요하게 활용된다.

브랜드 네이밍에 성명학을 활용할 때 가장 기본이 되는 것은 음양오행과 사주팔자이다. 여기에 육친과 용신을 고려하여 브랜드 네임을 작명한다. 이 이론들은 사주명리학에서 핵심을 이루며, 성명학에서도 중요하게 활용된다. 사주명리학 이론을 모르고서는 성명학 이론도 제대로 알 수 없고, 브랜드 네이밍도 할 수 없다. 따라서 여기서는 초보자도 쉽게 알 수 있도록 음양오행, 사주팔자, 육친, 용신에 대해 기본적인 내용을 설명하고자 한다. 더 많은 공부를 하고 싶다면 필자의 『사주명리학 초보탈출』, 『사주명리학 완전정복』, 『사주명리학 격국특강』, 『사주명리학 용신특강』을 참고하기 바란다.

사주명리학의 기본은 음양(陰陽)과 오행(五行)이다. 사람의 사주팔자를 풀기 위해 반드시 알아두어야 하는 것이 바로 음양과 오행이다. 음양이 무엇인지, 오행이 무엇인지 알아야만 사주팔자를 제대로 풀 수 있다.

음양(陰陽)에서 음은 그늘, 양은 볕을 뜻한다. 그늘과 볕이 서로 대비되듯이 음과 양은 우주 만물의 서로 반대되는 두 가지 기운을 의미한다. 달과 해, 겨울과 여름, 북과 남, 여자와 남자 등은 모두 음과 양으로 구분된다.

오행(五行)은 말 그대로 다섯 가지 성분이 서로 돌아다닌다는 뜻이다. 여기서 다섯 가지 성분이란 목(木), 화(火), 토(土), 금(金), 수(水)를 말하며, 서로 돌아다닌다는 행(行)에서 알 수 있듯 이 다섯 가지 성분은 고정되어 있지 않고 늘 주변 환경에 따라서 변화한다.

음양은 언제 시작되었으며, 음과 양은 서로 어떤 관계인가? 음양은 무(無)에서 시작되었으며, 음과 양은 서로 별개이면서 함께 공존한다. 무를 태극(太極) 또는 무극(無極)이라고 하는데, 이 무는 주역(역학)의 시작이자 출발점이다. 주역에서는 아직 만물이 생기기 전 혼돈의 세상에서 음양이 나누어졌고, 음양이 사상(四象)을 낳았으며, 사상이 팔괘(八卦)를 낳았다고 설명한다.

그렇다면 음양과 오행은 어떤 관계인가? 음양과 오행 중에서 어느 것이 먼저인지에 대해서는 의견이 다양하다. 음양에서 오행이 나왔다, 반대로 오행에서 음양이 나왔다는 의견이 모두 있지만, 음양과 오행은 서로 다르면서도 한 몸처럼 늘 함께 하고 있다.

동양 학문의 기본은 바로 음양오행이다. 사서삼경(四書三經) 대다수가 음양오행에서 시작하여 음양오행으로 끝난다고 볼 수 있다. 음양은 오행보다는 근원적인 개념이지만, 오행은 음양의 기를 포함하고 있다.

1. 음양

우주의 근본인 태극이 발전하고 분화되는 과정에서 음양이 탄생하고, 음양은 다시 사상을 생한다. 태극 · 무극에서 음과 양이 탄생되는데 음과 양은 각각 땅과 하늘, 달과 해, 여자와 남자, 밤과 낮, 겨울과 여름, 어둠과 밝음, 가을과 봄, 작은 것과 큰 것 등 모든 만물과 형상을 상징한다.

음양

음은 그늘, 양은 볕을 뜻하며, 우주 만물의 서로 반대되는 두 가지 기운을 상징한다. 사주명리학에서 음은 내성적, 안정적, 보수적이고, 1:1 만남을 상징하며, 생각지향적인 특징이 있다. 반대로 양은 외향적, 활동적, 진보적이고 다자간의 만남을 상징하며, 행동지향적인 특징이 있다.

음양은 상반된 개념을 갖고 있지만, 음과 양이 따로 존재하면 전혀 의미가 없다. 음과 양은 반드시 함께 존재해야 음양으로서 가치를 지닌다. 음과 양은 좋고 나쁨을 구분할 수 없다. 자칫 음은 나쁘고 양은 좋다고 생각할 수 있지만, 동양철학에서는 음도 긍정적이고 양도 긍정적이다. 음과 양 모두 소중하고 귀하다.

우주 속에서의 음양, 세상 속에서의 음양, 철학 속에서의 음양 등 다양한 분야에서 음양은 존재하고 있다. 그렇다면 사주명리학에서 음양은 무엇을 상징하는지 알아보자. 사주명리학은 사주팔자를 분석하여 사람의 운명을 판단하는 학문으로서, 사주(사주팔자)에서 음양은 성격, 심리적 특징, 육친관계의 변화를 상징한다. 음은 내성적, 안정적, 보수적이고, 1:1 만남을 상징하며, 생각지향적이다. 반대로 양은 외향적, 활동적, 진보적이고 다자간의 만남을 상징하며, 행동지향적이다.

사주명리학에서는 음양의 조화와 변화를 중시한다. 음이 강하면 양이, 양이 강하면 음이 조화를 맞추어주어야 한다. 음양에 대한 설명하자면 책 한 권을 쓰고도 남겠지만, 여기서는 사주팔자를 분석하는 데 필용한 내용만을 소개한다. 반드시 알아두어야 할 내용이므로 잘 알아두어야 한다.

음양의 기본 특성

양	태양(太陽)	불	나무	여름	낮	덥다	밝다	밖	하늘	남자	아버지	해	오전	서양	적색	위	넓다
음	태음(太陰)	물	쇠	겨울	밤	춥다	어둡다	안	땅	여자	어머니	달	오후	동양	흑색	아래	좁다

음양의 성격 특성

양	외향적	적극적	모험적	충동적	능동적	힘차다	감각형	체계적
음	내성적	소극적	안정적	사고형	수동적	부드럽다	직관형	자율적

양은 밝고, 높고, 보여지고, 빠르고, 강하고, 거칠고, 급하고, 튀어나오고, 단순하고, 행동지향적인 특성이 있다. 반면에 음은 어둡고, 낮고, 감추고, 느리고, 약하고, 부드럽고, 여유 있고, 들어가고, 복잡하고, 생각지향적인 특성이 있다. 양의 대표는 남자이고 음의 대표는 여자이다. 그러므로 남자는 양의 특성과 관련이 많고, 여자는 음의 특성과 관련과 많다.

그러나 동양철학에서는 양에도 음의 성향이 잠재되어 있고, 음에도 양의 성향이 잠재되어 있다고 설명한다. 음은 음, 양은 양이 아니라 음 속에도 양의 기운이 있고 양 속에도 음의 기운이 있다는 것이다. 예를 들어 낮은 양에 해당한다. 그러나 태양이 밝게 떠 있고 양지바른 곳은 양이요, 구름 끼고 그늘진 곳은 음이다. 밤은 음에 해당한다. 그러나 어둡고 깜깜한 곳은 음이요, 달빛이 있고 환한 곳은 양이다. 이렇듯 음과 양은 따로 떨어져 있지 않고 함께 공존한다.

2. 오행

오행은 우주의 변화를 상징한다. 오행은 목(木), 화(火), 토(土), 금(金), 수(水) 다섯 가지 성분으로 이루어져 있다. 이것을 글자 그대로 단순하게 풀이하면 나무, 불, 흙, 쇠, 물이다. 그러나 오행은 나무, 불, 흙, 쇠, 물뿐만 아니라 무형과 유형의 다양한 형태, 모든 형상을 말한다.

오행

오행은 우주 만물을 형성하는 원기(元氣)로서 목(木), 화(火), 토(土), 금(金), 수(水)로 이루어진다. 오행은 단순한 나무, 불, 흙, 쇠, 물이 아니라 무형과 유형의 다양한 형태를 띠는 모든 형상을 의미한다.

음양과 마찬가지로, 오행에 대해서도 실제로 사주명리학에서 활용하는 부분만을 설명하고자 한다. 여기에서는 사주명리학에 필요한 오행의 기본 성질(성격)과 오행의 변화(오행의 상생과 상극) 등을 다룬다. 오행의 다양한 형태를 모두 설명하려면 너무나 방대해져버린다. 그렇다고 해서 오행 이론이 쉽다는 의미는 아니다. 오행은 음양과 같이 가장 기초적인 내용이면서도 가장 중요한 이론이다. 쉽게 생각하여 적당히 공부하면 사주명리학 공부가 점점 어렵고 복잡하게 느껴질 것이고, 공부를 포기하기 쉽다. 그러나 꼼꼼하게 읽고 이해한다면 사주명리학 공부가 쉽고 재미있게 와 닿을 것이다.

1) 오행의 종류

각각의 오행은 계절, 시간, 방향, 색상, 적성, 성격, 건강, 맛, 숫자 등을 상징한다.

- 목(木) : 굵고 곧은 것으로, 뻗어 나가려는 의지, 성장, 의욕, 명예 등을 상징한다.
- 화(火) : 타오르고 솟아오르려는 열정, 정열, 자신감 등을 상징한다.
- 토(土) : 만물을 중재하고 포용하며 중용, 안식, 고집, 끈기 등을 상징한다.
- 금(金) : 안으로 강하게 다지는 의지, 절제, 단단함 등을 상징한다.
- 수(水) : 땅 속에 스며들어 계속 흘러가는 물처럼 생각, 지혜, 욕망, 본능 등을 상징한다.

오행의 상징 배정

오행	木	火	土	金	水
계절	봄	여름	환절기	가을	겨울
시간	아침	낮	사이	저녁	밤
방향	동	남	중앙	서	북
색상	청색	적색	황색	백색	흑색
맛	신맛	쓴맛	단맛	매운맛	짠맛
숫자	3·8	2·7	5·10	4·9	1·6
오음	ㄱ·ㅋ	ㄴ·ㄷ·ㅌ·ㄹ	ㅇ·ㅎ	ㅅ·ㅈ·ㅊ	ㅁ·ㅂ·ㅍ

오행	木	火	土	金	水
온도	따뜻함	뜨거움	변화함	서늘함	차가움
형태	긴 것	뾰족한 것	모난 것	둥근 것	굽은 것
얼굴	눈	혀	입술	코	귀
오진(五塵)	색(色)	성(聲)	향(香)	미(味)	촉(觸)
오상(五常)	인(仁)	예(禮)	신(信)	의(義)	지(智)
오기(五氣)	풍(風)	열(熱)	습(濕)	조(燥)	한(寒)

오행의 성격 및 적성 배정

오행	木	火	土	金	水
기본 성격	착하고 어질다 인(仁)	예의 바르고 적극적이다 예(禮)	믿음직하고 끈기 있다 신(信)	의리와 절제력이 있다 의(義)	총명하고 지혜롭다 지(智)
많을 때 장점	명예지향적이다	의사표현이 명확하다	끈기 있다	비판정신이 강하다	타인에 대한 배려가 깊다
많을 때 단점	자기 의견을 굽히려 하지 않는다	다혈질이다	고집이 세다	잔소리가 심하다	쓸데없는 생각이 많다
적성	**1순위** 문과 **2순위** 미술 · 교육	**1순위** 예술 · 연예 · 방송 **2순위** 문과	**1순위** 사람을 상대하는 일 **2순위** 땅 · 건축	**1순위** 군인 · 경찰 · 의사 · 간호사 · 운동선수 **2순위** 이과	**1순위** 이과 · 경제 · 회계 **2순위** 음악 · 연예

오행의 건강 배정

오행	木	火	土	金	水
오장	간	심장	비장	폐	신장
육부	담(쓸개)	소장	위장	대장	방광
오행의 불균형으로 인한 건강문제	뼈 수술	혈관질환 안과질환 정신과질환	산부인과질환 비뇨기과질환	우울증 자폐증	우울증 불면증 무기력증 두통

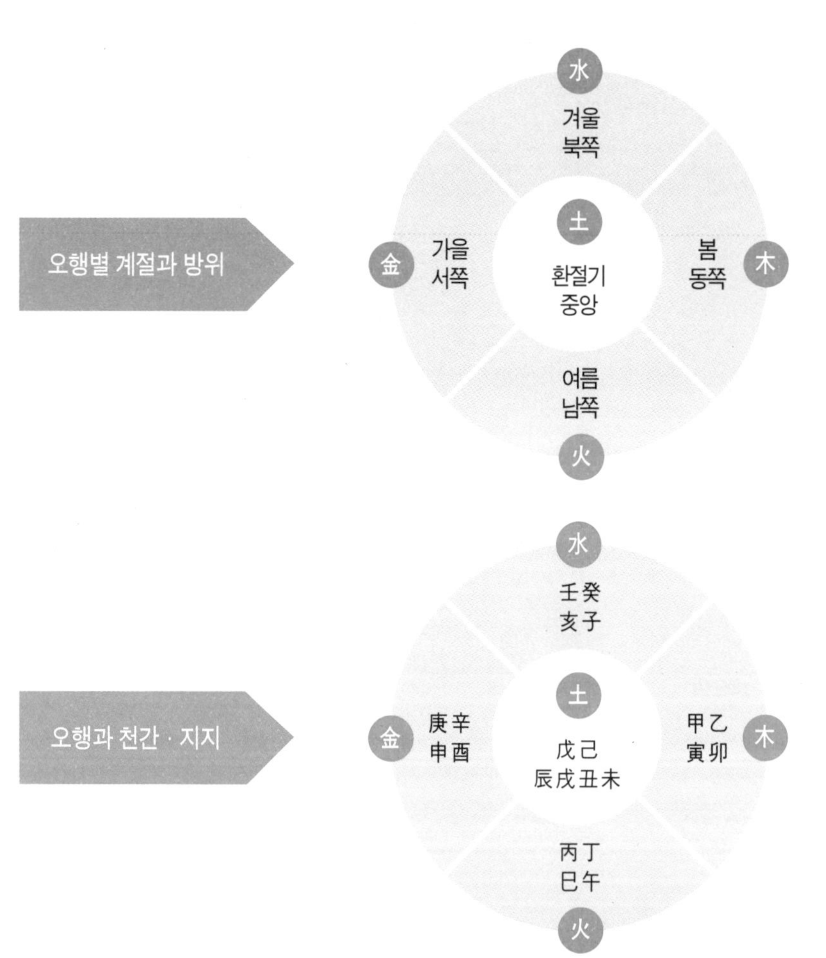

2) 오행의 상생과 상극

오행의 다섯 가지 기운인 목(木)·화(火)·토(土)·금(金)·수(水)는 끊임없이 서로 생하거나 생을 받고, 극하거나 극을 받으며 상호작용을 한다. 생(生)이란 낳는다, 도와준다는 의미이고, 극(剋)은 자극한다, 억누른다는 의미이다.

오행의 상생과 상극

상생은 서로 도와준다는 뜻으로 목생화(木生火), 화생토(火生土), 토생금(土生金), 금생수(金生水), 수생목(水生木)이 있다. 상극은 서로 공격한다는 뜻으로 목극토(木剋土), 토극수(土剋水), 수극화(水剋火), 화극금(火剋金), 금극목(金剋木)이 있다.

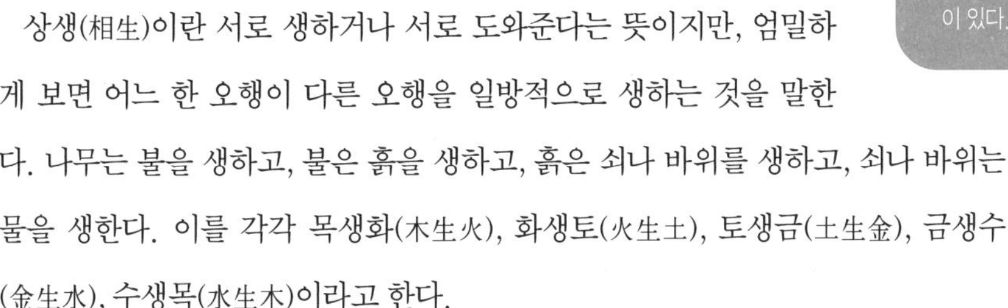

상생(相生)이란 서로 생하거나 서로 도와준다는 뜻이지만, 엄밀하게 보면 어느 한 오행이 다른 오행을 일방적으로 생하는 것을 말한다. 나무는 불을 생하고, 불은 흙을 생하고, 흙은 쇠나 바위를 생하고, 쇠나 바위는 물을 생한다. 이를 각각 목생화(木生火), 화생토(火生土), 토생금(土生金), 금생수(金生水), 수생목(水生木)이라고 한다.

상극(相剋)이란 서로 극하거나 서로 공격한다는 뜻이지만, 엄밀하게 보면 상생과 마찬가지로 어느 한 오행이 다른 오행을 일방적으로 극하는 것을 말한다. 나무는 흙을 붙잡아주고, 흙은 물을 가두고, 물을 불을 꺼뜨리고, 불은 금속을 녹이고, 금속은 나무를 자른다. 이를 각각 목극토(木剋土), 토극수(土剋水), 수극화(水剋火), 화극금(火剋金), 금극목(金剋木)이라고 한다.

오행은 서로 생하기도 하고 서로 극하기도 하면서 순환한다. 목(木)에서 시작한 생은 목생화(木生火) → 화생토(火生土) → 토생금(土生金) → 금생수(金生水) → 수생목(水生木)으로 이어지며 다시 목(木)으로 돌아온다. 이렇게 오행이 서로 생으로 연결되어 있다 해서 상생이라고 한다.

상극 또한 목극토(木剋土) → 토극수(土剋水) → 수극화(水剋火) → 화극금(火剋金) → 금극목(金剋木)으로 이어지며 목(木)에서 시작한 극이 다시 목(木)으로 돌아온다. 이렇게 오행이 서로 극으로 연결되어 있다고 해서 상극이라고 한다.

오행의 상생

목생화(木生火) : 나무는 자신을 태워 불을 살린다.

화생토(火生土) : 불은 타고 나면 재가 되어 흙으로 돌아간다.

토생금(土生金) : 흙 속에서 바위와 금속이 생산된다.

금생수(金生水) : 바위 속에서 물이 나온다.

수생목(水生木) : 물은 나무에게 수분을 주어 자라게 한다.

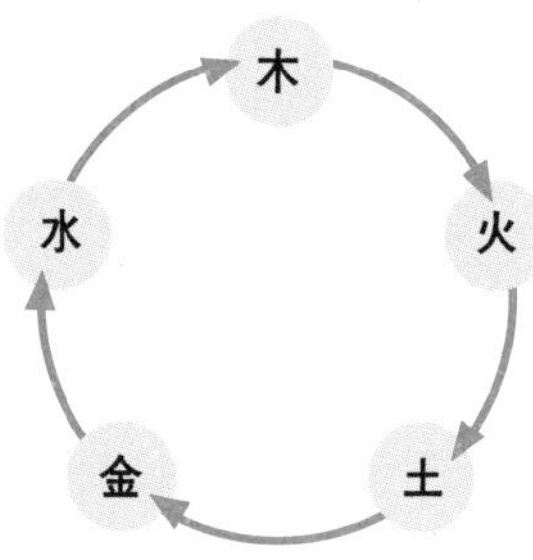

오행의 상극

목극토(木剋土) : 나무는 뿌리로 흙을 붙잡아준다.

토극수(土剋水) : 흙은 둑이 되어 물을 가두어둔다.

수극화(水剋火) : 물은 불을 꺼뜨린다.

화극금(火剋金) : 불은 바위(쇠)를 녹인다.

금극목(金剋木) : 바위(쇠)는 나무를 자른다.

나무는 불을 생하고, 불은 흙을 생하고, 흙은 쇠나 바위를 생하고, 쇠나 바위는 물을 생한다. 이렇게 다른 기운을 도와주므로 상생은 무조건 좋은 것이라고 생각하기 쉽다. 반대로 나무는 흙을 붙잡아두고, 흙은 물을 가두고, 물은 불을 꺼뜨리고, 불은 금속을 녹여버리고, 금속은 나무를 잘라버린다. 이렇게 다른 기운을 억압하므로 상극은 무조건 나쁜 것이라고 생각하기 쉽다. 결론적으로 말해 상생은 좋은 것, 상극은 나쁜 것으로 구별할 수 없다.

지금까지 학교 교육이 선(善) 아니면 악(惡)으로 양분되어 있고, 언론도 좋은 것

아니면 나쁜 것이라는 양분론적 시각으로 세상을 바라보고, 연속극의 등장인물도 착한 사람 아니면 나쁜 사람으로 구분된다. 정치계도 진보 아니면 보수로 나뉘어 극과 극으로 흘러간다. 이러한 사고방식 때문에 자연스럽게 생은 좋고 극은 나쁘다는 오해가 생겼다.

음과 양에 좋고 나쁨이 없듯이, 생과 극 또한 좋고 나쁨이 없다. 사주명리학에서는 많으면 오히려 극해서 세력을 약하게 해주는 것이 좋고, 부족하면 생해서 도와주는 것이 좋다. 정치에서 진보냐 보수냐가 중요한 것이 아니라 국민이 중요하듯이, 생이나 극이 중요한 게 아니라 사주팔자가 중요하다.

그러나 성명학에서는 일반적으로 생을 좋아한다. 사주명리학에서와는 다르게 해석해야 한다. 사주명리학 즉 사주팔자에서는 많을 때는 극하고 적을 때는 생하는 것을 근본으로 하므로 생과 극이 모두 필요하다. 그러나 성명학 즉 브랜드 네이밍에서는 발음(소리) 요소가 강하기 때문에 극하는 것보다는 생하는 것이 발음하기 좋고 듣기 좋다고 본다.

다만, 예외적으로 극을 좋아하는 브랜드 네이밍도 존재한다. 고객의 왕래가 매우 많고 판매와 소비가 왕성하게 일어나는 공간 예를 들어 놀이공원, 백화점, 대형마트, 영화관 등은 안정된 생보다는 변화무쌍한 극을 선호하고, 극을 활용한 브랜드 네임이 더 좋다.

생극작용과 브랜드 네이밍

사주명리학에서는 생과 극이 모두 필요하지만, 성명학 즉 브랜드 네이밍에서는 생을 중시한다. 발음이 극하는 것보다 생하는 것이 듣기 좋고 발음하기 좋기 때문이다. 그러나 고객의 왕래가 잦고 판매와 소비가 왕성한 놀이공원이나 백화점 등은 변화가 많은 극을 활용한 브랜드 네임이 좋다.

3) 오행별 상생과 상극

목(木), 화(火), 토(土), 금(金), 수(水)는 서로 상생과 상극 작용을 끊임없이 되풀이한다. 생만 하거나 극만 하는 오행은 없다. 제각각 생도 하고 극도 하면서 서로에게 영향을 미친다.

목(木)

목을 생하는 오행은 → 수(水)

목이 생하는 오행은 → 화(火)

목이 극하는 오행은 → 토(土)

목을 극하는 오행은 → 금(金)

화(火)

화를 생하는 오행은 → 목(木)

화가 생하는 오행은 → 토(土)

화가 극하는 오행은 → 금(金)

화를 극하는 오행은 → 수(水)

토(土)

토를 생하는 오행은 → 화(火)

토가 생하는 오행은 → 금(金)

토가 극하는 오행은 → 수(水)

토를 극하는 오행은 → 목(木)

금(金)

금을 생하는 오행은 → 토(土)

금이 생하는 오행은 → 수(水)

금이 극하는 오행은 → 목(木)

금을 극하는 오행은 → 화(火)

수(水)

수를 생하는 오행은 → 금(金)

수가 생하는 오행은 → 목(木)

수가 극하는 오행은 → 화(火)

수를 극하는 오행은 → 토(土)

4) 상생과 상극의 반작용

오행은 서로 생하기도 하고 극하기도 하는 등 다양하고 복잡한 관계를 맺으면서 공존한다. 생은 좋고 극은 나쁜 것이 아니라 상황에 따라서 좋을 수도 있고 나쁠 수도 있다. 또한 생이 지나쳐도 좋지 않고 극이 지나쳐도 좋지 않다. 일반적으로 상생은 서로 도움을 주고받는 긍정적인 관계이지만, 생이 지나치면 생을 받는 오행에게 오히려 나쁜 영향을 미칠 수 있다. 또한 상극은 서로 억압하고 자극하는 관계이므로 나쁠 것 같지만 적절한 자극은 오히려 극을 받는 오행에게 도움이 된다. 상생과 상극 두 가지가 서로 조화를 이루는 것이 좋다. 오행마다 상생과 상극이 지나칠 때 어떻게 되는지 알아보자.

상생과 상극의 반작용

일반적으로 생작용은 생하고 도와주는 것이므로 긍정적으로 생각하지만, 지나친 생작용은 오히려 사주팔자의 조화를 깨뜨릴 수 있다. 극작용 역시 마찬가지다. 적절한 극작용은 사주에서 음양오행이 조화를 이루도록 도와준다.

상생의 반작용

목생화(木生火)의 경우 : 목다화멸(木多火滅). 나무가 너무 많으면 오히려 불이 꺼진다.

화생토(火生土)의 경우 : 화다토조(火多土燥). 불이 너무 강하면 흙이 메말라 쓸모 없어진다.

토생금(土生金)의 경우 : 토다금매(土多金埋). 흙이 너무 많으면 금이 묻혀버려서 사용할 수 없다.

금생수(金生水)의 경우 : 금다수탁(金多水濁). 쇠가 너무 많으면 물이 흐려진다.

수생목(水生木)의 경우 : 수다목부(水多木浮). 물이 너무 많으면 나무가 썩어 물 위에 뜬다 .

상극의 반작용

목극토(木剋土)의 경우 : 토다목절(土多木折). 나무가 흙을 붙잡아주지만, 흙이 너무 많으면 나무가 흙에 꺾여버린다.

토극수(土剋水)의 경우 : 수다토류(水多土流) 또는 수다토붕(水多土崩). 흙이 물을 가두어두지만,

물이 많으면 둑이 무너진다.

수극화(水剋火)의 경우 : 화다수패(火多水敗) 또는 화다수압(火多水壓). 물이 불을 꺼뜨리지만, 불이 너무 강하면 오히려 물이 증발한다.

화극금(火剋金)의 경우 : 금다화멸(金多火滅) 또는 금다화진(金多火鎭). 불이 쇠를 녹이지만, 약한 불은 큰 쇳덩이를 녹이지 못하고 꺼져버린다.

금극목(金剋木)의 경우 : 목다금결(木多金缺). 쇠가 나무를 자르지만, 작은 칼은 커다란 나무숲을 자르다가 부러진다.

상생과 상극의 반작용은 사주명리학에서 많이 사용하고, 성명학 특히 브랜드 네이밍에서는 사용하지 않는다.

오행의 비화

목(木)이 목(木)을 만날 때, 화(火)가 화(火)를 만날 때, 토(土)가 토(土)를 만날 때, 금(金)이 금(金)을 만날 때, 수(水)가 수(水)를 만날 때를 비화라고 한다.

5) 오행의 비화

비화(比和)란 같은 오행을 말한다. 비(比)는 비슷하다는 의미로서 목(木)이 목(木)을 만날 때, 화(火)가 화(火)를 만날 때, 토(土)가 토(土)를 만날 때, 금(金)이 금(金)을 만날 때, 수(水)가 수(水)를 만날 때를 말한다. 이렇게 같은 오행끼리 있으면 서로 친구 또는 형제, 동료가 되어 힘을 크게 한다.

3. 음양오행의 형태

음양오행의 이상적인 형태

음양오행은 이 세상 모든 것을 형상화할 수 있는데, 그 중에서 가장 완벽한 형태는 바로 원형이다. 원형은 어머니 뱃속처럼 가장 편안하고 안정된 공간을 의미한다. 따라서 브랜드 심벌마크는 원형으로 디자인하는 것이 좋다.

세상의 모든 것은 음양과 오행으로 형상화하고 표현할 수 있다. 음양은 하루를 밤과 낮으로 나누어 관장하고, 오행 또한 목(木), 화(火), 토(土), 금(金), 수(水)로 나누어 하루를 관장한다. 음양과 오행으로 1년 365일의 시간과 우주의 공간을 모두 분석해낼 수 있다.

그렇다면 음양오행의 형태에서 가장 이상적인 형태는 어떤 것일까? 음양오행의 형태에서 가장 완벽한 것은 바로 원형이다. 음양의 태극 모양도 원형이요, 목화토금수(木火土金水) 오행을 모두 조합하면 원형이요, 우주란 공간과 지구도 원형이요, 어머니 뱃속에서 아기가 열 달 동안 머무는 공간도 원형이다. 이처럼 이 세상에서 가장 편안하고 안정되고 완벽한 형태는 원형이라 할 수 있다. 그래서 브랜드의 심벌마크는 반드시 원형의 기(氣)가 들어가도록 디자인하는 것이 이상적이다.

음양오행의 형태 분석

이상적인 형태		비이상적인 형태	
원형	●	뾰족형	★
정사각형	■	역삼각형	▼
가로 타원형	⬬	세로 타원형	⬮
가로 직사각형	▬	세로 직사각형	▮

2 천간지지

사주명리학에는 하늘과 기둥을 상징하는 천간(天干) 10자와 땅과 가지를 상징하는 지지(地支) 12자가 있다. 사람이 태어난 생년월일시를 천간 네 글자와 지지 네 글자로 나타낸 것이 사주팔자이다. 천간과 지지를 합쳐서 간지(干支)라고 한다.

대부분의 동양학과 같이, 사주명리학은 천간과 지지를 좋은 것과 나쁜 것으로 구분하지 않는다. 음과 양, 생과 극을 좋은 것 나쁜 것으로 나누지 않는 것과 마찬가지다. 사주에는 천간도 필요하고 지지도 필요하며, 음도 필요하고 양도 필요하며, 생도 필요하고 극도 필요하다.

세상에 양만 존재하고 음은 존재하지 않는다면 낮만 있고 밤은 없어질 것이다. 일하고 공부하고 자아계발을 하는 낮도 필요하지만, 휴식을 취하고 수면을 하는 밤도 필요하다. 또한 양에 해당하는 외향적인 사람만 있고 내성적인 사람은 없다면 세상은 자기 주장으로 시끌벅적할 것이고 싸움이 빈번할 것이다.

생과 극 역시 마찬가지다. 둘은 전혀 다른 것 같지만 한 몸이다. 하나만 존재하면 불균형으로 인해 문제가 생길 것이다. 국가를 예를 들어보자. 한 나라의 국민이 행복하려면 국가가 국민에게 생하는 것, 즉 주는 것인 복지정책이나 안보 등이 반드시 필요하다. 그러나 극에 해당하는 법으로써 일정한 통제나 의무를 주어야 국가는 균형을 이루면서 발전해 나갈 수 있다. 사주명리학의 세계에도 이와 같은 이치가 적용된다. 사주명리학에서 천간과 지지는 좋은 것 나쁜 것으로 구분되는 게 아니라 둘 다 필요한 요소이다.

천간 10자와 지지 12자가 어디에 유래했는지는 잘 알려져 있지 않다. 이것에 관한 가장 오래된 문헌으로는 중국의 서자평(徐子平)이 지은 『연해자평(淵海子平)이 있다.

"중국의 황제 시대에 치우(蚩尤)가 나와 세상을 혼란스럽게 하니 황제가 백성의 고통을 알고 탁록(啄鹿)이란 들에서 치우와 싸워 치우를 죽였다. 이 때 치우의 피가 백 리를 덮어 나라를 다스리기 어렵게 되자 하늘에 제사를 지냈다. 이에 하늘에서 천간 10자와 지지 12자를 내려 보냈다. 황제는 10자를 둥글게 펴서 하늘을 상징하고, 지지 12자를 모나게 펴서 땅을 상징하여 그 빛을 널리 퍼지게 하니 나라가 평화롭게 되었다. 그 후에 대요(大撓)가 나와 천간 10자와 지지 12자를 합하여 육십갑자(六十甲子)를 만들었다."

이것이 천간과 지지의 기원에 대한 최초의 기록이다. 이 내용이 역사적인 근거가 있는지는 알 수 없다. 그러나 비록 천간과 지지의 창조 원리를 알아내기는 어렵더라도 천간과 지지를 분석해낼 수는 있다. 그러므로 간지의 창조 원리를 찾느라 시간을 허비하기보다는, 천간과 지지의 분석을 통해서 사람들이 보다 긍정적이고 희망적인 삶을 살아갈 수 있도록 하는 것이 더 가치 있다고 본다.

1. 천간

천간

사주명리학에서 음양오행을 분류하기 위한 부호로, 간지(干支)의 간(干)에 해당한다. 갑을병정무기경신임계(甲乙丙丁戊己庚辛壬系) 10가지가 있다. 천원(天元)이라고도 한다.

천간은 10자로 이루어졌다고 해서 십간(十干)이라고도 한다. 또한 하늘을 상징한다고 해서 천원(天元)이라고도 부른다.

천간은 갑(甲), 을(乙), 병(丙), 정(丁), 무(戊), 기(己), 경(庚), 신(辛), 임(壬), 계(癸)의 10자로 이루어져 있다. 이 천간 10자가 음양과 오행으로 어떻게 변화하는가를 알면 사람의 건강, 성격, 적성 등을 파악할 수 있다.

천간의 음양오행 배정

천간	甲 | 乙	丙 | 丁	戊 | 己	庚 | 辛	壬 | 癸
음양	양 | 음	양 | 음	양 | 음	양 | 음	양 | 음
오행	木	火	土	金	水

천간의 음양오행 응용

천간	甲·乙	丙·丁	戊·己	庚·辛	壬·癸
색	청색	적색	황색	백색	흑색
방향	동	남	중앙	서	북
숫자	3, 8	2, 7	5, 10	4, 9	1, 6

천간의 건강 배정

천간	甲·乙	丙·丁	戊·己	庚·辛	壬·癸
오장	간	심장	비장	폐	신장
육부	담(쓸개)	소장	위장	대장	방광
건강	뼈 수술	혈관질환 안과질환 정신과질환 순환기질환	산부인과질환 비뇨기과질환	뼈 우울증	산부인과 여성비뇨기과 우울증·자폐증 두통·불면증
오행의 고립시 건강문제	교통사고 추락·소아마비 허리디스크 골다공증	심장판막증 뇌출혈·중풍 안과(녹내장·백내장)	위장 자궁 난소	대장 폐	신장결석 방광 자궁
오행의 과다시 건강문제	간경화 간염 간암 교통사고	정신병 심장병 뇌출혈 뇌경색 중풍·화병	위장 자궁 난소	대장·폐 우울증·자폐증 교통사고 허리디스크 소아마비·관절	신장염·방광 자궁·난소·냉 생리불순 불면증·우울증 자폐증·두통

천간의 성격 및 적성 배정

천간	甲·乙	丙·丁	戊·己	庚·辛	壬·癸
기본 성격	어질다 인(仁)	예의 바르다 예(譽)	믿음이 있다 신(信)	의리 있다 의(義)	총명하다 지(智)
많을 때 성격	명예지향적 굽히지 않는다	자기 표현이 확실하다 다혈질이다	끈기가 있다 쓸데없는 고집이 있다	비판정신이 강하다 잔소리가 심하다	타인을 배려한다 쓸데없는 걱정이 많다
적성	1순위 문과 2순위 미술 · 교육 · 방송	1순위 연예 · 예술 · 문화 · 방송 2순위 문과	1순위 사람과 사람을 이어줌 또는 사람을 상대 2순위 땅·건축· 토목	1순위 군인·경찰·의 사·간호사·운 동선수·체육 2순위 이과	1순위 이과 · 경제 · 회계 2순위 음악 · 연예 · 방송

천간의 상징물

천간	상징물	의미
甲	대림목(大林木)	곧고 바른 나무
乙	화초목(花草木)	작은 화초와 같은 나무
丙	태양화(太陽火)	태양과 같은 큰 불
丁	등촉화(燈燭火)	작은 등불
戊	성원토(城園土)	넓은 대지의 흙
己	전원토(田園土)	작은 정원의 흙
庚	강철금(鋼鐵金)	단단하고 커다란 쇳덩어리
辛	주옥금(珠玉金)	금은보석 같은 작은 쇠
壬	강호수(江湖水)	바다, 강, 호수 등 큰 물
癸	우로수(雨露水)	이슬비, 시냇물과 같은 작은 물

1) 천간의 종류와 성격

- 갑(甲) : 크고 곧은 나무를 상징한다. 뻗어 나가고 싶어하고, 명예지향적이고 인자하다.
- 을(乙) : 작은 나무, 화초, 덩굴식물을 상징한다. 부드럽고 인자하며, 자신을 낮추고 굽힐 줄 안다.
- 병(丙) : 태양, 용광로, 큰 불을 상징한다. 밝고 명랑하며, 적극적이다.
- 정(丁) : 형광등이나 촛불처럼 작은 불을 상징한다. 은근한 끈기와 인내심이 있고, 밝고 명랑하다.
- 무(戊) : 넓은 대지, 들판 등 넓은 땅을 상징한다. 은근히 고집이 있고 자기중심적인 면이 있다.
- 기(己) : 정원, 화분 등 작은 땅을 상징한다. 소극적이고 안정적이며, 환경 적응력이 빠르고 자기를 잘 지킨다.
- 경(庚) : 바위산, 기차, 비행기 등 큰 금속이나 바위를 상징한다. 적극적이고 의지가 강하며, 자신을 잘 드러낸다.
- 신(辛) : 보석, 칼과 같은 작은 금속이나 자갈 등을 상징한다. 예민하고 섬세하며 자기주장이 강하다.
- 임(壬) : 강물, 바닷물과 같은 큰 물을 상징한다. 자기를 보여주고 싶어하며 총명하다.
- 계(癸) : 이슬, 안개 등과 같은 작은 물을 상징한다. 온화하고 섬세하며, 다정하고 여린 심성이다.

2) 천간의 분석

천간은 하늘 천(天) 기둥 간(干)으로서 '위에 있다' 고 해서 붙여진 이름이다. 지지와 비교하여 하늘이어서 더 좋거나 크고 위에 있어서 더 크거나 좋다고 보면 안

되고, 단순히 위에 있는 것을 상징한다고 보면 된다.

갑목(甲木)

① 양목(陽木)으로 지지의 인목(寅木)과 같다.

② 크고 곧게 뻗은 나무, 말라죽은 나무이다.

③ 갑목은 뾰족한 글자로서 오미신신(午未申辛)과 더불어 현침살(懸針殺)이라 부르며, 뾰족한 것을 가지고 하는 직업이 좋다.

④ 갑목 두 글자가 나란히 붙어 있는 것을 갑갑병존(甲甲竝存)이라고 한다. 이 경우에는 부모대나 본인대에 한번은 큰 어려움이 있거나 고향을 일찍 떠나거나 부모와 생사이별(生死離別)을 한다.

을목(乙木)

① 음목(陰木)으로 지지의 묘목(卯木)과 같다.

② 습목(濕木)이고 생목(生木)이다. 작은 나무이고, 풀과 같은 초목이고, 새싹이다.

③ 을목 두 글자가 나란히 붙어 있는 것을 을을병존(乙乙竝存)이라고 한다. 이 경우에는 인덕이 부족하고 주변에 사람이 있어도 외로움을 느낀다.

④ 천간에 을목이 3개 있으면 복덕수기(福德秀氣)라고 한다. 이 경우에는 인덕이 있고 명예를 얻으며, 관직으로 진출하면 좋다.

병화(丙火)

① 양화(陽火)로 지지의 사화(巳火)와 같다.

② 태양, 용광로, 화산, 화재와 같은 큰 불이다.

③ 병화 두 글자가 나란히 붙어 있으면 병병병존(丙丙竝存)이라고 한다. 이 경우에는 활동범위가 도(道)지역인 역마로서 활동적이고 움직임이 많은 직업이 좋다.

④ 병화 일간에 태어났거나 사주 내에 병화가 많은 사람은 얼굴이 둥글고 미남미녀가 많다.

정화(丁火)

① 음화(陰火)로 지지의 오화와 같다.

② 촛불, 화롯불, 모닥불, 형광등과 같은 작은 불이다.

③ 정화 두 글자가 나란히 붙어 있으면 정정병존(丁丁竝存)이라고 한다. 이 경우에는 인덕이 부족하고 주변에 사람이 있어도 외로움을 느낀다.

④ 정화 일간에 태어났거나 사주에 정화가 많은 사람은 얼굴이 갸름하고 미남미녀가 많다.

무토(戊土)

① 양토(陽土)로 지지의 진(辰) · 술(戌)과 같다.

② 벌판, 들판, 밭, 논 등과 같은 넓은 땅이다.

③ 무토 두 글자가 나란히 붙어 있으면 무무병존(戊戊竝存)이라고 한다. 이 경우에는 해외 역마로서 활동적이고 해외를 왕래하는 직업이 좋으며, 해외를 반드시 왕래한다.

④ 무토 일간에 태어난 사람은 대개 넓은 정원, 넓은 거실을 좋아하고 좁은 공간이나 복잡한 액세서리는 싫어한다.

기토(己土)

① 음토(陰土)로 지지의 축(丑) · 미(未)와 같다.

② 화분의 흙, 정원의 흙 등과 같은 좁은 땅이다.

③ 기토 두 글자가 나란히 붙어 있으면 기기병존(己己竝存)이라고 한다. 이 경우에는 집 근처 역마로서 시(市) 지역에서 활동하는 직업이나 정적인 직업이 어울린다.

④ 기토 일간에 태어난 사람은 대개 분재나 작은 정원, 작은 액세서리 등을 좋아한다.

경금(庚金)

① 양금(陽金)으로 지지의 신금(申金)과 같다.

② 무쇳덩어리, 금광, 바위산, 유람선, 유조선, 기차, 비행기 같은 큰 바위나 큰 쇳덩이다.

③ 경금 두 글자가 나란히 붙어 있으면 경경병존(庚庚竝存)이라고 한다. 이 경우에는 매우 넓은 역마로서 활동범위가 전국적이다.

④ 경경병존(庚庚竝存)인데 무토가 있으면 무무병존(戊戊竝存)과 같다.

신금(辛金)

① 음금(陰金)으로 지지의 유금(酉金)과 같다.

② 바늘, 시계, 칼, 보석 등과 같은 작은 금속이나 작은 돌덩이다.

③ 신금 두 글자가 나란히 붙어 있으면 신신병존(辛辛竝存)이라고 한다. 이 경우에는 어려운 일을 반드시 겪게 된다.

④ 갑오미신(甲午未申)과 함께 현침살이라고 부르고, 뾰족한 것을 가지고 하는 직업이 좋다.

임수(壬水)

① 양수(陽水)로 지지의 해수(亥水)와 같다.

② 강물, 바닷물, 호수 등과 같은 큰 물이나 많은 물이다.

③ 임수 두 글자가 나란히 붙어 있으면 임임병존(壬壬竝存)이라고 부른다. 이 경우에는 도화(桃花)로서 인기를 얻는 연예, 예술, 문화, 방송 관련 직업이 좋다.

④ 경금과 임수가 붙어 있으면 금수쌍청(金水雙淸)이라고 하는데 총명하고 동양학이나 종교학에 관심이 많다.

계수(癸水)

① 음수(陰水)로서 지지의 자수(子水)와 같다.

② 안개, 눈물, 그릇 안에 있는 물 등 작은 물이다.

③ 계수 두 글자가 나란히 붙어 있으면 계계병존(癸癸竝存)이라고 부른다. 이 경우에는 도화로서 인기를 얻는 연예, 예술, 문화, 방송 관련 직업이 좋다.

④ 신금과 계수가 함께 있으면 금수쌍청이라고 하며, 총명하고 동양학이나 종교학에 관심이 많다.

천간 병존

종류	의미
甲甲	부모대 또는 본인대에 파가(破家) 또는 조실부모(早失父母) 한다.
乙乙	인덕이 없고 외로우며 고독하다.
丙丙	광역 역마. 일찍 고향을 떠난다.
丁丁	인덕이 없으며, 외롭고 고독하다.
戊戊	해외 역마. 유학, 무역, 외교, 이민 등이 좋다.

종류	의미
己己	지역 역마. 작은 역마. 한곳에 정착한다.
庚庚	국내 역마. 활동적인 직업이 좋다.
辛辛	어려운 일이나 비참한 일을 겪는다.
壬壬	도화살, 인기살로서 인기를 얻는 직업이 좋다.
癸癸	도화살, 인기살로서 인기를 얻는 직업이 좋다.

2. 지지

지지는 자(子)·축(丑)·인(寅)·묘(卯)·진(辰)·사(巳)·오(午)·미(未)·신(申)·유(酉)·술(戌)·해(亥)의 12자로 이루어져 있으며, 12지지라고도 한다.

지지

사주명리학에서 음양오행을 분류하기 위한 부호로, 간지(干支)의 지(支)에 해당한다. 자축인묘진사오미신유술해(子丑寅卯辰巳午未申酉戌亥) 12가지가 있다. 12지지라고도 한다.

12지지는 우리 생활에서 다양하게 활용된다. 1년은 12달이고, 하루 24시간을 2시간씩 묶어서 12지지로 나타내며, 절기도 12절기를 중요하게 사용하고, 띠 동물도 12가지다.

지지는 땅을 상징한다고 하여 지원(地元)이라고도 한다. 지지는 땅이고, 음이고, 밤이고, 여성적이고, 정지 상태이고, 부드럽고, 느린 것을 상징한다.

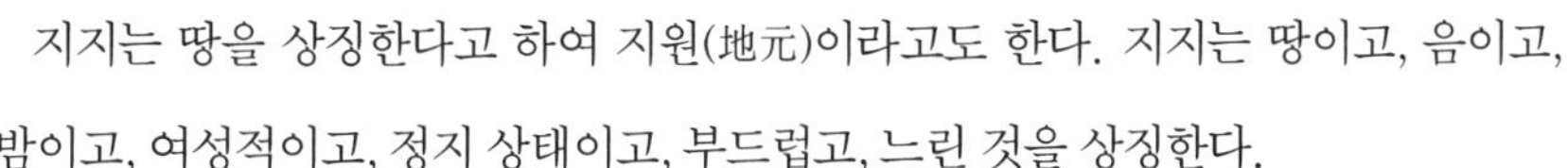

그러나 사주명리학에서는 지지를 이렇게 단순하게 파악하지 않는다. 사람의 인생 자체가 단순하지 않기 때문이다. 천간과 마찬가지로 지지 역시 음양과 오행으로 변화시켜 분류해야 한다. 단, 지지는 천간에 비해 계절과 시간 등이 추가되어 더욱 복잡하고 다양하게 변화한다.

지지의 음양오행 배정

지지	子	丑	寅	卯	辰	巳	午	未	申	酉	戌	亥
음양	양	음	양	음	양	음	양	음	양	음	양	음
오행	水	土	木	木	土	火	火	土	金	金	土	水
색	흑색	황색	청색	청색	황색	적색	적색	황색	백색	백색	황색	흑색
방향	북	북동	동	동	동남	남	남	남서	서	서	북서	북
띠동물	쥐	소	호랑이	토끼	용	뱀	말	양	원숭이	닭	개	돼지
음력달	11월	12월	1월	2월	3월	4월	5월	6월	7월	8월	9월	10월
절기	대설	소한	입춘	경칩	청명	입하	망종	소서	입추	백로	한로	입동
시간	11:30 ~1:30	1:30 ~3:30	3:30 ~5:30	5:30 ~7:30	7:30 ~9:30	9:30 ~11:30	11:30 ~13:30	13:30 ~15:30	15:30 ~17:30	17:30 ~19:30	19:30 ~21:30	21:30 ~23:30

지지의 기본 성격

지지	기본 성격	장점	단점
子	도화	감각적이다	실천력이 약하다
丑	고집	꾸준하다	쓸데없는 고집이 있다
寅	역마	여유롭다	몰아치기한다
卯	도화	꾸준하다	욕심이 많다
辰	고집	적극적이다	신경이 예민하다
巳	역마	활동성이 크다	안정감이 떨어진다
午	도화	활동 영역이 넓다	성격이 급하다
未	고집	집중력이 있다	지배받기 싫어한다
申	역마	지혜롭다	잔재주가 많다
酉	도화	재주가 많다	잔소리가 심하다
戌	고집	추진력이 있다	고집이 매우 세다
亥	역마	활동성이 크다	생각이 너무 많다

지지의 오행 변화 및 건강 배정

오행	木	火	土	金	水
지지	寅卯	巳午	辰戌丑未	申酉	亥子
기본 건강	간, 담(쓸개) 뼈	소장, 심장 혈관	비장, 위장 자궁	대장, 폐 뼈	신장, 방광 자궁
고립되었을 때 건강	교통사고 뼈, 수술	심장병, 중풍 심장판막증 안과 질환	위장, 신장 자궁, 난소	대장, 폐	혈관 질환 조루증
많을 때 건강	교통사고 수술, 간염 간경화 간암	혈관 질환 심장병, 중풍 정신과 질환 화병	위장 비뇨기과 질환 여성기 질환	대장, 폐 관절, 뼈 교통사고 우울증	여성기 질환 비뇨기과 질환 우울증, 자폐증 불면증 잔병치레

지지의 성격 배정

오행	木	火	土	金	水
지지	寅卯	巳午	辰戌丑未	申酉	亥子
발달했을 때 성격	① 어질다 ② 대인관계가 무난하다 ③ 명예를 소중하게 생각한다	① 예의가 바르다 ② 적극적이다 활동적이다 ③ 대인관계가 원만하다	① 믿음이 있다 ② 의지력이 강하다 ③ 꾸준한 노력이 있다	① 의리가 있다 ② 통제능력이 있다 ③ 계획적인 면이 있다	① 지혜가 있다 ② 아이디어가 풍부하다 ③ 계획적이다
많을 때 단점	① 욕망이 강하다 ② 끈기가 약하다	① 급하고 다혈질이다 ② 싫증을 잘 낸다	① 고집이 태왕하다 ② 가슴속에 담아둔다	① 자기 본위적이다 ② 잔소리가 심하다	① 너무 생각이 많다 ② 끈기가 부족하다
많을 때 장점	① 자신감이 넘친다 ② 어려움도 쉽게 극복한다 ③ 자유로움을 추구한다	① 적극적이다 ② 자신감이 넘친다 ③ 자기 감정 표현이 정확하다	① 의리가 있다 ② 은근한 끈기가 존재한다 ③ 일에 대한 욕망이 크다	① 맺고 끊음이 정확하다 ② 계획성이 있다 ③ 명확한 의사표현이 있다	① 지혜가 넘친다 ② 구조적 계획적인 타입이다 ③ 매사 신중하게 처리한다

지지	寅·卯	巳·午	辰·戌·丑·未	申·酉	亥·子
적성 학과	**1순위** 정치학과 행정학과 법학과 어문학과 신문방송학과 청소년학과 심리학과 경영학과 **2순위** 미술학과 의예과	**1순위** 무용학과 스포츠학과 디자인학과 연극영화학과 피부미용학과 **2순위** 사회과학계열 어문계열	**1순위** 건축학과 토목학과 부동산학과 임업과 **2순위** 외교학과 어문학과 관광학과 법학과 항공학과 사법계열	**1순위** 기계공학과 금속학과 섬유공학과 산업공학과 항공공학과 재료공학과 **2순위** 자동차학과 체육학과 의예학과 경찰학과 육사 · 공사 · 해사	**1순위** 경제학과 경영학과 회계학과 통계학과 물리학과 수학과 생물학과 전자계산학과 정보처리학과 **2순위** 연극영화학과 신문방송학과

지지를 외울 때는 그림과 같이 손바닥을 펴고 둘째손가락부터 다섯째손가락까지 네 손가락에 지지를 붙여 나가면 외우기 쉽다. 성명학과는 관련이 없지만 사주명리학에서 12신살, 12운성, 공망 등을 다룰 때 이 방법을 쓰면 쉽게 이해할 수 있다.

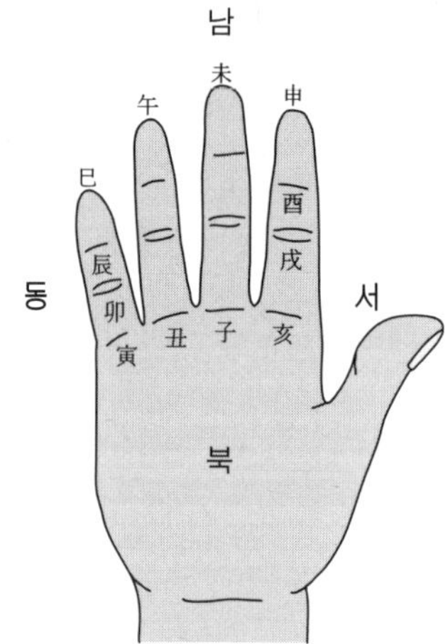

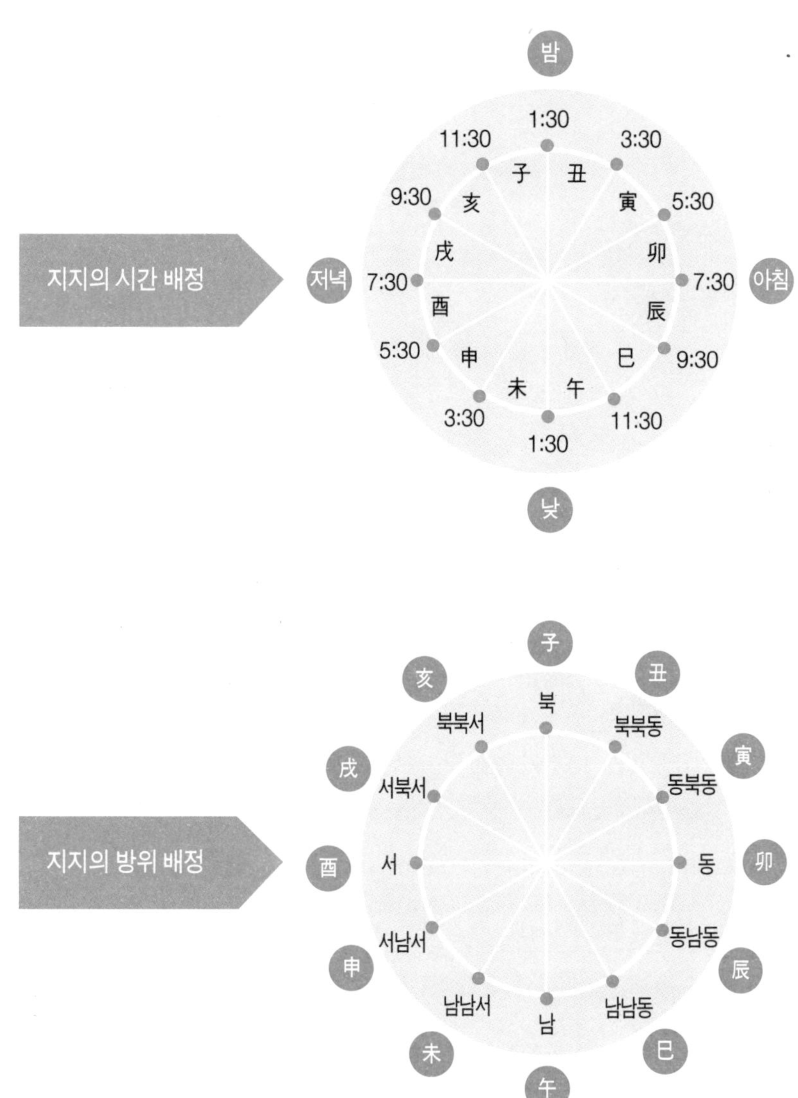
지지의 시간 배정
밤
1:30
3:30
11:30
子
丑
寅
亥
9:30
5:30
戌
卯
저녁
7:30
7:30
아침
酉
辰
5:30
申
巳
9:30
未
午
3:30
11:30
1:30
낮
지지의 방위 배정
子
丑
亥
북
북북서
북북동
寅
戌
서북서
동북동
酉
서
동
卯
서남서
동남동
辰
申
남남서
남남동
남
未
巳
午

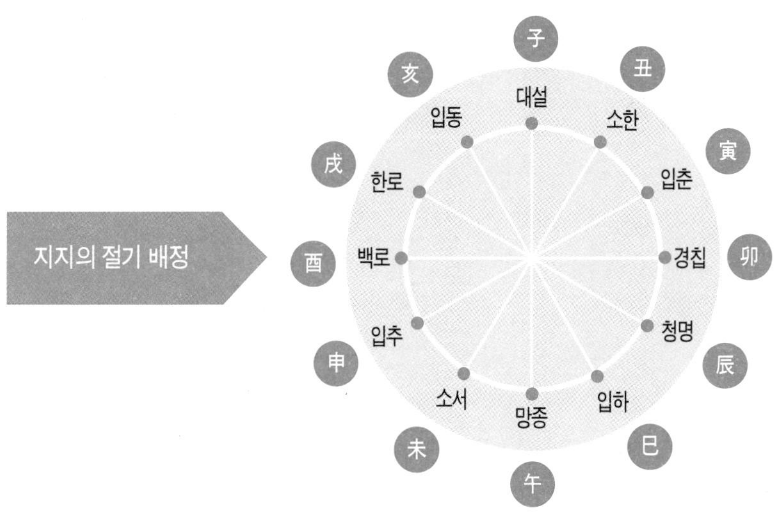

1) 지지의 종류와 성격

- 자(子) : 동물로는 쥐이고, 맑고 차가운 물을 상징한다.
- 축(丑) : 동물로는 소이고, 좁은 땅, 정원의 흙, 화분의 흙을 상징한다. 월지에 있을 때는 수(水)로 본다.
- 인(寅) : 동물로는 호랑이이고, 큰나무, 고목, 사목(死木)을 상징한다.
- 묘(卯) : 동물로는 토끼이고, 작은 나무, 화초, 풀을 상징한다.
- 진(辰) : 동물로는 용이고, 넓은 땅, 들판, 밭, 논 등 습기가 있는 흙을 상징한다.
- 사(巳) : 동물로는 뱀이고, 큰 불, 태양, 용광로 등을 상징한다.
- 오(午) : 동물로는 말이고, 작은 불, 촛불, 전등, 형광등 등을 상징한다. 월지에 있을 때는 사화(巳火)보다 뜨겁다.
- 미(未) : 동물로는 양이고, 좁은 땅, 정원의 흙, 화분의 흙을 상징한다. 월지에 있을 때는 화(火)로 본다.
- 신(申) : 동물로는 원숭이이고, 큰 쇳덩이, 바위, 기차, 버스, 비행기를 상징한

다. 월지에 있을 때는 날짜에 따라 오행이 다양하게 분석된다.

- 유(酉) : 동물로는 닭이고, 작은 금속, 보석, 바늘, 주사기를 상징한다.
- 술(戌) : 동물로는 개이고, 넓은 땅, 사막, 넓은 벌판 등 마른 땅을 상징한다.
- 해(亥) : 동물로는 돼지이고, 큰물, 바닷물, 강물을 상징한다.

2) 지지의 분석

지지는 땅 지(地) 가지 지(支)로서 자칫 천간보다 낮거나 작다고 생각할 수 있지만 단순히 명칭에 붙여놓은 것에 불과하다.

자수(子水)

① 원래는 양수(陽水)이지만 사주를 분석할 때는 음수(陰水)로 해석하며, 천간의 계수(癸水)와 같다.

② 자시는 밤 11시 30분부터 오전 1시 30분까지다.

③ 자월은 절기상 대설부터 소한 전까지다.

④ 자(子)의 기본 성격은 도화이다.

⑤ 자수 두 글자가 나란히 붙어 있으면 자자병존(子子竝存)이라고 하는데, 이 경우에는 자신의 인기를 기반으로 하는 직업과 사람의 생명을 다루는 직업이 좋다.

축토(丑土)

① 음토(陰土)로서 천간의 기토(己土)와 같다.

② 축시는 오전 1시 30분부터 오전 3시 30분까지다.

③ 축월은 절기상 소한부터 입춘 전까지다.

④ 축(丑)의 기본 성격은 고집이다.

⑤ 축토 두 글자가 나란히 붙어 있으면 축축병존(丑丑竝存)이라고 하는데, 이 경우에는 지배받기 싫어하고 성격이 꼼꼼하고 차분하므로 회계업무나 기획업무가 어울린다.

⑥ 월지에 있는 축토는 개수를 따질 때는 토(土)로 보지만, 점수를 따질 때는 수(水)로 본다.

인목(寅木)

① 양목(陽木)으로서 천간의 갑목(甲木)과 같다.

② 인시는 오전 3시 30분부터 오전 5시 30분까지다.

③ 인월은 절기상 입춘부터 경칩 전까지다.

④ 인(寅)의 기본 성격은 역마이다.

⑤ 인목 두 글자가 나란히 붙어 있으면 인인병존(寅寅竝存)이라고 하는데, 이 경우에는 활동적이고 적극적인 일을 해야 한다. 명예지향적인 특징을 가지고 있다.

묘목(卯木)

① 음목(陰木)으로서 천간의 을목(乙木)과 같다.

② 묘시는 오전 5시 30분부터 오전 7시 30분까지다.

③ 묘월은 절기상 경칩부터 청명 전까지다.

④ 묘(卯)의 기본 성격은 도화이며, 천문성(天門星)에 해당한다. 천문성은 사람의 생명을 다루는 일에 적성이 있다.

⑤ 월지에 있는 묘목은 목(木) 기운 한가운데에 있으므로 목(木)의 기가 가장 세다.

⑥ 묘목 두 글자가 나란히 붙어 있으면 묘묘병존(卯卯竝存)이라고 하는데, 이 경우에는 사람의 생명을 지키는 직업이나 예술 계통의 직업에 능력을 발휘한다. 이러한 직업에 종사하지 않으면

뼈와 관련된 사건 사고가 있을 가능성이 높다.

진토(辰土)

① 양토(陽土)로서 천간의 무토(戊土)와 같다.

② 진시는 오전 7시 30분부터 오전 9시 30분까지다.

③ 진월은 절기상 망종부터 소서 전까지다.

④ 진(辰)의 기본 성격은 고집이다.

⑤ 진토 두 글자가 나란히 붙어 있으면 진진병존(辰辰竝存)이라고 하는데, 이 경우에는 사람의 생명을 다루는 직업이 좋다.

사화(巳火)

① 원래는 음화(陰火)이지만 사주를 분석할 때는 양화(陽火)로 해석하며, 천간의 병화(丙火)와 같다.

② 사시는 오전 9시 30분부터 오전 11시 30분까지다.

③ 사월은 절기로 입하부터 망종 전까지다.

④ 사(巳)의 기본 성격은 역마이다.

⑤ 사화 두 글자가 나란히 붙어 있으면 사사병존(巳巳竝存)이라고 하는데, 이 경우에는 활동성이 큰 직업이 좋다.

오화(午火)

① 원래는 양화(陽火)이지만 사주를 분석할 때는 음화(陰火)로 해석하며, 천간의 정화(丁火)와 같다.

② 오시는 오전 11시 30분부터 오후 1시 30분까지다.

③ 오월은 절기로 망종부터 소서 전까지다.

④ 오(午)의 기본 성격은 도화이고, 현침살에 해당한다.

⑤ 오화 두 글자가 나란히 붙어 있으면 오오병존(午午竝存)이라고 하는데, 이 경우에는 자신의 인기를 기반으로 하는 직업이 좋고, 이와 관련된 사건 사고가 있다.

미토(未土)

① 음토(陰土)로서 천간의 기토(己土)와 같다.

② 미시는 오후 1시 30분부터 오후 3시 30분까지다.

③ 미월은 절기상 소서부터 입추 전까지다.

④ 미(未)의 기본 성격은 고집이며, 천문성에 해당한다.

⑤ 미토 두 글자가 나란히 붙어 있으면 미미병존(未未竝存)이라고 하는데, 이 경우에는 어려운 일이나 힘든 일을 겪게 되지만, 사람의 생명을 다루는 직업을 선택하면 힘든 일이 줄어든다.

신금(申金)

① 양금(陽金)으로 천간의 경금(庚金)과 같다.

② 신시는 오후 3시 30분부터 오후 5시 30분까지다.

③ 신월은 절기상 입추부터 백로 전까지다.

④ 신(申)의 기본 성격은 역마이며, 뾰족한 글자이므로 현침살에 해당한다.

⑤ 신금 두 글자가 나란히 붙어 있으면 신신병존(申申竝存)이라고 하는데, 이 경우에는 활동적이고 움직임이 크기 때문에 하반신 사고를 조심해야 한다.

유금(酉金)

① 음금(陰金)으로 천간의 신금(辛金)과 같다.

② 유시는 오후 5시 30분부터 오후 7시 30분까지다.

③ 유월은 절기상 백로부터 한로 전까지다.

④ 유(酉)의 기본 성격은 도화이다.

⑤ 유금 두 글자가 나란히 붙어 있으면 유유병존(酉酉竝存)이라고 하는데, 이 경우에는 사람의 생명을 다루는 직업이나 인기를 기반으로 하는 직업이 좋다.

술토(戌土)

① 양토(陽土)이며 천간의 무토(戊土)와 같다.

② 술시는 오후 7시 30분부터 9시 30분까지다.

③ 술월은 절기로 한로부터 입동 전까지다.

④ 술(戌)의 기본 성격은 고집이고, 천문성에 해당한다.

⑤ 술토 두 글자가 나란히 붙어 있으면 술술병존(戌戌竝存)이라고 하는데, 이 경우에는 해외 역마를 상징하고 활동적이며 적극적인 성격이다.

해수(亥水)

① 원래는 음수(陰水)이지만 사주를 분석할 때는 양수(陽水)로 해석하며, 천간의 임수(壬水)와 같다.

② 술시는 오후 9시 30분부터 오후 11시 30분까지다.

③ 술월은 절기상 입동부터 대설 전까지다.

④ 해(亥)의 기본 성격은 역마이고, 천문성에 해당한다.

⑤ 해수 두 글자가 나란히 붙어 있으면 해해병존(亥亥竝存)이라고 하는데, 이 경우에는 사람의 생명을 다루는 직업이나 활동성이 많은 직업이 좋다.

12지지는 각각 기본 성격이 있다. 자(子)는 도화, 축(丑)은 고집, 인(寅)은 역마, 묘(卯)는 도화, 진(辰)은 고집, 사(巳)는 역마, 오(午)는 도화, 미(未)는 고집, 신(申)은 역마, 유(酉)는 도화, 술(戌)은 고집, 해(亥)는 역마이다. 도화, 고집, 역마는 사람의 성격과 직업 적성과 밀접한 관련이 있다.

도화는 사주에서 자오묘유(子午卯酉)에 해당하며, 도화살이라고도 한다. 예로부터 사주에 도화살이 있으면 외모가 아름답고, 인기가 많으며, 이성관계가 문란하여 문제를 일으킨다고 하였다. 그러나 이러한 생각은 편견에 불과할 뿐이다. 도화살이 있으면 사람들 사이에 인기가 많다. 또한 끼가 있어서 연예계, 예술계, 방송계에 적성이 있다. 현대는 자기PR시대이므로 도화가 있는 사람은 자신의 적성을 잘 발휘하여 성공과 발전을 도모해야 한다.

고집은 사주에서 진술축미(辰戌丑未)에 해당하며, 화개살이라고도 한다. 사주에 화개살이 있으면 고집이 세고 지배당하는 것을 싫어한다. 그러나 자신을 믿어주고 인정해주면 2배로 능력을 발휘하는 타입이다. 신임을 얻고 인정받는 직업, 독립적이고 자유로운 직업이 적성에 맞는다.

역마는 사주에서 인신사해(寅申巳亥)에 해당하며, 흔히 역마살이라고 부른다. 사주에 역마살이 있으면 항상 활동적으로 분주하게 돌아다닌다고 한다. 실제로 이런 사람은 활동적이고 움직임이 크므로 앉아서 일하는 직업보다 활동적인 직업이 적성에 맞는다.

지지 병존

종류	의미
子子	도화이므로 자신의 인기를 기반으로 하는 직업이 좋고, 건강에 주의해야 한다.
丑丑	고집이 매우 세고 꼼꼼하고 차분하다.
寅寅	활동적이고 적극적인 직업이 좋다. 작은 수술을 할 수 있다.
卯卯	객지에 나가게 되거나 잔병치레가 있고, 일에 막힘이 있다.
辰辰	사람의 생명을 다루는 직업이 좋다. 피부병을 조심해야 한다.
巳巳	활동적인 직업이 좋고, 건강에 주의해야 한다.
午午	자신의 인기를 기반으로 하는 직업이 좋고, 수술을 한번 한다.
未未	어렵고 힘든 일을 겪지만, 사람의 생명과 관련된 직업을 선택하면 좋다.
申申	활동적이고 움직임이 큰 직업이 좋고 끼도 있다. 사고를 조심해야 한다.
酉酉	사람의 생명을 다루는 직업이나 끼를 발휘하는 직업이 좋다.
戌戌	해외 역마로서 유학, 이민, 무역, 외교관 등 활동 범위가 큰 직업이 좋다.
亥亥	사람의 생명을 다루는 직업이나 활동 범위가 큰 직업이 좋다.

3. 육십갑자

천간 10자와 지지 12자는 서로 결합하여 짝을 이룬다. 천간의 갑(甲)과 지지의 자(子)가 짝을 이루어 최초의 간지 결합인 갑자(甲子)를 만들고, 마찬가지로 다른 천간과 지지도 결합하여 모두 60가지의 간지 결합을 이룬다. 60번째에 계해(癸亥)로 끝나고 다시 갑자(甲子)로 돌아오므로 육십갑자(六十甲字)라고 한다.

육십갑자

천간 10자와 지지 12자가 서로 결합하여 이루어진 60가지 간지 결합을 말하며, 최초의 간지 결합이 천간 갑(甲)과 지지 자(子)가 합쳐진 갑자(甲子)이므로 육십갑자라고 부른다. 양 천간은 반드시 양 지지와 짝을 짓고, 음 천간은 반드시 음 지지와 짝을 이룬다.

간지가 결합할 때 천간 10자와 지지 12자는 양과 양, 음과 음이 만난다. 양이 음을 만나거나 음이 양을 만나는 경우는 없다. 그러므로 천간 10개와 지지 12개가 만나면 120가지 간지 결합이 나올 것 같지만, 짝수와 짝수가 만나므로 모두 60가지 간지 결합이 만들어진다.

간지 결합을 쉽게 알 수 있는 방법이 있다. 천간 10자를 위에 놓고 지지 12자를 아래에 써넣은 다음 천간과 지지를 순서대로 연결한다. 그러면 갑자(甲子)부터 짝을 지어가면서 간지 결합이 육십갑자 표처럼 진행하는 것을 알 수 있다. 이 때 양 천간은 반드시 양 지지와 짝을 이루고, 음 천간은 반드시 음 지지와 짝을 이루게 된다.

아래와 같이 갑자(甲子), 을축(乙丑), 병인(丙寅), 정묘(丁卯), 무진(戊辰), 기사(己巳), 경오(庚午), 신미(辛未), 임신(壬申), 계유(癸酉), 갑술(甲戌), 을해(乙亥) …… 이러한 순서대로 짝지어가면 마지막은 계해(癸亥)로 끝나고 다시 갑자(甲子)로 이어진다. 천간은 6번 순행하고 지지는 5번 순행하여 60개의 간지 배합이 나온다.

천간	甲	乙	丙	丁	戊	己	庚	辛	壬	癸	甲	乙	丙	丁	戊	己	庚	辛	壬	癸	甲	乙	丙	丁	戊	己	庚	辛	壬	癸
지지	子	丑	寅	卯	辰	巳	午	未	申	酉	戌	亥	子	丑	寅	卯	辰	巳	午	未	申	酉	戌	亥	子	丑	寅	卯	辰	巳

육십갑자는 갑자(甲子)로부터 시작되어 60번째 계해(癸亥)로 끝나고 다시 갑자(甲子)로 시작되는 것이 수없이 반복되어 지금까지 내려오고 있다. 나이 60이 되면 회갑(回甲) 또는 환갑(還甲)이라 하여 잔치를 여는데, 이것은 자신이 태어난 해의 육십갑자가 60년이 지나 다시 돌아온 것을 축하하는 의미가 있다.

십간과 십이지지를 날짜를 세는 데 사용한 것은 중국 은(殷)나라 때부터라고 전해지며, 하루를 2시간씩 십이지지로 나눈 것은 전한시대 때 비롯되었다고 한다.

육십갑자

甲子	乙丑	丙寅	丁卯	戊辰	己巳	庚午	辛未	壬申	癸酉
甲戌	乙亥	丙子	丁丑	戊寅	己卯	庚辰	辛巳	壬午	癸未
甲申	乙酉	丙戌	丁亥	戊子	己丑	庚寅	辛卯	壬辰	癸巳
甲午	乙未	丙申	丁酉	戊戌	己亥	庚子	辛丑	壬寅	癸卯
甲辰	乙巳	丙午	丁未	戊申	己酉	庚戌	辛亥	壬子	癸丑
甲寅	乙卯	丙辰	丁巳	戊午	己未	庚申	辛酉	壬戌	癸亥

오행과 브랜드 마케팅

오행 목(木), 화(火), 토(土), 금(金), 수(水)는 우주 만물을 모두 아우른다. 자연, 인간, 마음, 정신 그 어느 것도 오행으로 분류하지 못하는 것은 없다.

자연 중에서 나무는 목(木), 불은 화(火), 흙은 토(土), 쇠는 금(金), 물은 수(水)로 구분하는 것은 물론 인체의 장기 중에서 간 · 쓸개를 목(木), 소장 · 심장을 화(火), 위장 · 비장을 토(土), 대장 · 폐를 금(金), 신장 · 방광을 수(水)로 나눌 수 있다. 또한 방향 중에서 동쪽은 목(木), 남쪽은 화(火), 중앙은 토(土), 서쪽은 금(金), 북쪽은 수(水)로 나눈다. 사람의 마음 역시 인정은 목(木), 열정은 화(火), 믿음은 토(土), 의리는 금(金), 지혜는 수(水)로 나누며, 얼굴을 목(木), 눈을 화(火), 코를 토(土), 입을 금(金), 귀를 수(水)로 나누기도 한다.

그런데 이 오행을 브랜드 마케팅에도 활용할 수 있다. 즉 브랜드 마케팅에 오행의 다섯 가지 내용을 활용하는 것이다. 그러면 브랜드 가치를 두 배 세 배 높일 수 있다. 먼저 사람의 마음을 활용하는 브랜드 마케팅을 소개한다.

첫째, 목(木)에 해당하는 인정을 활용한다. 인정이란 사람의 정이다. 브랜드를 알리는 가장 좋은 방법은 바로 사람의 마음에 호소하는 것이다. 그러기 위해서는 사람의 마음을 울리는 따뜻한 이야기, 감동을 주는 이야기가 브랜드 마케팅의 중요한 테마가 되어야 한다. 예를 들어 자원봉사나 집짓기 봉사를 하며 땀흘리는 건강한 젊은이들을 보여주는 SK그룹의 광고와 이 땅의 평범한 아버지 어머니를 응원하는 삼성생명의 광고는 보는 사람들에게 따뜻한 감동을 준다.

둘째, 화(火)에 해당되는 열정을 활용한다. 즉 열정과 기대로 심장을 두근거리게 하는 것이다. 대표적인 예로 '쇼(Show)를 하라'는 광고가 있다. 차세대 이동통신 시장에 참여하면서

KTF가 내세운 슬로건인데, 단순히 목소리만 듣는 통화에서 벗어나, 직접 얼굴을 맞대고 생생한 표정을 보여주는 영상통화를 통해 직접 보고 느끼고 경험하자는 메시지가 담겨 있다.

셋째, 토(土)의 믿음과 신의를 활용한다. 믿음직스러워 보이는 연예인이 출연하는 광고와 신의를 강조하는 광고는 반드시 성공하게 되어 있다. 연예인에 대한 믿음이 브랜드에까지 이어지기 때문이다.

넷째, 금(金)의 의리와 원리원칙 그리고 계획성을 활용한다. 원리원칙이란 바로 성능의 정확성을 강조하는 것이다. 기계적 정확성과 완벽성은 바로 금(金)의 특성이다.

다섯째, 수(水)로써 지혜와 지식을 활용한다. 쉽게 말해 제품을 정확하게 인식시키는 방법을 말한다. 다른 광고와 차별화된 창의적인 광고, 무엇인가 새로운 지식을 알려주는 광고는 사람들에게 강한 인상을 남기므로 마케팅 효과가 배가된다.

다음으로 얼굴과 감각을 활용하는 오행의 브랜드 마케팅이 있다. 첫째, 얼굴의 환한 미소를 보여주는 것은 목(木)을 활용하는 것이다. 둘째, 눈으로 보고 믿게 하는 것은 화(火)를 활용하는 것이다. 셋째, 냄새를 상상하게 하는 것은 토(土)를 활용하는 것이다. 넷째, 입을 반복적으로 보여주는 것은 금(金)을 활용하는 것이다. 다섯째, 귀로 들어서 기억하게 하는 것은 수(水)를 활용하는 것이다.

3 사주팔자

1. 사주팔자의 의의

사람의 이름뿐만 아니라 상호나 상품명 등 브랜드 네임을 지을 때에도 반드시 사주를 참고해야 한다. 사주의 네 기둥을 세우고 오행과 육친의 개수와 점수를 분석하여 용신을 찾아낸 후 이 용신을 브랜드 네이밍에 활용하는 것이다.

특히 중소기업이나 개인사업체는 브랜드 네임에 대표자의 사주에 필요한 용신오행이나 용신육친을 넣어주면 일과 관련해 행운으로 이끌어주는 효과가 있다.

사주팔자

태어난 생년월일시를 육십갑자로 나타내면 연주, 월주, 일주, 시주의 네 기둥이 된다. 각 기둥마다 두 자씩 모두 여덟 자이므로 사주팔자라고 한다. 일반적으로 사주팔자는 사람이 타고나는 운명의 이치를 말한다.

용신을 알려면 사주를 뽑을 줄 알아야 한다. 우리가 흔히 팔자 또는 사주팔자라고 부르는 사주(四柱)는 넉 사(四) 기둥 주(柱)로 4개의 기둥이란 뜻이다. 그렇다면 4개의 기둥과 사람의 운명은 무슨 관계가 있는가? 사람은 누구나 몇 년, 몇 월, 몇 일, 몇 시에 태어나게 되어 있다. 사람이 태어난 연월일시는 각각 천간과 지지가 결합한 육십갑자로 나타낼 수 있는데, 한자는 세로쓰기를 하기 때문에 연월일시의 육십갑자를 모두 적어놓으면 마치 4개의 기둥이 서 있는 형상과 같으므로 사주라고 부른다.

연월일시의 사주를 가지고 운명을 감정하는 것이 사주명리학(또는 사주학)이다. 4개의 기둥 중에서 태어난 해의 육십갑자는 연주(年柱, 연기둥), 태어난 달의 육십갑자는 월주(月柱, 월기둥), 태어난 날의 육십갑자는 일주(日柱, 일기둥), 태어난 시간의 육십갑자는 시주(時柱, 시기둥)라고 한다. 이 4개의 기둥을 음양오행으로 분석하여 인간의 길흉화복과 성격, 적성, 특성, 개성 등의 심리구조와 인간관계를 풀이한다. 태어난 연월일시 네 기둥만 알면 인생 전반이 상세하게 보이기 때문에 사주명리학은 삶을 분석하고 풀이하는 대표적인 수단으로 자리잡게 되었다.

한편 "팔자가 확 펴야 하는데", "왜 나는 팔자가 꼬이지"라고 할 때의 팔자는 무엇을 의미하는가? 이 또한 사주와 같은 의미로 사용된다. 사주의 네 기둥은 각각 두 글자로 이루어져 있다. 한 기둥에 두 글자씩 네 기둥이 있으므로 모두 여덟 자가 된다. 그래서 팔자(八字)라고 부른다.

사람은 누구나 태어나는 순간 사주팔자가 정해지고 이 여덟 글자의 사주팔자는 변하지 않는다. 그러나 사주팔자는 변할 수 없어도 어느 누구의 사주든 그 속에 담긴 삶의 내용에는 장점과 단점이 함께 있다는 것을 알아야 한다. 어떤 사주팔자에도 긍정적인 장점과 희망이 존재한다는 것을 인식하고 그것을 읽어내는 것이 사주팔자의 근본정신이다.

사주를 보기 위해서는 가장 먼저 사주팔자를 세워야 한다. 태어난 연월일시를 정확하게 알면 만세력(萬歲曆)을 이용하여 사주팔자를 찾을 수 있다. 만세력은 쉽게 말해 달력의 한 가지로 사주학자에게 없어서는 안 되는 중요한 자료이다. 연주, 월주, 일주가 표시되어 있으며, 시주는 나와 있지 않다.

2. 사주팔자 세우기

1) 연주

연주(年柱)는 사주의 주인공이 태어난 해를 뜻한다. 2007년에 태어났으면 정해(丁亥)가 되고 1972년에 태어났으면 임자(壬子)가 되는데 뒤에 연(年)자를 붙여 정해년(丁亥年), 임자년(壬子年)이라고 부른다.

연주를 세울 때 주의할 점은 새해의 시작을 입춘으로 본다는 것이다. 우리가 새로운 해의 기준으로 삼는 양력 1월 1일도 아니고 그렇다고 음력 1월 1일도 아니다. 사주학에서는 새로운 해가 시작되는 기점을 절기상 봄이 들어온다는 입춘으로 본다. 따라서 태어난 해를 볼 때에는 입춘이 지났는가 그렇지 않았는가를 따져서 결정해야 된다.

연주 세우기 

연주(年柱)는 사주의 주인공이 태어난 해를 뜻한다. 연주는 매년 입춘 절입일을 기준으로 한다. 예를 들어 음력 1월 1일이 되지 않았어도 입춘만 지나면 다음해의 간지를 쓰고, 음력 1월 1일이 지났더라도 입춘이 지나지 않았으면 전년도의 간지를 쓴다.

연주는 천간과 지지로 이루어지는데 위에 있는 천간을 연간(年干)이라고 하고, 밑에 있는 지지를 연지(年支)라고 한다. 2007년에 출생한 정해년의 경우를 보자.

시	일	월	연		
○	○	○	丁 → 연간	} 연주
○	○	○	亥 → 연지	

사주명리학은 실제적인 기후 변화를 중시하므로 절기력(節氣曆)을 활용한다. 절기는 음력으로 본다고 알고 있는 사람들이 많지만, 사실 절기는 1년을 24개로 나눈 계절 구분이다. 천구상에서 태양이 움직이는 길을 황도라고 하는데, 이 황도 360°를 1년으로 보아 30일 단위로 나누면 12절기가 되고, 15일 단위로 나누면 24절기가 된다.

한편 사주명리학은 24절기 중에서 12절기에 해당하는 입춘, 경칩, 청명, 입하, 망종, 소서, 입추, 백로, 한로, 입동, 대설, 소한만을 사용한다. 그 외의 절기인 우수, 춘분, 곡우, 소만, 하지, 대서, 처서, 추분, 상강, 소설, 동지, 대한은 12중기(中氣) 또는 12기(氣)라고 한다.

24절기의 특징

절기	특징
입춘(立春)	봄을 세움. 봄의 시작
우수(雨水)	봄비가 내리고 싹이 틈
경칩(驚蟄)	개구리가 겨울잠에서 깨어남
춘분(春分)	낮이 길어지기 시작함
청명(淸明)	맑고 밝은 봄날이 시작됨. 봄농사 준비
곡우(穀雨)	곡식이 잘 자라도록 해주는 봄비가 내림
입하(立夏)	여름을 세움. 여름의 시작
소만(小滿)	조금씩 여름의 기운이 더해감
망종(芒種)	모를 심기에 적당함. 씨뿌리기(벼)
하지(夏至)	여름의 절정에 달함. 낮의 길이가 연중 가장 긴 시기
소서(小暑)	더위가 서서히 시작됨
대서(大暑)	더위가 가장 심한 시기
입추(立秋)	가을을 세움. 가을의 시작
처서(處暑)	더위가 숨기 시작함. 더위가 가고 일교차가 커짐
백로(白露)	흰 이슬이 내림. 가을이 조금씩 찾아듬
추분(秋分)	가을의 중간. 낮과 밤의 길이가 같음
한로(寒露)	찬 이슬이 내리기 시작함
상강(霜降)	서리가 내리기 시작함
입동(立冬)	겨울을 세움. 겨울의 시작
소설(小雪)	눈이 내리기 시작함
대설(大雪)	겨울 큰 눈이 옴
동지(冬至)	겨울의 절정에 달함. 밤이 가장 긴 시기
소한(小寒)	조금 추움. 겨울 추위가 서서히 시작됨
대한(大寒)	겨울 큰 추위

24절기의 황도상의 위치

절기	양력 날짜	일몰시각	일출시각	황도상의 위치
입춘	2월 3일 ~ 5일경	17 : 58	7 : 33	315°
우수	2월 18일 ~ 20일경	18 : 15	7 : 17	330°
경칩	3월 5일 ~ 7일경	18 : 30	6 : 57	345°
춘분	3월 20일 ~ 22일경	18 : 44	6 : 35	0°
청명	4월 4일 ~ 6일경	18 : 58	6 : 13	15°
곡우	4월 19일 ~ 21일경	19 : 11	5 : 51	30°
입하	5월 5일 ~ 7일경	19 : 26	5 : 32	45°
소만	5월 20일 ~ 22일경	19 : 39	5 : 19	60°
망종	6월 5일 ~ 7일경	19 : 50	5 : 11	75°
하지	6월 21일 ~ 24일경	19 : 56	5 : 11	90°
소서	7월 6일 ~ 8일경	19 : 56	5 : 17	105°
대서	7월 22일 ~ 24일경	19 : 48	5 : 28	120°
입추	8월 7일 ~ 9일경	19 : 33	5 : 41	135°
처서	8월 23일 ~ 24일경	19 : 55	5 : 44	150°
백로	9월 7일 ~ 9일경	18 : 52	6 : 07	165°
추분	9월 22일 ~ 24일경	18 : 29	6 : 20	180°
한로	10월 8일 ~ 9일경	18 : 06	6 : 33	195°
상강	10월 23일 ~ 25일경	17 : 44	6 : 48	210°
입동	11월 7일 ~ 8일경	17 : 27	7 : 03	225°
소설	11월 22일 ~ 23일경	18 : 17	7 : 18	240°
대설	12월 6일 ~ 8일경	17 : 13	7 : 33	255°
동지	12월 21일 ~ 23일경	17 : 17	7 : 43	270°
소한	1월 5일 ~ 7일경	17 : 28	7 : 47	285°
대한	1월 20일 ~ 21일경	17 : 42	7 : 44	300°

2) 월주

월주(月柱)는 사주의 주인공이 태어난 달을 말한다. 월주를 세울 때 주의해야 할 것은 일반적으로 생각하듯 양력 1일이나 음력 1일을 기준으로 월을 정해서는 안 된다는 것이다. 태어난 달도 연주와 마찬가지로 절기를 기준으로 바뀌기 때문이다. 예를 들어 새해가 들어오는 입춘부터 1달 후인 경칩 사이가 인월(寅月)이 되고, 경칩부터 청명 사이는 묘월(卯月)이 된다.

태어난 달의 천간은 월간(月干)이라고 하고, 태어난 달의 지지는 월지(月支)라고 한다. 갑자월(甲子月)에 태어난 경우를 보자.

월주 세우기

월주(月柱)는 사주의 주인공이 태어난 달을 말한다. 월주의 기준은 양력 1일이나 음력 1일이 아닌 12절기의 절입일이다. 12절기는 입춘, 경칩, 청명, 입하, 망종, 소서, 입추, 백로, 한로, 입동, 대설, 소한이다.

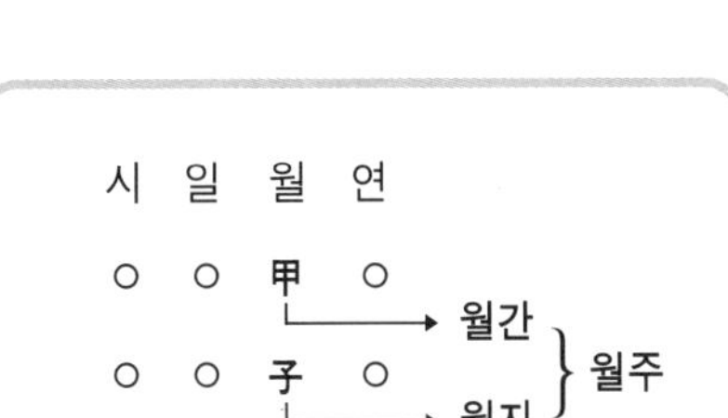

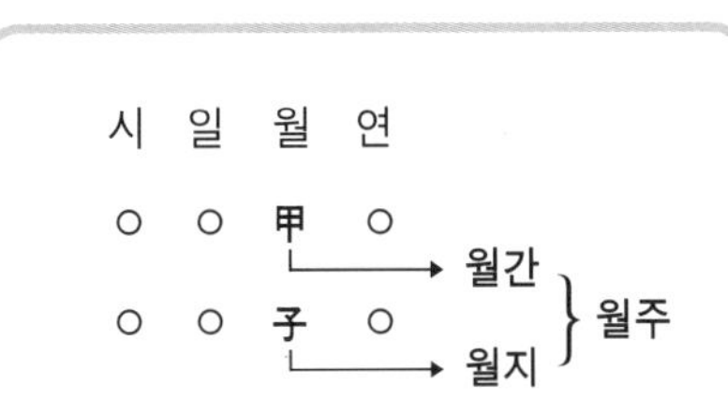

월주는 연주를 세우고 난 후 찾는다. 만세력을 보면 연주와 월주를 쉽게 찾을 수 있지만, 연주를 통해서 월주를 찾는 방법도 있다. 자주 활용하는 방법은 아니지만 만세력을 볼 수 없을 때 도움이 된다.

월주를 세울 때 월지는 십이지지 순서를 따르므로 월간만 알면 된다. 이 때 월간은 연간이 무엇이냐에 따라 결정된다. 예를 들어 연간이 갑(甲)이나 기(己)이면 병인(丙寅), 을(乙)이나 경(庚)이면 무인(戊寅), 병(丙)이나 신(辛)이면 경인(庚寅), 정(丁)이나 임(壬)이면 임인(壬寅), 무(戊)나 계(癸)이면 갑인(甲寅)이 1월이다.

이 원리는 천간합과 오행의 상생작용이 바탕을 이룬다. 즉 연간의 천간합을 생하는 양 오행을 월간으로 삼는 것이다.

월주 찾기

① 갑기합(甲己合)은 토(土)가 되는데, 토(土)를 생하는 화(火) 중에서 양인 병화(丙火)를 천간으로 삼아 병인월(丙寅月)이 시작되고 정묘월(丁卯月), 무진월(戊辰月) …… 순서로 월이 결정된다.

② 을경합(乙庚合)은 금(金)이 되는데, 금(金)을 생하는 토(土) 중에서 양인 무토(戊土)를 천간으로 삼아 무인월(戊寅月)이 시작되고 기묘월(己卯月), 경진월(庚辰月) …… 순서로 월이 결정된다.

③ 병신합(丙辛合)은 수(水)가 되는데, 수(水)를 생하는 금(金) 중에서 양인 경금(庚金)을 천간으로 삼아 경인월(庚寅月)이 시작되고 신묘월(辛卯月), 임진월(壬辰月) …… 순서로 월이 결정된다.

④ 정임합(丁壬合)은 목(木)이 되는데, 목(木)을 생하는 수(水) 중에서 양인 임수(壬水)를 천간으로 삼아 임인월(壬寅月)이 시작되고 계묘월(癸卯月), 갑신월(甲申月) …… 순서로 월이 결정된다.

⑤ 무계합(戊癸合)은 화(火)가 되는데, 화(火)를 생하는 목(木) 중에서 양인 갑목(甲木)을 천간으로 삼아 갑인월(甲寅月)이 시작되고 을묘월(乙卯月), 병진월(丙辰月) …… 순서로 월이 결정된다.

생월 조견표

음력(월)	절기	甲 · 己년	乙 · 庚년	丙 · 辛년	丁 · 壬년	戊 · 癸년
1	입춘	丙寅	戊寅	庚寅	壬寅	甲寅
2	경칩	丁卯	己卯	辛卯	癸卯	乙卯
3	청명	戊辰	庚辰	壬辰	甲辰	丙辰
4	입하	己巳	辛巳	癸巳	乙巳	丁巳
5	망종	庚午	壬午	甲午	丙午	戊午
6	소서	辛未	癸未	乙未	丁未	己未
7	입추	壬申	甲申	丙申	戊申	庚申

음력(월)	절기	甲 · 己년	乙 · 庚년	丙 · 辛년	丁 · 壬년	戊 · 癸년
8	백로	癸酉	乙酉	丁酉	己酉	辛酉
9	한로	甲戌	丙戌	戊戌	庚戌	壬戌
10	입동	乙亥	丁亥	己亥	辛亥	癸亥
11	대설	丙子	戊子	庚子	壬子	甲子
12	소한	丁丑	己丑	辛丑	癸丑	乙丑

우리는 일상생활에서 양력을 주로 사용하지만, 설날이나 명절 등은 음력을 따른다. 음력과 양력 모두 자연의 시간을 반영하여 만든 달력이다. 이것은 음력과 양력 모두 1년을 365일 또는 366일 정도로 정한 것에서 잘 알 수 있다. 그러나 1달의 길이를 정하는 방법에서 음력과 양력은 큰 차이가 있다.

양력은 태양력이라고도 하며, 지구가 태양을 한 바퀴 도는 데 걸리는 공전 주기를 기준으로 1달의 길이를 정하였다. 즉 해가 황도 위를 한 바퀴 도는 데 걸리는 시간을 12로 나누어 그것을 1달의 길이로 정한 것이다. 태양력은 계절 변화를 잘 반영하지만, 실제로 지구가 태양 주위를 돌 때와 작은 시간 차이가 발생하기 때문에 윤일(閏日)을 두어서 4년마다 2월을 29일로 조정한다.

음력은 태음력이라고도 하며, 달이 지구를 한 바퀴 도는 것을 기준으로 1달의 길이를 정하였다. 즉 음력에서는 계절의 변화와는 상관없이, 달의 모양이 날짜가 지나면서 초승달→상현달→보름달→하현달→그믐달로 바뀌는 것을 보고 그 주기인 약 29.53일을 1달의 길이로 정한 것이다. 이에 따라 음력으로 1달의 길이는 29일 또는 30일이 된다.

한편 태양력과 태음력의 차이를 인위적으로 조정하기 위해 사람들은 윤달을 고안하였다. 태음력에서 달이 지구를 한 바퀴 도는 데 걸리는 시간은 29.53059로 여기에 12를 곱하면 1년이 약 354일이 되어 365일인 태양력과 약 11일 정도 차이가 생긴다. 그래서 5년에 2번의 비율로 1년을 13개월로 한다.

음력이나 양력에 상관없이 정확한 출생일을 알면 만세력으로 일주를 찾을 수 있다. 생일이 윤달인 사람은 생일을 양력으로 바꾸어서 찾는다. 양력은 윤달과는 무관하기 때문이다.

다음 음력 윤달 현황표에서 소(小)는 29일, 대(大)는 30일을 나타낸다.

음력 윤달 현황(1903~2036년)

연도	윤달	연도	윤달
1903년	윤5월(小)	1971년	윤5월(小)
1906년	윤4월(大)	1974년	윤4월(小)
1909년	윤2월(小)	1976년	윤8월(小)
1911년	윤6월(小)	1979년	윤6월(大)
1914년	윤5월(小)	1982년	윤4월(小)
1917년	윤2월(小)	1984년	윤10월(小)
1919년	윤7월(小)	1987년	윤6월(小)
1922년	윤5월(小)	1990년	윤5월(小)
1925년	윤4월(小)	1993년	윤3월(小)
1928년	윤2월(小)	1995년	윤8월(小)
1930년	윤6월(小)	1998년	윤5월(小)
1933년	윤5월(大)	2001년	윤4월(小)
1936년	윤3월(大)	2004년	윤2월(小)
1938년	윤7월(大)	2006년	윤7월(小)
1941년	윤6월(大)	2009년	윤5월(小)
1944년	윤4월(大)	2012년	윤3월(大)
1947년	윤2월(小)	2014년	윤9월(小)

연도	윤달	연도	윤달
1949년	윤7월(小)	2017년	윤5월(小)
1952년	윤5월(大)	2020년	윤4월(小)
1955년	윤3월(小)	2023년	윤2월(小)
1957년	윤8월(小)	2025년	윤6월(小)
1960년	윤6월(小)	2028년	윤5월(小)
1963년	윤4월(小)	2031년	윤3월(小)
1966년	윤3월(小)	2033년	윤7월(小)
1968년	윤7월(小)	2036년	윤6월(大)

3) 일주

일주(日柱)는 사주의 주인공이 태어난 날의 간지를 말하며, 일진(日辰)이라고도 한다. 일주는 사주 네 기둥을 뽑는 방법 중에서 가장 간단하면서도 가장 중요하다. 만세력을 보고 태어난 날을 찾아 그대로 기록만 하면 되므로 가장 간단하고, 일주 중에서 일간은 사주의 주인공이 되기 때문에 가장 중요하다.

일주 세우기

일주(日柱)는 사주의 주인공이 태어난 날의 간지를 말하며, 일진(日辰)이라고도 한다. 일주는 연, 월에 상관없이 출생일의 일진으로 정한다. 사주명리학에서는 일주 중에서 일간을 사주의 주인공으로 해석한다.

일주에서 위에 있는 천간을 일간(日干)이라고 하고, 밑에 있는 지지를 일지(日支)라고 한다. 다만 밤 11시 30분이 넘으면 다음날로 본다는 것을 주의해야 한다. 예를 들어 병인일(丙寅日)은 다음과 같이 일간과 일지로 구분된다.

```
시 일 월 연
○ 丙 ○ ○
   └──────→ 일간 ┐
○ 寅 ○ ○          ├ 일주
   └──────→ 일지 ┘
```

4) 시주

시주(時柱)는 사주의 주인공이 태어난 시간을 천간과 지지로 나타낸 것이다. 위에 있는 천간을 시간(時干)이라고 하고, 밑에 있는 지지를 시지(時支)라고 한다. 시지는 2시간 단위로 지지의 순서대로 구분되고, 시간은 일간에 따라 정해진다. 예를 들어 정묘시(丁卯時)는 다음과 같이 시간과 시지로 구분된다.

```
시 일 월 연
丁 ○ ○ ○
└──────→ 시간 ┐
卯 ○ ○ ○       ├ 시주
└──────→ 시지 ┘
```

시주를 세울 때 시지는 12지지 순서를 따르므로 시간만 알면 된다. 시간은 일간이 무엇이냐에 따라 결정된다. 그 원리를 살펴보면 천간합과 오행의 상극작용이 바탕을 이루고 있다. 즉 일간의 천간합에서 탄생하는 오행을 극하는 오행 중에서 양 오행을 시간으로 삼는 것이다.

예를 들어, 일간이 갑(甲)이나 기(己)이면 갑자(甲子), 을(乙)이나 경(庚)이면 병자(丙子), 병(丙)이나 신(辛)이면 무자(戊子), 정(丁)이나 임

시주 세우기

시주(時柱)는 사주의 주인공이 태어난 시간을 천간과 지지로 나타낸 것이다. 시간(時干)은 일간에 따라 정해지고 시지(時支)는 2시간 단위로 지지 순서대로 구분된다.

(壬)이면 경자(庚子), 무(戊)나 계(癸)이면 임자(壬子)시로 시작한다.

시주 찾기

① 갑기합(甲己合)은 토(土)가 되는데, 토(土)를 극하는 목(木) 중에서 양인 갑목(甲木)을 천간으로 삼아 갑자시(甲子時)가 시작되고 을축시(乙丑時), 병인시(丙寅時) …… 순서로 시가 결정된다.

② 을경합(乙庚合)은 금(金)이 되는데, 금(金)을 극하는 화(火) 중에서 양인 병화(丙火)를 천간으로 삼아 병인시(丙寅時)가 시작되고 정축시(丁丑時), 무인시(戊寅時) …… 순서로 시가 결정된다.

③ 병신합(丙辛合)은 수(水)가 되는데, 수(水)를 극하는 토(土) 중에서 양인 무토(戊土)를 천간으로 삼아 무자시(戊子時)가 시작되고 기축시(己丑時), 경인시(庚寅時) …… 순서로 시가 결정된다.

④ 정임합(丁壬合)은 목(木)이 되는데, 목(木)을 극하는 금(金) 중에서 양인 경금(庚金)을 천간으로 삼아 경자시(庚子時)가 시작되고 신축시(辛丑時), 임인시(壬寅時) …… 순서로 시가 결정된다.

⑤ 무계합(戊癸合)은 화(火)가 되는데, 화(火)를 극하는 수(水) 중에서 양인 임수(壬水)를 천간으로 삼아 임자시(壬子時)가 시작되고 계축시(癸丑時), 임인시(壬寅時) …… 순서로 시가 결정된다.

생시 조견표

일간 / 시간	甲 · 己	乙 · 庚	丙 · 辛	丁 · 壬	戊 · 癸
23 : 30 ~ 01 : 30	甲子	丙子	戊子	庚子	壬子
01 : 30 ~ 03 : 30	乙丑	丁丑	己丑	辛丑	癸丑
03 : 30 ~ 05 : 30	丙寅	戊寅	庚寅	壬寅	甲寅
05 : 30 ~ 07 : 30	丁卯	己卯	辛卯	癸卯	乙卯
07 : 30 ~ 09 : 30	戊辰	庚辰	壬辰	甲辰	丙辰
09 : 30 ~ 11 : 30	己巳	辛巳	癸巳	乙巳	丁巳
11 : 30 ~ 13 : 30	庚午	壬午	甲午	丙午	戊午

시간 \ 일간	甲·己	乙·庚	丙·辛	丁·壬	戊·癸
13 : 30 ~ 15 : 30	辛未	癸未	乙未	丁未	己未
15 : 30 ~ 17 : 30	壬申	甲申	丙申	戊申	庚申
17 : 30 ~ 19 : 30	癸酉	乙酉	丁酉	己酉	辛酉
19 : 30 ~ 21 : 30	甲戌	丙戌	戊戌	庚戌	壬戌
21 : 30 ~ 23 : 30	乙亥	丁亥	己亥	辛亥	癸亥

5) 시지 구분시 주의사항

시지를 구분할 때는 표준시 문제와 서머타임을 주의해야 한다.

❶ 표준시의 문제

표준시의 기준

우리나라 표준시 기준은 동경 127.5°이다. 그러나 표준시를 정하는 국제협약 때문에 일본의 표준시 기준인 동경 135°를 사용하고 있다. 7.5°는 시간상 30분에 해당하므로 우리나라 표준시와 일본 표준시 사이에는 30분의 오차가 생긴다. 즉 일본 표준시가 실제 우리나라 시간보다 30분 빠르다.

시지를 찾을 때 가장 먼저 고려해야 하는 것이 바로 표준시이다. 지구가 한 바퀴 자전하는 데 24시간이 걸린다. 원이 360°이고 하루가 24시간이므로, 지구가 1시간에 15°, 즉 4분에 1° 돈다는 계산이 나온다. 현재 세계 모든 나라는 영국 그리니치(Greenwich) 천문대를 지나는 경도 0° 본초자오선을 기준으로 편의상 동서로 각각 15° 나누어서 표준시를 정하고 있다.

우리나라의 표준시 기준은 국토 중앙에 해당하는 동경 127.5° 이다. 그런데 표준시를 정하는 국제협약 때문에 우리나라의 표준시 대신 일본의 중간 지점인 아카시 천문대를 기점으로 하는 동경 135°를 표준시로 사용하고 있다. 우리나라와 일본의 경도차가 7.5° 인데 이를 시간으로 계산하면 30분에 해당하므로 우리나라 표준시와 일본 표준시 사이에는 30분의 차이가 생긴다. 예를 들어 우리나라에서 시계가 낮 12시를 가리킬 때 자연시는 그보다 30분 느린 11시 30분이다. 한편 우리나라에서도 서울과 부산과 같이 경도 차이가 있는 지역에서는 시간의 차이가 발생한다.

우리나라의 표준시 변화를 보면, 조선시대에는 지금의 북경 표준시에 해당하는 동경 120°가 표준시 기준이었으며, 1908년부터 1912년 1월 1일까지는 실제 경도인 127.5°를 표준시 기준으로 사용하였다. 하지만 1910년 4월 1일에 일본과의 시차를 없애기 위해 일본인이 동경 135°로 우리나라 표준시 기준을 변경하였고, 1912년부터 일본시를 표준시로 사용하여 실제 시간이 30분 앞당겨졌다. 그 후 이승만 대통령 시절인 1954년 3월 21일부터 다시 원래대로 127.5°를 표준시 기준으로 사용하다가 박정희 대통령 시절인 1961년 8월 10일부터 또 다시 135°를 사용하여 오늘에 이르고 있다.

동경 135°는 일본의 코베 부근을 남북으로 지나는 경선으로서 서울을 지나는 동경 127°보다 약 32분 빠르다.

우리나라 표준시의 변화

기준 경선	기간
동경 127.5° **(한국시)**	1908년 4월 29일 18시 30분을 18시로 조정 ~ 1912년 1월 1일까지 사용
동경 135° **(일본시)**	1912년 1월 1일 11시 30분을 12시로 조정 ~ 1954년 3월 21일까지 사용
동경 127.5° **(한국시)**	1954년 3월 21일 00시 30분을 00시로 조정 ~ 1961년 8월 9일 24시까지 사용
동경 135° **(일본시)**	1961년 8월 10일 00시를 00시 30분으로 조정 ~ 현재까지 사용

지방별 표준시의 오차

지방	경도	한국시 127.5° 기준	일본시 135° 기준
서울	126° 58분 46초	02분 05초(+)	32분 05초(+)
부산	129° 02분 53초	06분 12초(-)	23분 48초(+)
대구	128° 37분 05초	04분 28초(-)	25분 32초(+)
인천	126° 37분 07초	03분 32초(+)	33분 32초(+)
광주	126° 55분 39초	02분 17초(+)	32분 17초(+)
대전	127° 25분 23초	00분 19초(+)	30분 19초(+)
청주	127° 29분 00초	03분 03초(+)	30분 03초(+)
전주	127° 08분 55초	01분 24초(+)	31분 24초(+)
춘천	127° 44분 02초	00분 56초(-)	29분 04초(+)
강릉	128° 54분 11초	05분 37초(-)	24분 23초(+)
포항	129° 21분 42초	07분 27초(-)	22분 33초(+)
경주	129° 13분 18초	06분 53초(-)	23분 07초(+)
목포	126° 23분 27초	04분 26초(+)	34분 26초(+)
제주	126° 31분 56초	03분 52초(+)	33분 52초(+)

❷ 서머타임

서머타임(Summer Time)은 영국에서 처음 시작되었으며, 여름에 긴 낮시간을 보다 효율적으로 활용하기 위해 표준시보다 1시간 앞당긴 것을 말한다. 일광시간절약이라고도 한다.

우리나라에서 서머타임이 실시된 기간은 모두 12년인데, 서머타임을 실시한 해에 태어난 사람의 시지를 세울 때에는 표준시의 차이뿐만 아니라 서머타임으로 인한 시간차까지 고려해야 한다.

서머타임 

여름의 긴 낮시간을 보다 효율적으로 활용하기 위해 표준시보다 1시간 앞당긴 것을 말한다. 우리나라는 해마다 서머타임 적용기간이 다르고, 1960년대 이전 출생자는 정확한 출생시간을 모르는 경우가 많아서 서머타임 적용이 큰 의미가 없다.

우리나라에서는 해마다 서머타임 적용기간이 다르게 적용되었고, 국립천문대에도 아래의 자료 정도만 남아 있다. 또한 1960년대 이전에 태어난 사람은 정확한 출생시간을 모르는 경우가 많으므로 서머타임 적용이 큰 의미가 없다.

서머타임 적용 기간(양력)

연도	기간
1948년	5월 31일 자정 ~ 9월 22일 자정
1949년	4월 3일 자정 ~ 9월 30일 자정
1950년	4월 1일 자정 ~ 9월 10일 자정
1955년	5월 5일 ~ ?
1956년	5월 20일 자정 ~ 9월 29일 자정
1959년	5월 3일 자정 ~ 9월 19일 자정

6) 야자시와 조자시

자시(子時)는 밤 11시 30분(동경 135°를 기준으로 한 표준시)부터 다음날 오전 1시 30분까지다. 시(時)는 하나인데 이틀에 걸쳐 있어 사주팔자를 세울 때 논란이 많다. 원칙적으로 정자시법(正子時法)에서는 밤 11시 30분이 지나면 다음 날의 시작인 자시가 된다고 본다.

하루가 바뀌는 기준

사주명리학에서 하루가 바뀌는 기준은 자정이 아니라 밤 11시 30분이다. 즉 하루가 바뀌는 기준은 자시다. 자정을 지났는가 지나지 않았는가에 따라 자시를 야자시와 조자시로 나누는 것은 전혀 타당성이 없다.

그런데 언젠가부터 야자시(夜子時)와 조자시(朝子時)로 나누는 이론이 나타나 역학계를 혼란스럽게 만들고 있다. 야자시는 자정을 지나지 않은 23시 30분~0시 30분을 말하고, 조자시는 자정을 지난 0시 30분~1시 30분을 말한다. 조자시는 명자시(明子時)라고도 불린다. 자시를 야자시와 조자시를 구분하는 사람들은 진경산의 저서 『삼재발비(三才發秘)』에 "자각(子刻)은 양시(兩

時)가 있다" 고 한 것을 근거로 내세운다. 야자시와 조자시를 구분할 때 사주가 어떻게 달라지는지 알아보자.

예1) 1982년 4월 10일(양) 오전 0시 38분 출생

(조자시)	시	일	월	연
	壬	癸	甲	壬
	子	亥	辰	戌

(정자시)	시	일	월	연
	壬	癸	甲	壬
	子	亥	辰	戌

이 사람은 계해(癸亥) 일주인 자시에 태어났으므로 임자(壬子)시가 된다. 조자시를 적용한 사주팔자와 정자시를 적용한 사주팔자가 동일하다.

예2) 1982년 4월 10일(양) 오후 11시 38분 출생

(야자시)	시	일	월	연
	甲	癸	甲	壬
	子	亥	辰	戌

(정자시)	시	일	월	연
	甲	甲	甲	壬
	子	子	辰	戌

야자시를 적용할 때 밤 11시 38분은 자정 전이므로 아직 하루가 지나지 않은 것으로 보아 4월 10일 즉 계해(癸亥) 일주를 쓴다. 그러나 시는 4월 11일 자시로 보아 갑자(甲子)시를 사용한다. 예1)의 조자시와 비교할 때 일주는 같고 시 천간은 다르다.

한편 정자시를 적용하면 하루가 지난 것으로 보아 4월 11일 즉 갑자 일주를 쓴다. 시주는 야자시를 적용할 때와 같다.

예3) 1982년 4월 11일(양) 오전 0시 38분 출생

(조자시)	시	일	월	연
	甲	甲	甲	壬
	子	子	辰	戌

(정자시)	시	일	월	연
	甲	甲	甲	壬
	子	子	辰	戌

조자시를 적용할 때 이 사람은 갑자(甲子) 일주인 자시에 태어났으므로 갑자시가 된다. 예2)의 야자시와 비교할 때 시주는 같고 일주는 다르다.

정자시를 적용했을 때 역시 갑자 일주에 갑자시를 쓴다. 태어난 시간이 0시 38분으로서 조자시 기준인 0시 30분과 정자시 기준인 11시 30분이 지났기 때문이다.

앞의 3가지 예에서 본 것처럼 야자시와 조자시는 정자시를 적용할 때와 비교해 여러 가지 혼란스러운 점이 있다. 그런데도 계속 야자시와 조자시를 적용하는 것은 문제가 있다. 야자시, 조자시를 주장하는 근거는 밤 12시를 기준으로 하루가 바뀐다는 서양의 관습이다.

예로부터 동양에서는 밤 11시가 지나가면서 하루가 시작된다고 믿었다. 그러므로 밤 12시에 하루가 바뀐다는 서양 관습을 근거로 야자시와 조자시를 사용하는 것은 타당성이 없다. 서양의 잣대인 밤 12시로 하루를 구분한다면, 마찬가지로 한 해의 시작도 절기력을 사용하는 대신 양력 1월 1일부터라고 해야 할 것이다. 그러나 한 해의 시작은 엄연히 입춘 절입을 기준으로 삼는다. 야자시, 조자시를 주장하는

사람들의 논리대로라면 양력 1월 1일부터 입춘까지는 전년도 1월이 되고 입춘부터는 올해 1월이 되는 상황이 되어버린다.

다시 한번 강조하지만, 밤 12시로 하루를 나누는 서양의 시간 구분법에 얽매이면 안 된다. 동양에서는 밤 11시(동경 135° 표준시로는 밤 11시 30분) 자시가 지나면 하루가 시작된다고 본다. 따라서 밤 12시까지는 전날이라는 생각은 버려야 한다.

세월이 흘러가면서 사주명리학에도 새로운 학설들이 하나둘씩 도입되고 있다. 그 중에는 이론적인 타당성이나 과학적인 근거가 있는 학설도 있지만, 때로는 자신의 실력을 과시하려는 사람이 내놓은 엉터리 학설도 있다. 야자시, 조자시 적용 또한 사주명리학의 발전을 가로막는 학설로 보인다. 새로운 학설을 적용하기 위해서는 우선 오랜 기간 임상실험을 거쳐 그 타당성 여부를 검증해야 한다.

4 오행의 분석

오행(五行)은 글자 그대로 '다섯 가지 성분[五]이 서로 돌아다닌다[行]'는 의미이다. 오행이란 이름에서 이미 오행은 고정되어 영원히 변하지 않는 것이 아니라 계속 변화하는 것임을 알 수 있다. 이와 같이 오행은 변화를 계속하는 성분이므로 사주명리학을 공부할 때는 무엇보다 오행의 분석에 주의를 기울여야 한다.

우주와 지구의 모든 만물은 목(木), 화(火), 토(土), 금(金), 수(水) 오행으로 분류된다. 또한 한 사람 한 사람의 운명은 오행의 특성과 그 변화에 따라 삶의 큰 틀이 정해지며, 이를 통해 그 사람의 운명을 분석해낼 수 있다.

그렇다면 오행을 어떻게 분석하며, 이것을 성명학에 어떻게 활용하는가? 사주를 뽑은 다음 사주팔자 여덟 글자를 오행으로 바꾸고 점수를 분석한다. 그래야만 그 사주팔자에 필요한 오행과 육친인 용신을 알 수 있고, 용신을 알아야만 그 사주팔자에 가장 적합한 상호나 상품명을 지을 수 있다. 용신을 찾는 방법은 뒤에서 자세하게 다루고, 여기에서는 사주의 오행을 분석하는 방법에 대해 설명한다.

다만, 이 점수화는 사주를 해석하기 위한 방편으로서 사주의 변화에 따라 조금씩 달라질 수 있다. 그러나 이 방법은 사주를 해석하는 데 큰 도움이 된다. 사주 여덟 글자의 변화를 읽어 나가며 점수를 매길 수 있다면 웬만한 사주는 쉽게 해석할 수 있고 용신도 쉽게 찾아낼 수 있을 것이다.

1. 천간과 지지의 점수 배분

천간의 점수 배분

연간 10점, 월간 10점, 일간 10점, 시간 10점 등 연월일시의 천간에 각각 10점씩 배분한다. 천간은 지지와 달리 계절의 영향을 받지 않고, 천간이 연월일시 어디에 존재하든 오행이 변화하지 않기 때문이다.

❶ 천간

천간은 연월일시 모두 10점을 배분한다. 연간 10점, 월간 10점, 일간 10점, 시간 10점 등 연월일시의 천간에 각각 10점씩 배분한다. 천간은 계절의 영향을 받지 않고, 천간이 연에 있거나 월에 있거나 일에 있거나 시에 있거나 간에 오행의 변화가 없기 때문이다. 천간은 그 속에 숨어 있는 암장도 없고 계절도 없고 그냥 보이는 그대로이다. 따라서 각각 10점씩 배분하는 것이다.

❷ 지지

지지는 연지 10점, 월지 30점, 일지 15점, 시지 15점을 배분한다. 따라서 사주 여덟 글자의 총 점수는 110점이 된다. 천간의 점수 배분이 매우 간단한 데 비해서 지지의 점수 배분은 매우 복잡하다. 지지에는 계절이 있고, 하루의 태양과 달의 기운이 있고, 암장이 있어서 보이는 그대로 점수 배분을 하면 안 된다.

지지의 점수 배분

지지는 연지 10점, 월지 30점, 일지 15점, 시지 15점을 배분한다. 지지에는 계절이 있고, 하루에도 태양과 달의 기운이 달라지며, 암장이 있어서 보이는 그대로의 오행이 아니기 때문이다.

먼저 월지를 살펴보자. 사주팔자의 점수 배분에서 가장 큰 비중을 차지하는 것이 바로 월지다. 월지의 점수 배분에서 주의할 점은, 겨울과 여름의 날씨는 기온차가 매우 심하다는 점이다. 또한 월지와 연지는 오행의 구분이 매우 다르다. 예를 들어 연지의 오화(午火)는 단순하게 음화(陰火)로서 작용하지만, 월지의 오화는 여름의 기운이 매우 강하기 때문에 음화로서의 작용을 뛰어넘어 매우 큰 불로 작용한다. 월지 분석은 바로 이러한 차이를 고려한다.

월지를 통해 계절의 정확한 상황을 읽어낼 수 있고, 계절의 기를 가장 잘 분석할 수 있다. 사주명리학을 절기학이라고 하는 이유가 바로 월지에 있다. 월지를 보면 한겨울에 태어났는지 한여름에 태어났는지를 알 수 있다. 그만큼 뚜렷하게 오행의 특징을 나타내고 있다. 그러므로 월지에 30점을 준다. 같은 월기둥에 있는 월간은 10점을 주는데 비해 월지는 30점을 줄 정도로 중요하게 작용하는 것이다. 30점이란 수치는 이제까지 필자의 임상경험을 통한 경험적인 수치다.

다음으로 시지를 살펴보자. 시지의 점수 배분에서는 밤과 낮의 기온차가 크다는 것을 주의해야 한다. 그만큼 오행의 변화도 크다고 보면 된다. 물론 월지에 나타나는 겨울과 여름의 오행 변화보다는 작지만, 시지 또한 오행의 변화가 크다. 그러므로 시지는 15점을 준다.

일지는 봄 여름 가을 겨울 등 계절에 따른 오행 변화나 아침, 점심, 저녁, 밤 등 하루 중 기온 차이에 따른 오행 변화처럼 뚜렷한 변화의 기운이 없다. 그러나 일주가 차지하는 비중이 크기 때문에 15점을 준다.

고집을 상징하는 진술축미(辰戌丑未), 역마를 상징하는 인신사해(寅申巳亥), 도화를 상징하는 자오묘유(子午卯酉)가 있는가 없는가에 따라 사주 주인공의 성격이 달라진다. 백호, 괴강, 양인 또한 고집을 상징하는데 이 또한 사람의 성격에 영향을 미친다.

연지는 천간과 마찬가지로 10점을 준다.

오행의 발달과 과다

오행을 분석하여 특정 오행이 개수로 3개(월지를 포함하는 경우는 2개), 점수로 30~40점이면 발달로 본다. 개수로 4개 이상, 점수로 50점 이상이면 과다로 본다. 발달한 오행은 안정적인 면을 발휘하고, 과다한 오행은 모험적인 면을 많이 발휘한다.

오행의 점수 분석 결과, 특정 오행이 개수로 3개(월지를 포함하는 경우에는 2개) 점수로 30~40점이면 발달로 본다. 또한 개수로 4개 이상, 점수로 50점 이상이면 과다로 본다.

발달의 경우에는 오행의 부드러운 성격과 특징이 많이 나타나는 반면, 오행의 강한 특징은 적게 나타난다. 반대로 과다의 경우에는 오행의 부드러운 성격과 특징이 적게 나타나고, 오행의 강한 특징이 많이 나타난다.

그러나 이러한 구분은 평상시 나타나는 장단점을 말한 것이지 특정 오행이 많다고 해서 반드시 단점만 나타나는 것은 아니다. 오편 오행이든 발달한 오행은 안정적인 면을 발휘하고, 과다한 오행은 모험적인 면을 많이 발휘한다. 단순히 발달인지 과다인지만을 보고 그 사람의 인생을 판단하려 들지 말고 사주의 상황을 종합적으로 판단해야 한다.

간지의 점수 배정

천간	점수
연간	10
월간	10
일간	10
시간	10

지지	점수
연지	10
월지	30
일지	15
시지	15

예1) 1972년 6월 20일(양) 오전10시 30분 출생

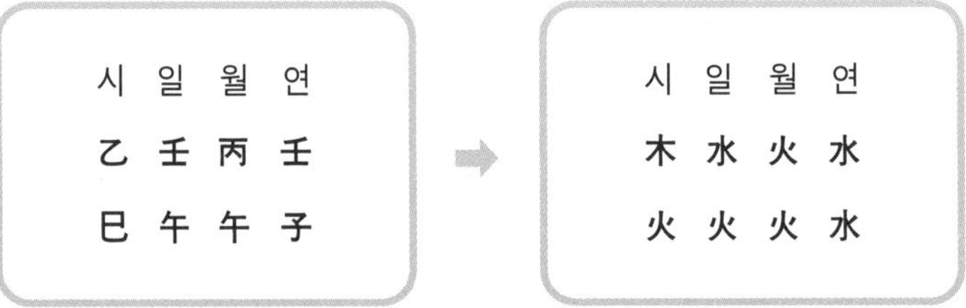

사주의 점수를 분석할 때는 우선 사주팔자 여덟 글자를 오행으로 바꾼다. 위 사주는 목(木) 1개, 화(火) 4개, 토(土) 0개, 금(金) 0개, 수(水) 3개이고 점수로는 목(木)

이 시간에 있으니 10점, 화(火)가 월간 · 월지 · 일지 · 시지에 있으니 모두 더하면 70점, 토(土)와 금(金)은 없고, 수(水)는 연간 · 연지 · 일간에 있으니 30점이 된다.

예2) 1960년 8월 10일(음) 오전 10시30분 출생

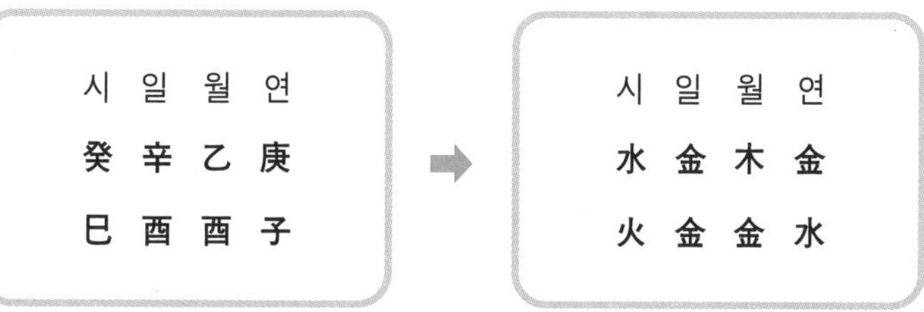

위 사주는 목(木) 1개, 화(火) 1개, 토(土) 0개, 금(金) 4개, 수(水) 2개로 이루어져 있다. 오행의 점수를 분석하면 목(木)은 월간에 있으므로 10점, 화(火)는 시지에 있으므로 15점, 토(土)는 없고, 금(金)은 연간 · 월지 · 일간 · 일지에 있으므로 65점, 수(水)는 시간과 연지에 있으므로 20점이 된다.

2. 월지 분석

오행의 발달과 과다를 정확하게 판단하려면 사주 내의 오행과 기의 흐름을 분석해야 한다. 계절에 따른 오행의 변화를 알려면 월지를 분석하고, 하루의 변화 즉 아침, 점심, 저녁, 밤에 따라 달라지는 기후 변화를 알려면 시지를 분석해야 한다.

사주명리학은 실제적인 기후 변화를 중시한다. 이것은 절기력을 사용하는 것을 보아도 잘 알 수 있다. 예를 들어 사주명리학에서 한 해의 시작은 음력 생일도 아니고 양력 생일도 아닌 입춘이 들어오는 시점이다. 또한 1달의 시작은 양력 1일이나

음력 1일이 아닌 12절기가 들어오는 절입일을 기준으로 한다.

사주명리학은 절기를 바탕으로 계절에 따라 변화하는 기운을 음양과 오행으로 바꾸어 해석한다. 추운 겨울은 수(水)로 나타내고, 더운 여름은 화(火)로 나타내며, 봄은 목(木)으로, 가을은 금(金)으로 그 기운을 표현한다.

여기서 목(木)은 양의 기운 즉 화(火)의 기운 속에 음의 기운이 존재하는 것으로 보고, 금(金)은 음의 기운 즉 수(水)의 기운 속에 양의 기운이 존재한다고 본다. 금(金)은 수(水)의 기운에 가깝다고 보고, 목(木)은 화(火)의 기운에 가깝다고 보는 것이다. 다시 말해, 봄은 여름의 본격적인 더위가 시작되기 전에 점차 더워지고 있는 기운이고, 가을은 본격적인 추위가 시작되기 전에 점차 차가워지고 있는 기운으로 본다.

사주명리학은 추운가 더운가에 따라 결정되는 계절학이자 조후학(調候學)이라 해도 과언이 아닐 만큼 계절이 차지하는 비중이 크다. 따라서 사주 분석에서 계절을 어떻게 판단하느냐에 따라 사주가 결정된다고 할 수 있다.

많은 사주명리학자들이 서자평(徐子平)의 학설을 따라서 일간 중심으로 사주의 신강신약(身强身弱)을 평가한다. 일간으로 육친을 분석해내는 부분은 사주명리학계의 커다란 업적임을 부인할 수 없다. 그러나 사주명리학이 계절학과 조후학에서 출발했음을 무시해서는 안 될 것이다.

천간 분석은 크게 어렵지 않다. 그러나 지지는 오랜 임상 경험과 연구가 필요한 부분이다. 특히 월지는 사주의 음양오행 분석에서 매우 중요하다.

예를 들어 자(子)와 오(午)를 보자. 자(子)는 수(水)로서 차가운 성질 중 으뜸이고, 음의 으뜸인 오행이다. 연에 자(子)가 올 수 있는 때는 갑자(甲子), 병자(丙子), 무자

(戊子), 경자(庚子), 임자(壬子) 다섯 가지다. 오(午)는 화(火)로서 뜨거운 성질 중 으뜸이고, 양의 으뜸이다. 그렇다면 오화(午火) 해에 비해 자수(子水) 해가 더 추운가? 차가운 기운, 음의 기운이 더 강한가? 그렇지 않다.

그러나 월지의 경우는 다르다. 월지의 자(子)와 오(午)는 큰 차이가 있다. 자(子)는 한겨울이요 오(午)는 한여름이다. 월지의 자(子)는 한겨울의 기운으로 매우 춥고 음의 기운이 왕성하다. 월지의 오(午)는 한여름의 기운으로 매우 덥고 양의 기운이 왕성하다.

월지 분석시 주의사항

월지는 계절 즉 월(月)의 기후에 따라 변화가 크게 나타나므로 오행 자체의 기운보다는 변화하는 계절의 기운을 읽어야 한다. 추운 겨울은 수(水)로 나타내고, 더운 여름은 화(火)로 나타내며, 봄은 목(木)으로, 가을은 금(金)으로 나타낸다.

이렇듯 사주 내에서 오행의 성질을 가장 강하게 나타내는 것이 월지이며, 월지의 분석이야말로 사주 분석의 핵심이라고 할 수 있다. 월지는 계절 즉 월의 기후에 따라 변화가 크게 나타난다. 따라서 오행 자체의 기운보다는 계절의 기운을 읽어내는 것이 필요하다.

오행에서 목(木)과 화(火)의 기운이 서로 닮아 있고, 금(金)과 수(水)의 기운이 서로 닮아 있다. 금(金)은 차가운 기운의 시작이며, 목(木)은 더운 기운의 시작이다. 그러므로 금(金)과 수(水)는 차가운 성질, 음의 성질이 닮아 있고 목(木)과 화(火)는 더운 성질, 양의 성질이 닮아 있다.

목(木)과 화(火)의 중간 부분 그리고 금(金)과 수(水)의 중간 부분은 각각 봄에서 여름으로, 가을에서 겨울로 가는 환절기라서 변화가 적다. 그러나 수(水)에서 목(木)으로, 화(火)에서 금(金)으로 변화하는 계절은 각각 겨울에서 봄으로, 여름에서 가을로 접어드는 환절기라서 변화가 크다.

1) 인월

음력 1월에 해당하는 인월(寅月)은 절기상 입춘부터 경칩 전까지다. 입춘은 양력으로 2월 4~5일 무렵인데, 대개 2월 초순에서 중순까지는 아직 추운 편이고 때때로 매우 추운 날도 있다. 이처럼 기온차가 크기 때문에 인월의 오행을 분석할 때에는 원래의 목(木)으로 해석할 것인지가 문제이다. 그래서 인월은 초기, 중기, 말기로 구분하여 판단한다.

인월 분석

인월은 기온차가 크기 때문에 초기에는 수(水) 30점, 중기에는 수(水) 15점 · 목(木) 15점, 말기에는 목(木) 30점 등 3단계로 구분하여 점수를 배정한다.

인월은 본래 목월(木月)이지만, 초기 즉 여기(餘氣)에 해당하는 양력 2월 15일 전까지는 겨울의 차가운 수(水) 기운이 남아 있으므로 수(水) 30점, 양력 2월 16~25일은 수(水) 15점, 목(木) 15점 정도의 기운이 동시에 존재한다고 본다. 즉 이 시기에는 서서히 수(水) 기운이 물러나고 목(木) 기운이 시작된다고 판단한다. 반면 양력 2월 26일부터는 완전히 목(木) 기운이 시작된다고 보아 목(木) 30점을 준다.

그런데 왜 양력으로 판단하는가? 앞서 설명한 것처럼 사주학은 절기력을 바탕으로 한다. 따라서 양력에 매우 가깝다. 일부 철학관이나 점집에서는 반드시 음력 생일을 알아야 사주팔자를 볼 수 있다고 하지만, 이는 전혀 타당성이 없다.

인월 분석에서 날짜 구분이 반드시 고정된 것은 아니다. 똑같은 2월이라도 해마다 추운 정도가 다르며, 무엇보다 태어날 당시의 2월의 기후가 작용하기 때문이다. 만약 생일이 양력 2월 20일인데 날씨가 매우 추웠다면 수(水) 기운이 강하다고 보고, 반대로 날씨가 매우 더웠다면 목(木) 기운이 강하다고 보아야 한다.

다만, 앞의 인월 분석은 필자가 이제까지의 오랜 임상경험을 바탕으로 정한 것이므로 대부분의 경우 이 분류법에 따라 사주를 해석한다면 특별한 경우를 제외하고는 큰 문제가 없을 것이다. 인월 분석은 사주 해석에 큰 영향을 미치므로 반드시 잘 알아두어야 한다.

인월의 초기는 입춘부터 2월 15일까지이며, 그 기(氣)는 겨울철 땅 속에 파묻혀 있는 나무 또는 물 속에 잠겨 있는 나무와 같다. 가을에 수확한 과일에서 나온 씨앗이 한겨울 추위를 견디고 봄이 되면 싹을 틔우며 한 그루의 나무가 된다. 그러나 이 시기의 목(木)은 얼어붙은 땅 속에 꽁꽁 언 채 숨겨져 있는 씨앗과 같다. 즉 이 기간 동안은 전혀 목(木) 구실을 할 수 없는 나무로 보면 된다. 따라서 오행의 개수를 따질 때는 목(木)으로 보지만, 점수를 따질 때는 수(水)로 계산한다.

『주역』 괘에서 중천건(重天乾) 초구에 "잠룡물용(潛龍勿用)이니라" 고 하였다. "잠겨진 용(龍)은 사용하지 말지니라" 즉 용은 용이지만, 아직까지는 물 속에 있으니 용으로서 사용하지 말라는 뜻이다. 양력 2월 15일까지의 인(寅) 또한 아직 겨울의 추운 기가 남아 있으니 사용하지 말라. 이것이 필자가 주장하는 인월의 초기 분석이다.

중기는 양력 2월 16~25이다. 수(水) 기운이 15점, 목(木) 기운이 15점으로 16일에 가까울수록 수(水) 기운이 강하고, 25일에 가까울수록 목(木) 기운이 강하다고 본다. 예를 들어 16일에 가까운 날은 수(水) 기운을 20점, 목(木) 기운을 10점 정도로 볼 수 있다. 반면 25일에 가까울수록 목(木) 기운이 강해지므로 수(水) 기운은 10점 정도이고, 목(木) 기운은 20점 정도로 본다.

다만, 날짜뿐만 아니라 사주 전체 상황을 살펴볼 필요가 있다. 사주 여덟 글자 대다수가 차가운 성분으로 구성되어 있다면, 같은 인월인 2월 16~25일에 태어났다고 하더라도 수(水) 기운이 강한 것으로 보아 원래 점수보다 수(水)를 좀더 높게 계산한다. 반대로 사주 여덟 글자 대부분이 화(火)로 이루어져 있다면, 같은 인월인 2월 16~25일에 태어났다고 하더라도 원래 점수보다 목(木)을 좀더 높게 계산한다.

월지는 반드시 3단계로 구분하여 분석해야 좀더 정확하게 사주를 분석할 수 있다. 실력을 더 쌓으면 보다 세밀하게 5단계로 구분하여 분석할 수 있다. 다음의 인월 분석표를 참고하면 된다. 이 경우에도 각 분석표의 점수 배정에서 주변 상황이나 태어난 시기의 기후에 따라 점수가 달라질 수 있다.

인월 분석표

① 3단계 분류법

기간(양력)	기본 점수
입춘 ~ 2월 15일	수(水) 30점
2월 16일 ~ 2월 25일	수(水) 15점 목(木) 15점
2월 26일 ~ 경칩 전	목(木) 30점

② 5단계 분류법

기간(양력)	기본 점수
입춘 ~ 2월 15일	수(水) 30점
2월 16일 ~ 2월 20일	수(水) 20점 목(木) 10점
2월 21일 ~ 2월 25일	수(水) 15점 목(木) 15점
2월 26일 ~ 2월 29일	수(水) 10점 목(木) 20점
3월 1일 ~ 경칩 전	목(木) 30점

2) 자오묘유월

자오묘유월(子午卯酉月)은 계절의 한가운데, 방향의 한가운데에 있다. 따라서 자(子)는 수(水)의 가장 반듯한 성분을, 오(午)는 화(火)의 가장 반듯한 성분을, 묘(卯)는 목(木)의 가장 반듯한 성분을, 유(酉)는 금(金)의 가장 반듯한 성분을 갖고 있으므로 어떠한 상황에서도 원래의 오행이 달라지지 않는다.

자오묘유월 분석

자오묘유월은 계절의 한가운데 있으므로 원래의 오행 그대로 판단한다. 자월은 수(水) 30점, 오월은 화(火) 30점 묘월은 목(木) 30점, 유월은 금(金) 30점을 배정한다.

자(子)는 겨울의 중앙, 즉 겨울의 한가운데에 있으므로 겨울을 사이에 두고 있는 가을이나 봄의 영향을 거의 받지 않는다. 오(午)는 여름의 중앙, 즉 여름의 한가운데에 있으므로 여름을 사이에 두고 있는 봄과 가을의 영향을 거의 받지 않는다. 묘(卯)는 봄의 중앙, 즉 봄의 한가운데에 있으므로 봄을 사이에 두고 있는 겨울과 여름의 영향을 거의 받지 않는다. 유(酉)는 가을의 중앙, 즉 가을의 한가운데에 있으므로 가을을 사이에 두고 있는 여름과 겨울의 영향을 거의 받지 않는다.

인월은 겨울에서 봄으로 넘어가는 길목에 있으므로 봄으로 분류되면서도 겨울의 영향에서 벗어나지 못하고 겨울의 기운인 수(水)의 영향을 받는다. 이에 비해서 자오묘유(子午卯酉) 네 글자는 원래의 오행을 확고하게 지킨다. 다만, 일반 이론에서는 중기(中氣)와 정기(正氣)를 함께 사용하고 있지만, 필자는 정기만을 사용한다.

자오묘유월 분석표

월	기간(양력)	기본 점수
자(子)월	대설 ~ 소한 전	수(水) 30점
오(午)월	망종 ~ 소서 전	화(火) 30점
묘(卯)월	경칩 ~ 청명 전	목(木) 30점
유(酉)월	백로 ~ 한로 전	금(金) 30점

3) 사해월

사월(巳月)은 목(木) 기운에서 화(火) 기운이 점차 강해지는 시기, 즉 봄에서 여름으로 변화하는 시기다. 더운 계절에서 더운 계절로 변화하기 때문에 본래 오행인 화(火)를 그대로 사용한다. 화(火) 30점을 배정한다.

사해월 분석

사월은 더운 계절이므로 본래의 오행을 그대로 사용하여 화(火) 30점을 배정한다. 해월 역시 추운 계절이므로 본래의 오행을 그대로 사용하여 수(水) 30점을 배정한다.

해월(亥月)은 금(金) 기운에서 수(水) 기운이 점차 강해지는 시기, 즉 가을에서 겨울로 변화하는 시기다. 차가운 계절에서 차가운 계절로 변화하기 때문에 역시 본래의 오행인 수(水)를 그대로 사용한다. 수(水) 30점을 배분한다.

사해월 분석표

월	기간(양력)	기본 점수
사월(巳月)	입하 ~ 망종 전	화(火) 30점
해월(亥月)	입동 ~ 대설 전	수(水) 30점

4) 신월

신월 분석

신월 역시 인월처럼 3단계 분류법을 사용한다. 초기는 화(火) 30점, 중기는 화(火) 15점 · 금(金) 15점, 말기는 금(金) 30점을 배정한다.

신월(申月) 또한 인월(寅月)처럼 3단계 분류법을 사용해야 한다. 신월은 절기상 입추부터 백로 전까지인데, 양력으로는 8월 초순부터 9월 초순에 해당한다. 8월은 무더위가 한창인 때이다. 신(申)이 금(金)이라고 해서 신월을 단순히 금(金)으로 보기에는 문제가 있다. 따라서 입추에서 양력 8월 15일까지는 모두 화(火)로 보고, 양력 8월 16~8월 25일은 화(火) 15점 · 금(金) 15점으로 보고, 양력 8월 26일부터 백로 전까지는 금(金)으로 본다.

이 3단계 분류법에서 더 세분하여 5단계 분류법이나 10단계 분류법으로 사주를 분석하기도 한다. 사주학의 기초 단계이므로 3단계 분류법으로도 충분하다고 본다. 다음의 신월 분석표는 사주 주변 상황이나 태어난 시기의 기후에 따라 점수가 달라질 수 있다.

신월 분석표

① 3단계 분류법

기간(양력)	기본 점수
입추 ~ 8월 15일	화(火) 30점
8월 16일 ~ 8월 25일	화(火) 15점 금(金) 15점
8월 26일 ~ 백로 전	금(金) 30점

② 5단계 분류법

기간(양력)	기본 점수
입추 ~ 8월 15일	화(火) 30점
8월 16일 ~ 8월 20일	화(火) 20점 금(金) 10점
8월 21일 ~ 8월 25일	화(火) 15점 금(金) 15점
8월 26일 ~ 8월 30일	화(火) 10점 금(金) 20점
8월 31일 ~ 백로 전	금(金) 30점

5) 축월

축월(丑月)은 절기상 소한부터 입춘 전까지고 양력으로 1월에 해당한다. 당연히 매우 추운 날씨가 계속되는 달이다. 그러므로 오행이 토(土)라고 해서 토(土) 그대로 점수를 배분해서는 안 된다. 개수를 계산할 때는 토(土)로 보더라도 점수를 계산할 때는 반드시 수(水) 30점을 주어야 한다.

축월 분석

축월은 매우 추운 날씨가 계속되는 달이다. 따라서 오행으로는 토(土)이지만 점수를 계산할 때는 수(水) 30점을 배정한다.

축월 분석은 매우 미묘하고 복잡하다. 또한 육친을 분석할 때에도 월지의 축(丑)을 주의해야 한다. 단순히 토(土)로 보면 안 되기 때문이다.

축월 분석표

기간(양력)	기본 점수
소한 ~ 입춘 전	수(水) 30점

예) 1943년 12월 27일(음) 사시(巳時) 출생 남성

시	일	월	연
辛	乙	乙	癸
巳	酉	丑	未

원래 오행의 개수와 점수

木2	火1	土2	金2	水1
20	15	40	25	10

변환된 오행의 개수와 점수

木2	火1	土2	金2	水1
20	15	10	25	40

위 사주는 축월(丑月)에 태어났으므로 월지 분석을 해야 한다. 오행의 개수를 계산할 때에는 토(土)이지만, 점수를 계산할 때에는 토(土)가 아니라 수(水)로 분석하기 때문에 수(水)의 점수는 40점이다.

6) 미월

미월 분석

미월은 매우 더운 날씨가 계속되는 달이다. 따라서 오행으로는 토(土)이지만 점수를 계산할 때는 화(火) 30점을 배정한다.

미월(未月)은 절기상 소서부터 입추 전까지고 양력으로 7월에 해당한다. 매우 더운 날씨이기 때문에 단순히 토(土)로 보아서는 안 된다. 개수를 계산할 때에는 토(土)로 보지만, 점수를 계산할 때에는 화(火)로 보고 30점을 배정한다.

미월 분석표

기간(양력)	기본 점수
소서 ~ 입추 전	화(火) 30점

7) 진월

진월(辰月)은 절기상 청명에서 입하 전까지다. 진월 또한 사주 내 오행의 상황에 따라 분석이 달라진다. 사주 내에 목(木)이 많으면 진(辰) 또한 목(木)의 성질이 강해지고, 사주 내에 토(土)가 많으면 진(辰) 또한 토(土)의 성질이 강해진다.

진월 분석

진월은 초기는 목(木) 20점 · 토(土) 10점, 중기는 목(木) 10점 · 토(土) 10점 · 화(火) 10점, 말기는 토(土) 10점 · 화(火) 20점을 배정한다.

진월 분석표

① 3단계 분류법

기간(양력)	기본 점수	주변 상황 점수
청명 ~ 청명 후 10일	목(木) 20점 토(土) 10점	주변에 토(土)가 아주 많으면 토(土) 30점, 적당히 있으면 토(土) 20점.
청명 후 11일 ~ 청명 후 20일	목(木) 10점 토(土) 10점 화(火) 10점	주변에 목(木)이 많으면 목(木) 점수를, 주변에 토(土)가 많으면 토(土) 점수를, 주변에 화(火)가 많으면 화(火) 점수를 조금 더 준다.
청명 후 21일 ~ 입하 전	토(土) 10점 화(火) 20점	주변에 목(木)이 많으면 목(木) 점수를, 주변에 토(土)가 많으면 토(土) 점수를 조금 더 준다.

② 5단계 분류법

기간(양력)	기본 점수
청명 ~ 청명 후 6일	목(木) 20점 토(土) 10점
청명 후 7일 ~ 청명 후 12일	목(木) 15점 토(土) 15점
청명 후 13일 ~ 청명 후 18일	목(木) 10점 토(土) 10점 화(火) 10점
청명 후 19일 ~ 청명 후 24일	토(土) 15점 화(火) 15점
청명 후 25일 ~ 입하 전	토(土) 10점 화(火) 20점

8) 술월

술월 분석

술월은 초기는 금(金) 20점 · 토(土) 10점, 중기는 금(金) 10점 · 토(土) 10점 · 수(水) 10점, 말기는 토(土) 10점 · 수(水) 20점을 배정한다.

술월(戌月)은 절기상 한로에서 입동 전까지다. 술월 역시 사주 내 오행의 상황에 따라서 분석이 달라진다. 사주 내에 금(金)이 많으면 술(戌) 역시 금(金)의 성질이 강해지고, 사주 내에 토(土)가 많으면 술(戌) 역시 토(土)의 성질이 강해진다.

술월 분석표

① 3단계 분류법

기간(양력)	기본 점수	주변 상황 점수
한로 ~ 한로 후 10일	금(金) 20점 토(土) 10점	주변에 화(火)나 토(土)가 많으면 토(土) 점수를, 주변에 금(金)이 많으면 금(金) 점수를 조금 더 준다.
한로 후 11일 ~ 한로 후 20일	금(金) 10점 토(土) 10점 수(水) 10점	주변에 화(火)나 토(土)가 많으면 토(土) 점수를, 주변에 금(金)이 많으면 금(金) 점수를 조금 더 준다.
한로 후 21일 ~ 입동 전	토(土) 10점 수(水) 20점	주변에 화(火)나 토(土)가 많으면 토(土) 점수를, 수(水)가 많으면 수(水) 점수를 조금 더 준다.

② 5단계 분류법

기간(양력)	기본 점수
한로 ~ 한로 후 6일	금(金) 20점 토(土) 10점
한로 후 7일 ~ 한로 후 12일	금(金) 15점 토(土) 15점
한로 후 13일 ~ 한로 후 18일	금(金) 10점 토(土) 10점 수(水) 10점
한로 후 19일 ~ 한로 후 24일	토(土) 15점 수(水) 15점
한로 후 25일 ~ 입동 전	토(土) 10점 수(水) 20점

3. 시지 분석

월지 분석과 마찬가지로 시지 분석 또한 매우 중요하다. 시간에 따라 온도 변화가 있으며 그에 따라 오행을 배정하므로, 단순히 오행의 기운을 읽기보다는 시간에 따른 기온 변화를 읽는 데 초점을 두어야 한다. 시지에는 15점을 배분한다.

시지는 밤과 낮, 아침과 저녁에 따라 오행이 구분되는데, 하루 중 밤과 아침, 아침과 점심, 점심과 저녁, 저녁과 밤 사이를 연결하는 토(土)를 주변 상황에 따라 다르게 분석해야 한다. 예를 들어 같은 축(丑)이라고 해도 겨울의 축시와 여름의 축시는 기온차가 매우 큰데 이러한 변화를 반영해야 사주 분석이 더욱 정확해진다.

1) 축시

축시(丑時)는 새벽 1시 30분 ~ 3시 30분 사이에 해당한다. 축(丑)은 오행으로는 분명 토(土)이다. 그러나 봄 여름 가을 겨울의 축시가 서로 똑같지는 않다. 겨울의 축시는 매우 추운 반면, 여름의 축시는 열대야 때문에 매우 더워서 서로 큰 차이가 있다. 이렇게 기온차가 크

축시 분석

해자축월은 개수를 계산할 때는 토(土)로 보고, 점수를 계산할 때는 수(水)로 본다. 인묘진월 · 사오미월 · 신유술월은 오행의 개수나 점수를 계산할 때 모두 토(土)로 본다.

므로 같은 축(丑)이라고 해서 똑같이 토(土)로 분석하는 것은 무리가 있다. 필자는 오랜 임상경험을 바탕으로 축시의 축(丑)은 세분화해야 한다는 결론을 얻었다. 다만, 사주의 주변 상황에 따라 오행의 변화가 있음을 고려해야 한다.

❶ 해자축월

먼저 해자축월(亥子丑月)의 축시를 보자. 해자축월은 한겨울이다. 한겨울 축시는 매우 춥기 때문에 개수를 계산할 때는 토(土)로 보지만, 점수를 계산할 때는 수(水)로 보아야 한다.

예1) 1974년 12월 21일(양) 축시(丑時) 출생

시	일	월	연
己	**丙**	**丙**	**甲**
丑	**申**	**子**	**寅**

원래 오행의 개수와 점수

木2	火2	土2	金1	水1
20	20	25	15	30

변환된 오행의 개수와 점수

木2	火2	土2	金1	水1
20	20	10	15	45

위 사주는 자월(子月) 즉 추운 계절에 태어났다. 태어난 시간 또한 밤에 해당하는 축시다. 시지의 축(丑)은 개수를 계산할 때는 토(土)이지만, 점수를 계산할 때는 수

(水)로 본다. 다만, 해자축월 축시에 태어났다고 해도 주변의 오행이 화(火)와 토(土)로만 이루어진 경우는 토(土)로 보아야 할 때가 있으므로 주의해야 한다.

예2) 1958년 12월 16일(음) 축시(丑時) 출생

시	일	월	연
丁	丙	乙	戊
丑	午	丑	戌

위 사주는 한겨울 축시에 태어났지만, 사주 내의 주변 오행이 화(火)와 토(土)로만 이루어져 있다. 따라서 축(丑)이 수(水) 구실을 하기보다는 토(土)의 구실을 할 가능성이 높다.

❷ 인묘진월 · 사오미월 · 신유술월

인묘진월(寅卯辰月) · 사오미월(巳午未月) · 신유술월(辛酉戌月) 등 봄, 여름, 가을의 축시는 아주 특별한 경우를 제외하고는 오행의 개수나 점수를 계산할 때 모두 토(土)로 본다. 아주 특별한 경우는 흔치 않으므로 이 정도로 이해해도 사주 분석에 큰 어려움은 없을 것이다.

2) 미시

미시(未時)는 낮 1시 30분~3시 30분 사이에 해당한다. 축시와 마찬가지로 미시 분석 또한 절기가 중요하게 작용한다. 여름의 미시와 겨울의 미시는 분명한 온도 차이가 있기 때문이다. 그러므로 여름의 미

미시 분석

사오미월은 오행의 개수를 계산할 때는 토(土)로 보고, 점수를 계산할 때는 화(火)로 본다. 신유술월 · 해자축월 · 인묘진월은 모두 토(土)로 본다.

시는 토(土)의 구실보다는 뜨거운 화(火)의 구실을 하게 된다. 다만, 사주의 주변 오행 중에 토(土)가 많거나 수(水)가 많으면 원래의 토(土)로 보아야 할 경우가 있다.

❶ 사오미월

먼저 사오미월(巳午未月)의 미시는 오행을 계산할 때는 토(土)로 보고 점수를 계산할 때는 화(火)로 본다.

예) 1966년 5월 10일(음) 미시(未時) 출생

시	일	월	연
己	戊	甲	丙
未	午	午	午

원래 오행의 개수와 점수

木1	火4	土3	金0	水0
10	65	35	0	0

변환된 오행의 개수와 점수

木1	火4	土3	金0	水0
10	80	20	0	0

위 사주는 오월(午月) 여름 미시에 태어났다. 여름에 태어난 미시생은 미토(未土)를 토(土)로 보지 않고 화(火)로 본다. 따라서 오행의 개수를 계산할 때는 토(土)로 보고, 점수를 계산할 때는 화(火)로 본다.

❷ 신유술월 · 해자축월 · 인묘진월

다음으로 신유술월(申酉戌月), 해자축월(亥子丑月), 인묘진월(寅卯辰月) 등 가을, 겨울, 봄에 태어난 미시생은 아주 특별한 경우를 제외하고는 오행의 개수나 점수를 계산할 때 모두 토(土)로 본다.

3) 진시

진시(辰時)는 축시나 미시와 달리 오행이 쉽게 변화하지 않고, 인묘진월(寅卯辰月) 출생이고 사주에 목(木)이 많을 때에만 변화한다. 이 때 오행의 개수를 계산할 때에는 토(土)로 보고, 점수를 계산할 때에는 목(木)으로 본다.

진시 분석

진시는 오행이 쉽게 변화하지 않지만, 인묘진월에 태어나고 사주에 목(木)이 많으면 오행의 개수를 계산할 때는 토(土)로 보고 점수를 계산할 때는 목(木)으로 본다.

예) 1974년 2월 21일(음) 진시(辰時) 출생

시	일	월	연
戊	甲	丁	甲
辰	寅	卯	寅

원래 오행의 개수와 점수

木5	火1	土2	金0	水0
75	10	25	0	0

변환된 오행의 개수와 점수

木5	火1	土2	金0	水0
90	10	10	0	0

위 사주는 묘월(卯月) 진시에 태어나고 사주에 목(木)이 많다. 시지 진(辰)은 오행의 개수를 계산할 때에는 토(土)로 보고, 점수를 계산할 때에는 목(木)으로 본다.

술시 분석

술시 또한 오행이 쉽게 변화하지 않지만, 신유술월에 태어나고 사주에 금(金)이 많으면 오행의 개수를 계산할 때는 토(土)로 보고 점수를 계산할 때는 금(金)으로 본다.

4) 술시

술시(戌時) 또한 진시와 같이 쉽게 변화하지 않고, 주변 상황에 따라 달라진다. 가을 즉 신유술월(申酉戌月)에 태어나고 사주 내에 금(金)이 많으면 토(土)가 금(金)의 작용을 하게 된다.

예) 1980년 10월 4일(양) 술시(戌時) 출생

시	일	월	연
庚	庚	乙	庚
戌	戌	酉	申

원래 오행의 개수와 점수

木1	火0	土2	金4	水0
10	0	30	70	0

변환된 오행의 개수와 점수

木1	火0	土2	金4	水0
10	0	15	85	0

위 사주는 유월(酉月) 술시에 태어나고 사주 내에 금(金)이 많다. 따라서 시지 술(戌)은 오행의 개수를 계산할 때에는 토(土)로 보고, 점수를 계산할 때에는 금(金)으로 본다.

5 육친론

육친(六親)은 사주팔자에서 부모, 형제, 배우자, 자식 등의 가족관계를 통틀어 일컫는 말로, 육신(六神)이라고도 한다. 10개의 종류가 있다고 해서 십신(十神)이라고 하는 사람도 있다.

육친

음양오행의 상생 · 상극 작용을 바탕으로 사주 주인공의 인간관계와 사회관계를 나타낸 것이다. 부모, 형제, 자매, 부인, 남편, 자식 등을 통틀어서 일컫는다. 육친에는 비견, 겁재, 식신, 상관, 편재, 정재, 편관, 정관, 편인, 정인 등이 있다.

육친은 음양오행의 상생 · 상극 관계를 바탕으로 사주 주인공의 인간관계와 사회관계를 나타낸 것이다. 이 육친을 다루는 육친론은 사주명리학에서 빼놓을 수 없는 중요한 분야이다. 육친은 우리가 살아가면서 만나게 되는 가족을 포함한 인간관계들, 그리고 다양한 인간관계 속에서 이루어지는 사회성과 사회관계를 내포하고 있다. 육친을 제대로 알면 그 사람의 성격이나 사회성을 파악할 수 있다.

인간은 사회적 동물이다. 따라서 개개인마다 자신을 중심으로 다양한 인간관계나 사회관계가 복잡하게 얽혀 있고, 그러한 관계들 속에서 개개인의 사주팔자 또한 흘러가고 있다. 이렇게 복잡한 인간관계와 사람, 의식주, 재물, 명예, 공부, 부동산, 등의 사회적 관계를 해석해낼 수 있는 적절하고도 타당성 높은 도구가 바로 이 육친이다. 그래서 한 사람의 운명을 분석하고 판단하는 데 귀중한 자료가 된다.

사주명리학은 아주 오래 전에 시작되어 지금까지 전해오는 동안 꾸준히 발전해왔다. 사주명리학 역사에서 가장 큰 획을 그은 사람은 당나라 때 대부(大夫)를 지낸 이허중(李虛中)이다. 그는 사람이 태어난 생년, 생월, 생일, 생시를 천간과 지지에 배속시키고, 이것들이 서로 생하고 극하는 관계를 보고 그 사람의 운명을 판단하는 자료로 삼아 부귀, 빈천, 장수, 단명 등을 알아보았다.

그 후 송나라 때에 서자평(徐子平)이 사주의 일간을 위주로 사주 내의 천간과 지지의 생극제화(生剋制化) 작용을 살펴서 사람의 운명을 판단하였다.

육친에 나타난 다양한 형태의 모습들, 인간관계, 사회관계, 직업관계 등을 용신에 따라 분류하고 용신을 활용한 성명학의 브랜드 네이밍에 적극적으로 활용할 수 있다. 육친을 제대로 알면 세상이 보인다. 육친에도 용신이 있다. 어떤 육친이 용신인가에 따라 브랜드 네이밍이 달라지기 때문에 반드시 육친을 알고 어떤 육친이 용신인지를 알아야 한다.

1. 육친의 이해

1) 육친의 종류

육친에는 비견(比肩), 겁재(劫財), 식신(食神), 상관(傷官), 편재(偏財), 정재(正財), 편관(偏官), 정관(正官), 편인(偏印), 정인(正印)이 있다. 비견과 겁재를 묶어서 비겁(比劫), 식신과 상관을 묶어서 식상(食傷), 편재와 정재를 묶어서 재성(財星), 편관과 정관을 묶어서 관성 (官星) 또는 관살(官殺), 편인과 정인을 묶어서 인성(印星)이라고 한다.

10개의 육친은 오행의 상생 및 상극의 원리를 이용한 것으로 나와 같은가, 내가 생하는가, 나를 생하는가, 내가 극하는가, 나를 극하는가를 나타낸다. 여기서 '나'는 일간을 말하며, 이 일간을 위주로 하여 일간 오행과 일간을 제외한 다른 오행의 관계를 본다.

❶ 비견

비견은 어깨를 나란히 한다는 뜻으로, 나(일간)와 음양오행이 모두 같은 경우를 말한다. 일간이 갑(甲)일 때 갑(甲) · 인(寅), 일간이 을(乙)일 때 을(乙) · 묘(卯), 일간이 병(丙)일 때 병(丙) · 사(巳), 일간이 정(丁)일 때 정(丁) · 오(午), 일간이 무(戊)일 때 무(戊) · 진(辰) · 술(戌), 일간이 기(己)일 때 기(己) · 축(丑) · 미(未), 일간이 경(庚)일 때 경(庚) · 신(申), 일간이 신(辛)일 때 신(辛) · 유(酉), 일간이 임(壬)일 때 임(壬) · 해(亥), 일간이 계(癸)일 때 계(癸) · 자(子)가 비견에 해당한다.

이 때 한 가지 주의할 점이 있다. 지지의 화(火)인 사(巳)와 오(午), 수(水)인 해(亥)와 자(子)는 서로 음양을 바꾸어주어야 한다. 사화(巳火)가 양화로, 오화(午火)가 음화로, 해수(亥水)가 양수로, 자수(子水)가 음수로 변하는 것을 꼭 기억해서 육친에 적용시켜야 한다.

❷ 겁재

겁재는 나(일간)와 오행이 같고, 음양은 다른 경우를 말한다. 일간이 갑(甲)일 때 을(乙) · 묘(卯), 일간이 을(乙)일 때 갑(甲) · 인(寅), 일간이 병(丙)일 때 정(丁) · 오(午), 일간이 정(丁)일 때 병(丙) · 사(巳), 일간이 무(戊)일 때 기(己) · 축(丑) · 미(未), 일간이 기(己)일 때 무(戊) · 진(辰) · 술(戌), 일간이 경(庚)일 때 신(辛) · 유(酉), 일간이 신(辛)일 때 경(庚) · 신(申), 일간이 임(壬)일 때 계(癸) · 자(子), 일간이 계(癸)일 때 임(壬) · 해(亥)가 각각 겁재에 해당한다. 일반적으로 비견과 겁재를 통틀어서 겁재(劫財)라고 한다.

❸ 식신

식신은 내(일간)가 생하면서 음양이 같은 경우를 말한다. 일간이 갑(甲)일 때 병(丙) · 사(巳), 일간이 을(乙)일 때 정(丁) · 오(午), 일간이 병(丙)일 때 무(戊) · 진

(辰)·술(戌), 일간이 정(丁)일 때 기(己)·축(丑)·미(未), 일간이 무(戊)일 때 경(庚)·신(申), 일간이 기(己)일 때 신(辛)·유(酉), 일간이 경(庚)일 때 임(壬)·해(亥), 일간이 신(辛)일 때 계(癸)·자(子), 일간이 임(壬)일 때 갑(甲)·인(寅), 일간이 계(癸)일 때 을(乙)·묘(卯)가 각각 식신에 해당한다.

❹ 상관

상관은 내(일간)가 생하고 음양이 다른 경우를 말한다. 일간이 갑(甲)일 때 정(丁)·오(午), 일간이 을(乙)일 때 병(丙)·사(巳), 일간이 병(丙)일 때 기(己)·축(丑)·미(未), 일간이 정(丁)일 때 무(戊)·진(辰)·술(戌), 일간이 무(戊)일 때 신(辛)·유(酉), 일간이 기(己)일 때 경(庚)·신(申), 일간이 경(庚)일 때 계(癸)·자(子), 일간이 신(辛)일 때 임(壬)·해(亥), 일간이 임(壬)일 때 을(乙)·묘(卯), 일간이 계(癸)일 때 갑(甲)·인(寅)이 각각 상관에 해당한다.

❺ 편재

편재는 내(일간)가 극하고 음양이 같은 경우를 말한다. 일간이 갑(甲)일 때 무(戊)·진(辰)·술(戌), 일간이 을(乙)일 때 기(己)·축(丑)·미(未), 일간이 병(丙)일 때 경(庚)·신(申), 일간이 정(丁)일 때 신(辛)·유(酉), 일간이 무(戊)일 때 임(壬)·해(亥), 일간이 기(己)일 때 계(癸)·자(子), 일간이 경(庚)일 때 갑(甲)·인(寅), 일간이 신(辛)일 때 을(乙)·묘(卯), 일간이 임(壬)일 때 병(丙)·사(巳), 일간이 계(癸)일 때 정(丁)·오(午)가 편재에 해당한다.

❻ 정재

정재는 내(일간)가 극하면서 음양이 다른 경우를 말한다. 일간이 갑(甲)일 때 기(己)·축(丑)·미(未), 일간이 을(乙)일 때 무(戊)·진(辰)·술(戌), 일간이 병(丙)일 때 신(辛)·유(酉), 일간이 정(丁)일 때 경(庚)·신(申), 일간이 무(戊)일 때 계(癸)·자(子), 일간이 기(己)일 때 임(壬)·해(亥), 일간이 경(庚)일 때 을(乙)·묘(卯), 일간이 신(辛)일 때 갑(甲)·인(寅), 일간이 임(壬)일 때 정(丁)·오(午), 일간이 계(癸)일 때 병(丙)·사(巳)가 정재에 해당한다.

❼ 편관

편관은 나(일간)를 극하고 음양이 같은 경우를 말한다. 일간이 갑(甲)일 때 경(庚)·신(申), 일간이 을(乙)일 때 신(辛)·유(酉), 일간이 병(丙)일 때 임(壬)·해(亥), 일간이 정(丁)일 때 계(癸)·자(子), 일간이 무(戊)일 때 갑(甲)·인(寅), 일간이 기(己)일 때 을(乙)·묘(卯), 일간이 경(庚)일 때 병(丙)·사(巳), 일간이 신(辛)일 때 정(丁)·오(午), 일간이 임(壬)일 때 무(戊)·진(辰)·술(戌), 일간이 계(癸)일 때 기(己)·축(丑)·미(未)가 편관에 해당한다.

편관은 비견, 겁재, 식신, 상관, 편재, 정재, 편관 순서대로 보면 일곱 번째에 해당된다고 해서 칠(七), 나(일간)를 극한다고 해서 살(殺)이라 부른다. 그래서 일명 칠살(七殺)이라고도 한다.

❽ 정관

정관은 나(일간)를 극하면서 음양이 다른 경우를 말한다. 일간이 갑(甲)일 때 신(辛)·유(酉), 일간이 을(乙)일 때 경(庚)·신(申), 일간이 병(丙)일 때 계(癸)·자(子), 일간이 정(丁)일 때 임(壬)·해(亥), 일간이 무(戊)일 때 을(乙)·묘(卯), 일간이 기(己)일 때 갑(甲)·인(寅), 일간이 경(庚)일 때 정(丁)·오(午), 일간이 신(辛)일 때 병(丙)·사(巳), 일간이 임(壬)일 때 기(己)·축(丑)·미(未), 일간이 계(癸)일 때 무(戊)·진(辰)·술(戌)이 정관에 해당한다.

❾ 편인

편인은 나(일간)를 생하고 음양이 같은 경우를 말한다. 일간이 갑(甲)일 때 임(壬)·해(亥), 일간이 을(乙)일 때 계(癸)·자(子), 일간이 병(丙)일 때 갑(甲)·인(寅), 일간이 정(丁)일 때 을(乙)·묘(卯), 일간이 무(戊)일 때 병(丙)·사(巳), 일간이 기(己)일 때 정(丁)·오(午), 일간이 경(庚)일 때 무(戊)·진(辰)·술(戌), 일간이 신(辛)일 때 기(己)·축(丑), 일간이 임(壬)일 때 경(庚)·신(申), 일간이 계(癸)일 때 신(申)·유(酉)가 편인에 해당한다.

편인은 식신을 극한다고 해서 '엎어질 도(倒)' '밥 식(食)'을 써서 밥그릇을 엎어 버린다는 의미의 도식(倒食)이라고 하며, 사흉신(四凶神)이라 해서 나쁘다고 보지만 전혀 타당성이 없다.

❿ 정인

정인은 나(일간)를 생하고 음양이 다른 경우를 말한다. 일간이 갑(甲)일 때 계(癸)·자(子), 일간이 을(乙)일 때 임(壬)·해(亥), 일간이 병(丙)일 때 을(乙)·묘(卯), 일간이 정(丁)일 때 갑(甲)·인(寅), 일간이 무(戊)일 때 정(丁)·오(午), 일간이 기(己)일 때 병(丙)·사(巳), 일간이 경(庚)일 때 기(己)·축(丑)·미(未), 일간이 신(辛)일 때 무(戊)·진(辰)·술(戌), 일간이 임(壬)일 때 신(辛)·유(酉), 일간이 계(癸)일 때 경(庚)·신(申)이 각각 정인에 해당한다.

육친의 종류

종류	의미
비견	나(일간)와 오행이 같고 음양도 같은 것
겁재	나(일간)와 오행이 같고 음양은 다른 것
식신	내가(일간이) 생하고 음양이 같은 것
상관	내가(일간이) 생하고 음양이 다른 것
편재	내가(일간이) 극하고 음양이 같은 것
정재	내가(일간이) 극하고 음양이 다른 것
편관	나(일간)를 극하고 음양이 같은 것
정관	나(일간)를 극하고 음양이 다른 것
편인	나(일간)를 생하고 음양이 같은 것
정인	나(일간)를 생하고 음양이 다른 것

육친의 명칭

원래 명칭	별칭
비겁	양인살(羊刃殺 · 陽刃殺)
식신	수복신(壽福神) · 수성(壽星) · 누기(漏氣)
상관	도기(盜氣)
편관	칠살(七殺)
편인	도식(倒食) · 효신살(梟神殺)
정인	인수(印綬)

천간별 육친 조견표

천간＼일간	甲	乙	丙	丁	戊	己	庚	辛	壬	癸
甲	비견	겁재	편인	정인	편관	정관	편재	정재	식신	상관
乙	겁재	비견	정인	편인	정관	편관	정재	편재	상관	식신
丙	식신	상관	비견	겁재	편인	정인	편관	정관	편재	정재
丁	상관	식신	겁재	비견	정인	편인	정관	편관	정재	편재
戊	편재	정재	식신	상관	비견	겁재	편인	정인	편관	정관
己	정재	편재	상관	식신	겁재	비견	정인	편인	정관	편관
庚	편관	정관	편재	정재	식신	상관	비견	겁재	편인	정인
辛	정관	편관	정재	편재	상관	식신	겁재	비견	정인	편인
壬	편인	정인	편관	정관	편재	정재	식신	상관	비견	겁재
癸	정인	편인	정관	편관	정재	편재	상관	식신	겁재	비견

지지별 육친 조견표

지지＼일간	甲	乙	丙	丁	戊	己	庚	辛	壬	癸
子	정인	편인	정관	편관	정재	편재	상관	식신	겁재	비견
丑	정재	편재	상관	식신	겁재	비견	정인	편인	정관	편관
寅	비견	겁재	편인	정인	편관	정관	편재	정재	식신	상관
卯	겁재	비견	정인	편인	정관	편관	정재	편재	상관	식신
辰	편재	정재	식신	상관	비견	겁재	편인	정인	편관	정관
巳	식신	상관	비견	겁재	편인	정인	편관	정관	편재	정재
午	상관	식신	겁재	비견	정인	편인	정관	편관	정재	편재
未	정재	편재	상관	식신	겁재	비견	정인	편인	정관	편관
申	편관	정관	편재	정재	식신	상관	비견	겁재	편인	정인

지지＼일간	甲	乙	丙	丁	戊	己	庚	辛	壬	癸
酉	정관	편관	정재	편재	상관	식신	겁재	비견	정인	편인
戌	편재	정재	식신	상관	비견	겁재	편인	정인	편관	정관
亥	편인	정인	편관	정관	편재	정재	식신	상관	비견	겁재

육친별 간지 조견표

	비견	겁재	식신	상관	편재	정재	편관	정관	편인	정인
甲	甲寅	乙卯	丙巳	丁午	戊辰戌	己丑未	庚申	辛酉	壬亥	癸子
乙	乙卯	甲寅	丁午	丙巳	己丑未	戊辰戌	辛酉	庚申	癸子	壬亥
丙	丙巳	丁午	戊辰戌	己丑未	庚申	辛酉	壬亥	癸子	甲寅	乙卯
丁	丁午	丙巳	己丑未	戊辰戌	辛酉	庚申	癸子	壬亥	乙卯	甲寅
戊	戊辰戌	己丑未	庚申	辛酉	壬亥	癸子	甲寅	乙卯	丙巳	丁午
己	己丑未	戊辰戌	辛酉	庚申	癸子	壬亥	乙卯	甲寅	丁午	丙巳
庚	庚申	辛酉	壬亥	癸子	甲寅	乙卯	丙巳	丁午	戊辰戌	己丑未
辛	辛酉	庚申	癸子	壬亥	乙卯	甲寅	丁午	丙巳	己丑未	戊辰戌
壬	壬亥	癸子	甲寅	乙卯	丙巳	丁午	戊辰戌	己丑未	庚申	辛酉
癸	癸子	壬亥	乙卯	甲寅	丁午	丙巳	己丑未	戊辰戌	辛酉	庚申

책마다 조금씩 다르지만 겁재, 상관, 편관, 편인을 흉한 것으로 분류하는 경우가 많은데, 절대로 어떤 육친은 좋고 어떤 육친은 나쁜 것으로 구분하지 말아야 한다. 어떤 육친이든 장점과 단점을 두루 가지고 있다.

다만 장점을 잘 살리면 성공하는 것이요, 단점으로 흘러가면 실패하는 것이다. 육친 중에서 좋은 육친과 나쁜 육친의 구분은 있을 수 없으며, 단지 장점과 단점이 구분될 뿐이다.

육친은 발달했는가 과다한가(많은가)에 따라 장점과 단점이 다르게 나타난다. 발달일 때는 안정적인 면이 장점으로 많이 나타나고, 과다일 때는 적극적인 면이 장점으로 많이 나타난다.

2) 육친의 과다와 발달

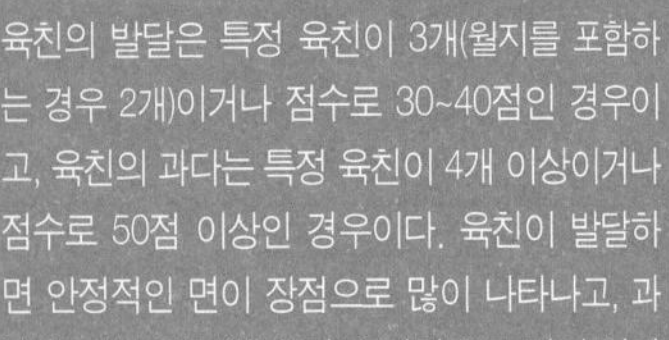
육친의 과다와 발달

육친의 발달은 특정 육친이 3개(월지를 포함하는 경우 2개)이거나 점수로 30~40점인 경우이고, 육친의 과다는 특정 육친이 4개 이상이거나 점수로 50점 이상인 경우이다. 육친이 발달하면 안정적인 면이 장점으로 많이 나타나고, 과다일 때는 적극적인 면이 장점으로 많이 나타난다.

각각의 육친은 발달과 과다에 따라서 성격 유형이나 적성이 다르게 나타난다. 여기서 발달이란 어느 한 육친의 개수가 3개(월지를 포함하는 경우에는 2개)이거나 점수로 30~40점인 경우를 말하고, 과다란 어느 한 육친의 개수가 4개 이상이거나 점수로 50점 이상인 경우를 말한다.

비견과 겁재는 서로 똑같은 성격이라고 할 수는 없지만 비슷한 성격을 지니고 있다. 그래서 비견이 발달했는데 겁재가 한두 개 더 있어서 이 둘을 합한 수가 과다에 해당하는 경우 발달로 보지 않고 과다로 본다. 즉 발달일 때에는 각각 나누어서 해석하지만, 과다일 때에는 분리하지 않고 같은 육친으로 보아 비견과 겁재를 통틀어 비겁 과다라고 한다. 따라서 비견 과다, 겁재 과다, 비겁 과다는 성격과 적성이 모두 같다고 본다.

식신과 상관, 편재와 정재, 편관과 정관, 편인과 정인도 이와 같이 발달과 과다를 판단한다. 예를 들어 편관도 발달하고 정관도 발달한 경우에는 편관 발달의 성격도 있고 정관 발달의 성격도 있다고 보지 않고, 편관과 정관을 합쳐서 관성 과다로 판단한 후 과다에 해당하는 성격과 직업 유형으로 분석한다.

3) 육친의 상생과 상극 작용

각각의 육친은 오행과 마찬가지로 서로 생하고 서로 극하는 관계로 이루어져 있다. 육친의 상호작용을 알면 부부관계, 부모자식관계, 사회성 등 다양한 가족관계와 사회관계를 보다 쉽게 이해할 수 있다.

상생 작용

비견 · 겁재 : 식신 · 상관을 생한다.

식신 · 상관 : 편재 · 정재를 생한다.

편재 · 정재 : 편관 · 정관을 생한다.

편관 · 정관 : 편인 · 정인을 생한다.

편인 · 정인 : 비견 · 겁재를 생한다.

상극 작용

비견 · 겁재 : 편재 · 정재를 극한다.

식신 · 상관 : 편관 · 정관을 극한다.

편재 · 정재 : 편인 · 정인을 극한다.

편관 · 정관 : 비견 · 겁재를 극한다.

편인 · 정인 : 식신 · 상관을 극한다.

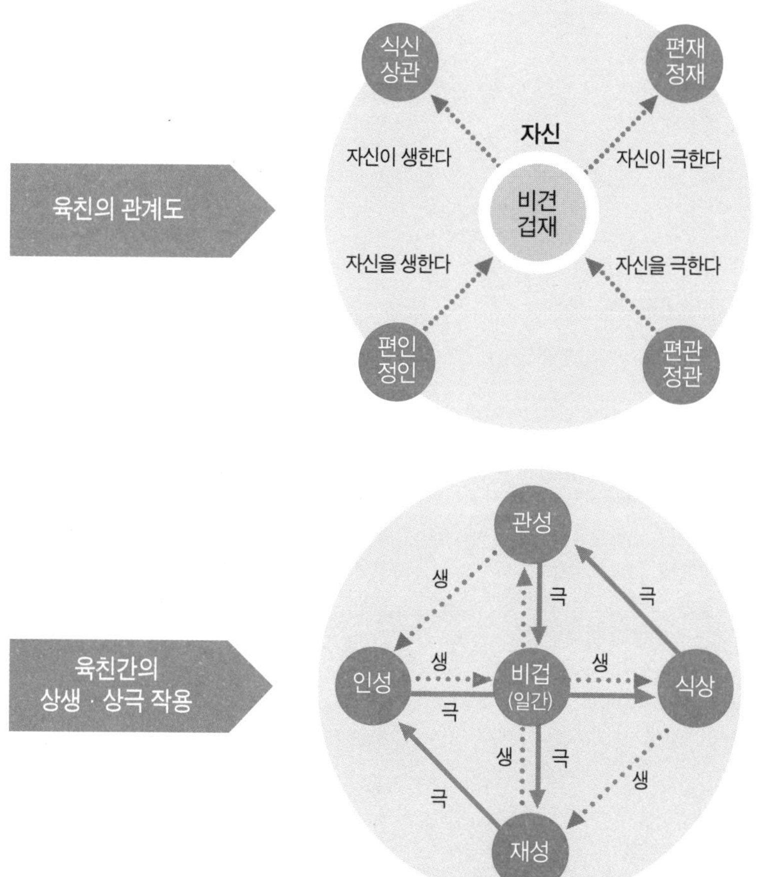

일간별 상생 · 상극 관계

❶ 일간이 甲(양목)인 경우

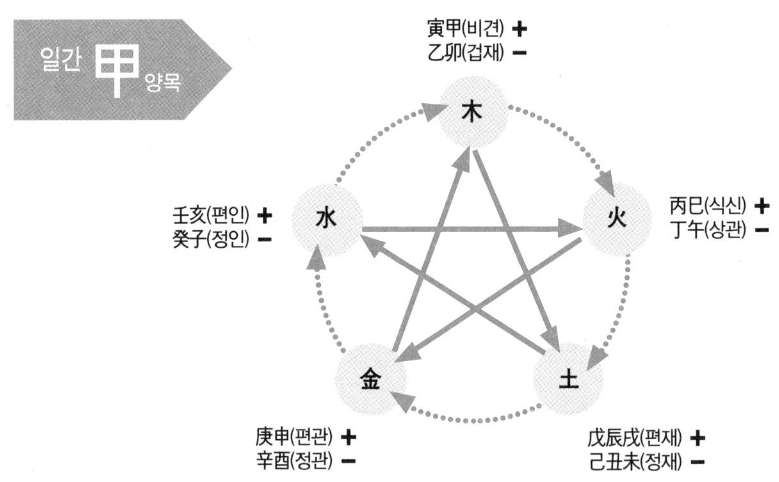

❷ 일간이 乙(음목)인 경우

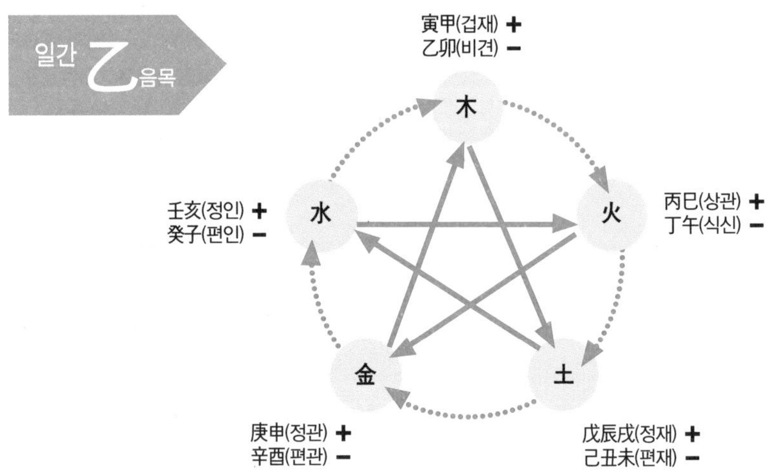

❸ 일간이 丙(양화)인 경우

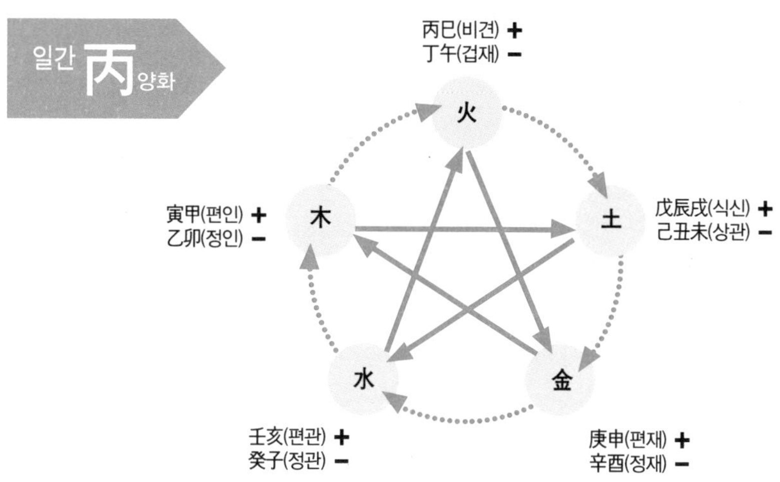

❹ 일간이 丁(음화)인 경우

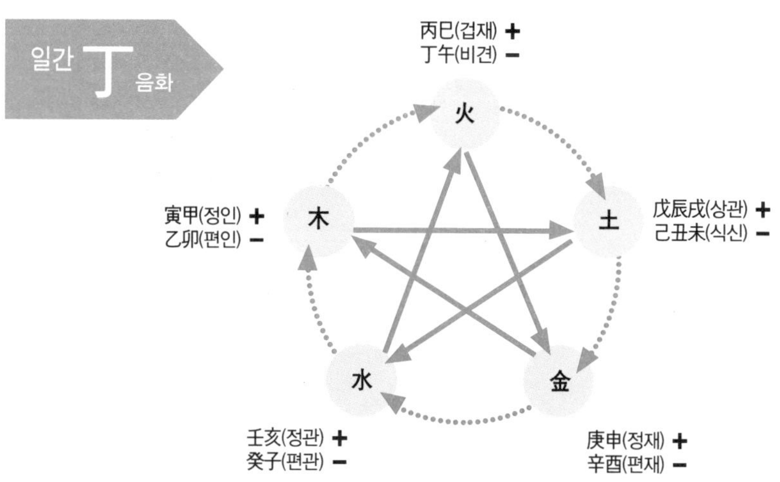

❺ 일간이 戊(양토)인 경우

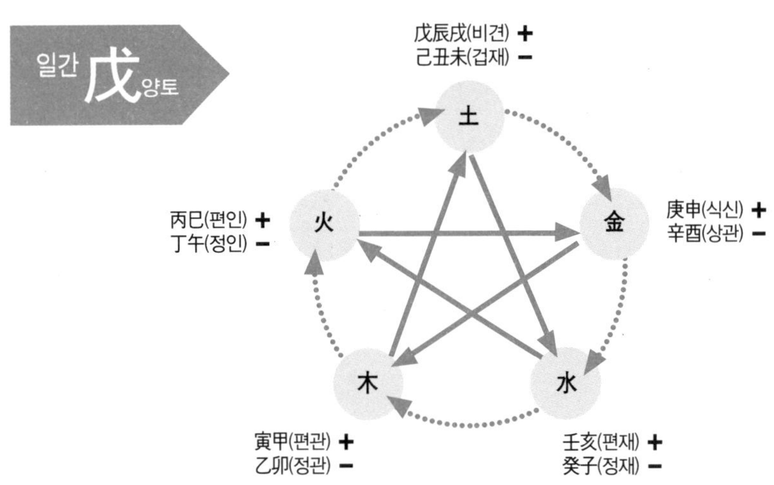

❻ 일간이 己(음토)인 경우

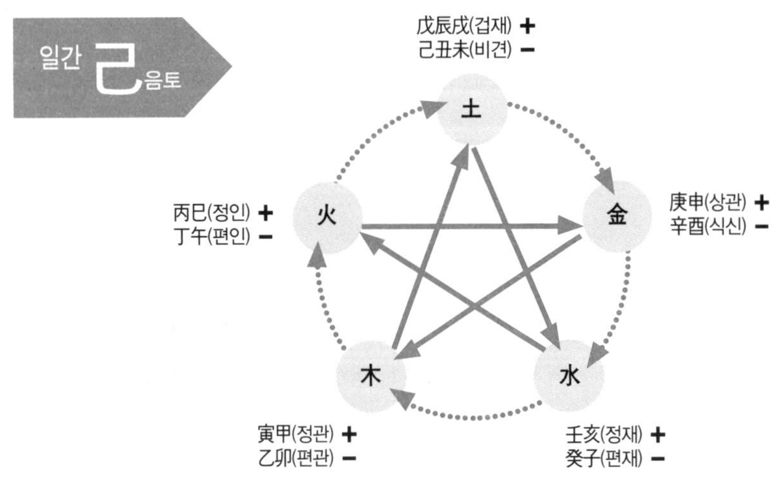

❼ 일간이 庚(양금)인 경우

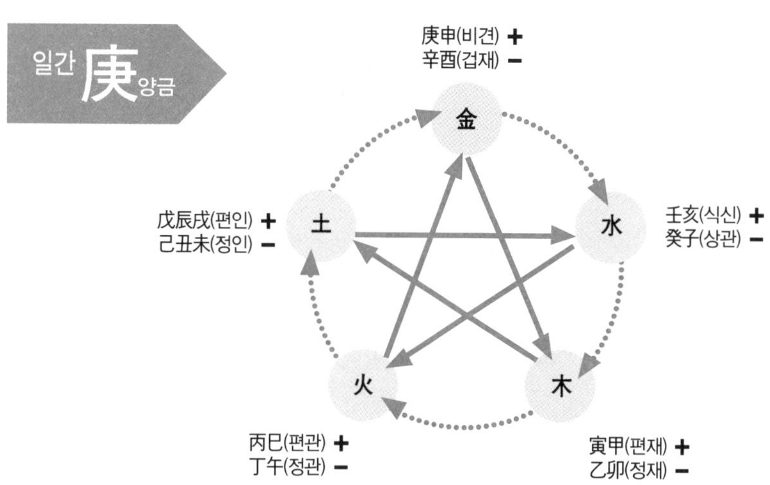

❽ 일간이 辛(음금)인 경우

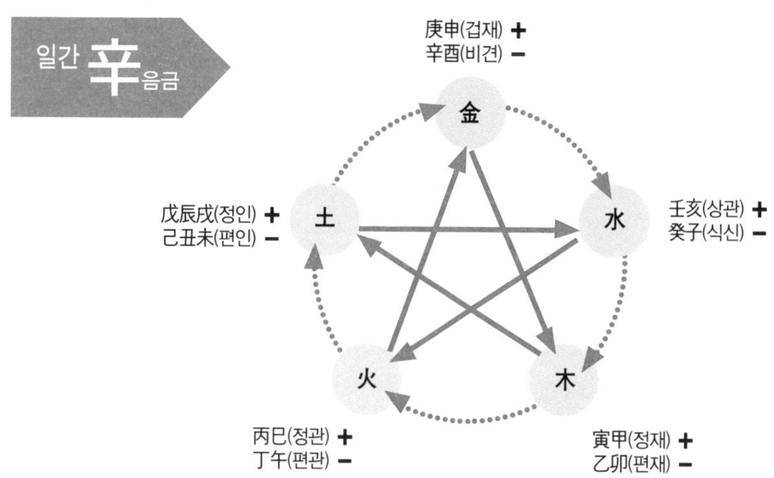

❾ 일간이 壬(양수)인 경우

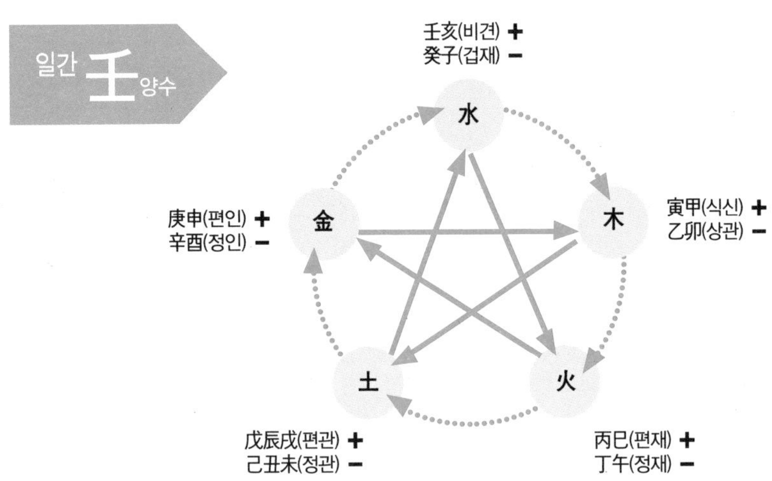

❿ 일간이 癸(음수)인 경우

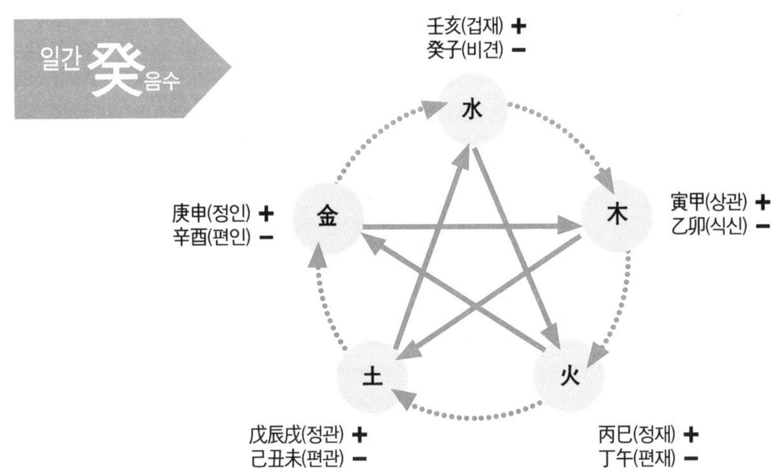

2. 육친별 인간관계와 사회관계

인간은 사회적 동물로서, 자신을 둘러싼 주위 사람들과 다양한 인간관계와 사회적 관계를 맺으며 살아간다. 그러한 관계들 속에서 개개인의 사주팔자 역시 다양하게 전개된다.

육친은 음양오행의 상생관계와 상극관계를 바탕으로 하는데, 이 육친을 통해서 사주 주인공이 인생을 살아가면서 만나게 되는 가족이나 친구 등 다양한 인간관계와 학교 및 직장 등 사회관계를 이해할 수 있다.

❶ 비견

비견은 사회적으로 사람을 상징하고 대인관계와 관련되어 있다. 비견은 사람과 사람의 만남에서 시작된다. 한마디로 비견은 사람과 대인관계를 주관한다.

남성의 육친은 친구, 선후배, 형제 자매, 동업자, 경쟁자, 부하직원, 동료직원이고 여성의 육친은 친구, 선후배, 형제 자매, 시댁식구, 남편의 여자, 동업자, 경쟁자, 부하직원, 동료직원 등이다.

❷ 겁재

겁재 역시 비견과 마찬가지로 사람과 대인관계를 주관한다. 남성의 육친은 친구, 선후배, 형제 자매, 동업자, 동료직원, 부하직원이고 여성의 육친은 친구, 선후배, 형제 자매, 동업자, 시댁식구, 남편의 여자 등이다.

❸ 식신

식신은 언어와 의식주를 주관한다. 특히 식신은 안정적이고 보수적인 특징을 가지고 있다. 말하는 직업 중에서도 안정적인 직업을 선호하는 경우가 많다.

남성의 육친은 장모나 할머니이고, 여성의 육친은 아들 딸 구별 없이 자식이다.

❹ 상관

상관 또한 식신과 마찬가지로 언어능력, 말, 의식주를 상징한다. 다만 시신이 안정적이라면 상관은 개방적이고 적극적인 편이다. 둘 다 말하는 직업과 관련이 큰데, 식신이 교수나 교사처럼 안정적인 성향이라면 상관은 MC, 탤런트처럼 적극적으로 자신을 보여주고 내세우는 성향이다.

남성의 육친은 장모나 할머니이고, 여성의 육친은 자식이다.

❺ 편재

편재는 비정기적인 돈 또는 뭉칫돈을 상징한다. 남성의 육친은 아내와 아버지이고, 여성의 육친은 아버지다.

❻ 정재

정재는 정기적으로 들어오는 돈, 고정적인 수입을 상징한다. 남성의 육친은 부인과 아버지이고, 여성의 육친은 아버지다.

❼ 편관

편관은 명예, 관직, 리더십을 상징한다. 남성의 육친은 자식이고, 여성의 육친은 남편이다. 단, 활동적이고 적극적인 남편으로 본다.

❽ 정관

정관은 명예와 관직을 상징한다. 남성의 육친은 자식이고, 여성의 육친은 남편이다. 단, 안정적이고 보수적인 남편으로 본다.

❾ 편인

편인은 공부, 부동산, 문서, 도장을 상징한다. 여기서 공부란 끼가 필요한 분야 예를 들어 예술, 연예, 기술, 발명 분야 등의 공부가 좋다. 남성과 여성의 육친 모두 어머니를 나타낸다.

❿ 정인

정인은 공부, 부동산, 문서, 도장을 상징한다. 남성과 여성의 육친 모두 어머니를 나타낸다.

육친별 사회관계

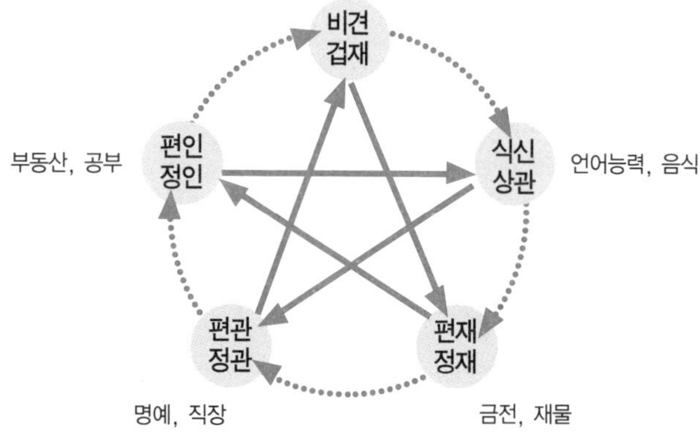

성별에 따른 육친관계

❶ 일간이 남성인 경우

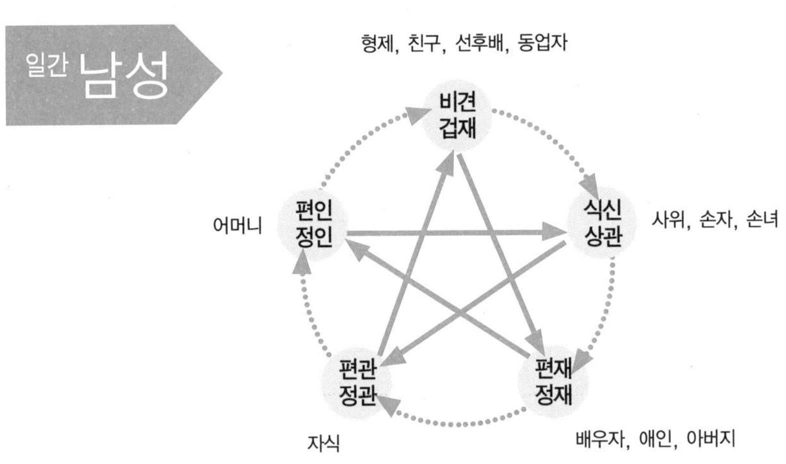

❷ 일간이 여성인 경우

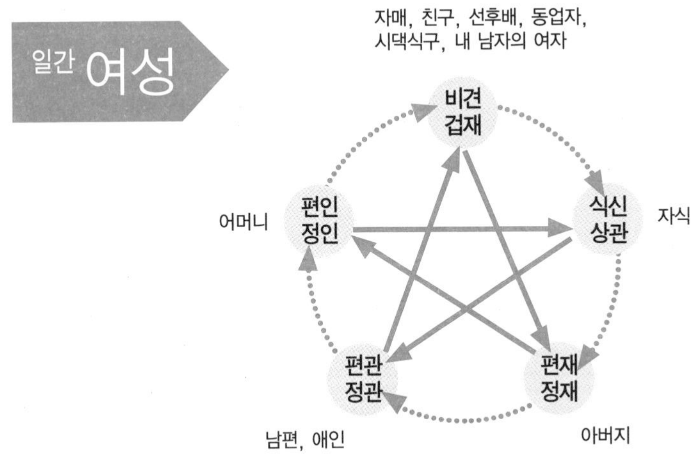

6 용신

용신(用神)이란 말 그대로 쓰이는 글자 즉 사주에서 필요로 하는 오행 또는 육친을 말한다. 나의 힘이 너무 세면 약하게 해주는 것이 용신이고, 나의 힘이 약하면 힘을 더해주는 것이 용신이고, 나의 사주가 추우면 더운 것이 용신이다. 또한 나의 사주가 더우면 추운 것이 용신이다. 이렇듯 사주의 균형을 이루게 해주는 오행이나 육친이 바로 용신이다.

용신

사주에서 필요로 하는 오행 또는 육친을 말하며, 사주의 균형을 이루어주는 매우 중요한 역할을 한다. 예를 들어 나의 힘이 세면 약하게 해주고, 나의 힘이 약하면 힘을 더해주는 것이 용신이다.

용신은 사주명리학에서 뿐만 아니라 브랜드 네이밍을 비롯한 성명학에서도 매우 중요하게 활용된다.

용신 이외에도, 사주에서 각각의 오행 또는 육친은 역할에 따라 희신(喜神), 기신(忌神), 구신(仇神), 한신(閑神) 등으로 분류할 수 있다.

희신은 반가운 글자라는 의미로 용신을 생하는 오행(또는 육친)을 말한다. 기신은 꺼리는 글자라는 의미로 용신을 극하는 오행(또는 육친)을 말한다. 구신은 원수와 같다는 뜻으로 기신을 생하는 오행(또는 육친)과 희신을 극하는 오행(또는 육친)을 말한다. 한신은 말 그대로 한가로운 오행(또는 육친)을 뜻한다. 사주의 상황을 보고 이롭게 하는 한신, 해롭게 하는 한신, 이롭지도 않고 해롭지도 않은 한신 등으로 분류할 수 있다.

역할에 따른 명칭

명칭	의미
용신	내 사주팔자에 가장 필요한 오행(또는 육친)
희신	용신을 생하는 오행(또는 육친)
기신	용신을 극하는 오행(또는 육친)
구신	기신을 생하는 오행(또는 육친), 희신을 극하는 오행
한신	한가로운 오행(또는 육친). 이롭게 하는 한신, 해롭게 하는 한신, 이롭지도 해롭지도 않은 한신 등으로 분류한다

1. 용신의 종류

용신을 구분하는 방법은 크게 두 가지가 있다. 하나는 용신을 정하는 방법에 따라 억부용신, 조후용신, 통관용신, 병약용신, 전왕용신, 격국용신 등으로 구분하는 것인데 일반적으로 널리 사용된다. 그러나 이것은 용신 자체보다는 어떤 기준으로 용신을 찾느냐에 따라 결정되는 호칭이다. 이 내용은 뒤에서 이어지는 용신을 찾는 방법에서 좀더 자세히 설명한다.

다른 하나는 행운용신과 고립용신으로 구분하는 것이다. 행운용신은 사주원국이나 대운이나 연운에서 행운을 가져오고 행운을 지켜주는 용신을 의미하고, 고립용신은 사주원국에서 고립된 오행의 유무에 따라 고립된 오행을 지켜주는 용신을 의미한다.

이러한 구분은 용신을 보다 정확하게 판단하기 위한 방법일 뿐이지 억부용신이나 행운용신이 별개로 존재하는 것은 아니다. 억부용신이 행운용신이 될 수도 있고 고립용신이 될 수도 있다. 여기서는 행운용신과 고립용신에 초점을 맞추어 설명해 나간다.

1) 행운용신

일반적으로 용신을 찾는다고 할 때 용신이란 바로 행운용신을 의미한다. 이 행운용신을 통해서 대운, 연운, 월운의 흐름을 살펴보아 사주 당사자에게 행운이 오는지를 살펴본다. 즉 억부용신이나 조후용신 그 밖에 통관용신과 병약용신으로 사주에서 용신을 찾아내고 그 용신을 통해서 사주 당사자에게 행운이 언제 찾아올지를 살펴보는 것이다. 몇 살에 재물이 찾아올지, 몇 살에 승진을 할지, 몇 살에 결혼을 할지, 몇 살에 자식을 얻을지 등등 대운, 연운, 월운 등에서 용신이 들어오는가 기신이 들어오는가에 따라서 사주 당사자의 길흉을 살펴보는 것이다.

행운용신

일반적으로 용신을 찾는다고 할 때 바로 이 행운용신을 뜻한다. 사주원국이나 대운 등의 운에서 행운을 가져오고 행운을 지켜주는 용신을 의미한다.

대개 조후용신이나 억부용신으로 보면 행운용신을 쉽게 찾아낼 수 있다. 그러나 행운용신과 건강용신이 다르게 나타날 때는 용신을 분석하기가 어렵다.

예1)

시	일	월	연
甲	庚	乙	庚
申	寅	酉	申

위 사주는 비견과 겁재가 강하여 신강한 사주로서 목(木)의 힘이 막강하므로 목(木)이 용신이 된다. 만약 목(木)이 약하거나 화(火)가 없더라도 목(木)을 용신으로 삼는다. 용신이 사주에서 힘이 있으면 용신의 작용이 크게 영향을 미치고, 반대로 용신이 사주에서 힘이 없으면 용신의 작용이 약하게 미친다. 이 사주는 고립된 오행이 없으므로 행운용신만 살펴도 된다.

예2)

시	일	월	연
己	庚	乙	庚
卯	寅	酉	申

위 사주는 앞의 사주와 태어난 연월일이 같고 시간만 다르다. 이 사주 또한 신왕한 사주에 목(木)의 힘이 막강하여 목(木)이 용신이다.

이 사주에서는 시간의 기토(己土)를 살펴야 한다. 일지와 시지의 목(木)이 기토를 공격하고 있고, 일간 경금(庚金) 또한 기토의 힘을 빼앗아가기 때문이다. 만약 이 사주에서 목(木)이 용신이 되어 대운이나 연운에서 목(木)운이 오면 목(木)이 토(土)를 극하여 기토는 심각한 위험에 처하게 된다. 이 때는 기토를 어떻게 해야 할지가 고민이다. 이 부분은 다음에 설명하는 고립용신에서 살펴보겠다. 이 사주의 행운용신은 목(木)이 된다. 다만 고립용신은 토(土)로 본다.

고립용신

사주원국에서 고립된 오행(또는 육친)을 지켜주는 용신으로서, 건강용신과 육친용신이라고도 한다. 고립된 오행은 건강문제나 육친문제가 발생할 수 있으므로 고립용신은 매우 중요하다.

2) 고립용신

고립용신은 사주원국에서 고립된 오행을 지켜주는 용신을 의미한다. 고립용신은 건강용신과 육친용신이라고도 부를 수 있다.

❶ 건강용신

고립용신을 건강용신이라고 하는 이유는 고립된 용신으로 인해 건강문제가 가장 먼저 발생하기 때문인데, 건강용신보다는 고립용신이 더욱 정확한 용어이다. 고립된 오행이 있을 때 이 오행을 도와줄 용신이 들어오지 않고 기신이 들어오면 오행에 따른 건강문제가 크게 발생하고 육친에 따른 문제도 발생하기 때문이다.

또한 사주원국(원사주)에서 어떤 한 오행이나 육친이 고립되어 있으나 그것이 강한 세력의 편이 되어 용신이 다른 세력으로 결정될 때는, 고립된 오행이 강한 세력의 편일지라도 건강에 큰 문제가 생기게 된다.

예를 들어, 비겁이 강하여 신강한 사주이면서 식상과 재성의 힘이 어느 정도 있다면 식상이나 재성이 용신이 된다. 그런데 인성의 힘이 매우 약하고 고립되어 집중공격을 받고 있다면 건강문제가 발생한다. 식상이나 재성의 운이 들어오면 인생의 흐름은 순조로울지 모르지만, 고립된 인성이 식상이나 재성에게 극상(剋傷)을 당하여 건강과 육친에 치명적인 위험이 생기는 것이다. 이 때 인성이 상징하는 육친과 건강을 지켜주는 용신이 바로 고립용신이다.

사주에 따라서 행운용신과 고립용신이 같아서 용신이 1개만 있는 사람이 있는가 하면, 행운용신과 고립용신이 서로 달라서 2개의 용신이 있는 사람도 있다. 행운용신과 고립용신이 같은 사람은 용신이 들어오는 대운이나 연운에는 행운과 건강이 같이 좋아질 것이요, 기신이 오는 대운이나 연운에는 행운과 건강이 같이 나빠질 것이다.

그러나 행운용신과 고립용신이 다른 사람은 상황이 복잡해진다. 즉 행운용신이 대운이나 연운에서 오면 행운은 찾아오지만 건강이 나빠지거나 해당 육친에 문제가 생길 것이요, 고립용신이 대운이나 연운에서 들어오면 건강이 좋아지거나 해당 육친의 운명은 좋아지지만 재물과 명예 등의 운은 나빠질 것이다.

사람에 따라 다르겠지만 요즘은 건강에 신경을 많이 쓰는 편이므로 행운용신보다는 고립용신을 세심하게 살피는 것이 더욱 좋을 듯하다.

예1)

시 일 월 연
己 庚 乙 庚 (坤)
卯 寅 酉 申

위 사주는 행운용신에서 이미 살펴보았던 사주이다. 사주원국 전체를 보면 신강한 사주이고 목(木)이 용신이 된다. 그러나 시간의 기토(己土)가 고립되어 있으므로 운에서 목(木)이 찾아오면 목극토(木剋土)로 인해 기토에 문제가 발생한다. 기토가 공격을 받으면 위장이나 여성의 경우 자궁의 건강이 위험해진다. 따라서 이 때는 토(土)가 기토를 살려줄 수 있으므로 건강용신은 토(土)가 된다. 이 사주에서 행운용신은 목(木)이 되고 건강용신은 토(土)가 되는 것이다.

예2)

시 일 월 연
甲 丙 辛 庚 (乾)
午 午 巳 申

위 사주의 오행을 분석하면 목(木)이 1개이고 10점, 화(火)가 4개이고 70점, 금(金)이 3개이고 30점이다. 조후로 보면 더운 사주이며, 억부로 보면 편인이 1개, 비겁이 4개, 재성이 3개이므로 신강한 사주이다. 조후로 보아도 금(金)이 용신이고, 억부로 보아도 금(金)이 용신이다.

그러나 이 사주에서 금(金)을 용신으로 보면 시간 갑목(甲木)이 심각한 공격을 받게 된다. 사주원국에서도 갑목이 화(火)에 둘러싸여 고립된 상황인데 용신을 금(金)으로 보면 금(金)운에 승진, 합격, 당선, 확장 등의 행운은 찾아오나, 갑목이 심각하게 위험해져서 갑목이 나타내는 건강문제 즉 간이나 뼈 사고로 큰 어려움을 겪게 될 것이다. 또한 이 사주에서 갑목은 인성으로서 인성이 상징하는 어머니, 문서, 부동산에 문제가 발생할 것이다.

이 사주에서 행운용신은 금(金)이 되고, 고립용신 즉 건강용신은 수(水)가 된다. 이 사주는 금(金)운이 오면 행운이 찾아올 것이지만 건강과 인성운은 나빠질 것이요, 수(水)운이 오면 수(水)가 목(木)을 살려주어 행운은 적게 찾아오지만 건강과 인성운은 좋아질 것이다.

❷ 육친용신

육친용신은 건강용신과 같은 의미다. 건강용신이 사주에서 고립된 오행에 건강문제가 발생하지 않도록 도와주는 것이라면, 육친용신은 그 고립 오행이 나타내는 육친에 문제가 생기지 않도록 도와주는 것이다.

여기서 육친에게 생기는 문제란 반드시 다치거나 죽는 것만을 의미하지 않고 유학이나 해외출장 등 좋은 의미의 이별도 있을 수 있는데, 이것은 사주원국의 상태에 따라 달라진다.

그러나 고립된 육친이 대운, 연운, 월운에서 심한 공격을 받을 때에는 반드시 생사이별 같은 헤어짐 또는 크게 다투거나 사건 사고가 생긴다. 이 때는 서로 긍정적이고 희망적인 목적의 유학이나 출장, 주말부부 등의 형태로 떨어져 지내면 위기를 극복할 수 있다.

시	일	월	연	
乙	丁	乙	癸	(坤)
卯	卯	卯	未	

위 사주는 전왕용신으로 보면 목(木)이 용신이요, 억부용신으로 보면 토(土)가 용신이 될 것이다. 특히 억부용신으로 본다면 연간의 계수(癸水)가 사주원국에서 심각하게 고립되어 있으므로 용신 토(土)가 운에서 들어올 때 고립된 계수에 건강문제가 발생할 뿐만 아니라 육친 즉 편관 남편이 집중적인 공격을 받게 된다. 이 때는 생사이별을 하게 되므로 유학이나 출장의 형태로 가끔 만나는 사이가 아니면 이혼, 별거, 사별 등의 어려움이 따르게 된다.

위 사주에서 볼 수 있듯이 고립된 오행에 건강문제가 생긴다면 고립된 육친에는 육친문제가 생기기 때문에 육친용신은 고립용신과 같은 의미다. 육친용신이 있으면 반드시 건강용신이 있고, 건강용신이 있으면 반드시 육친용신이 있다. 그래서 고립된 오행과 육친에는 두 가지 문제가 동시에 발생할 수밖에 없다. 이러한 이유로 고립용신을 육친용신이나 건강용신이라고 부르는 것이다.

2. 용신을 찾는 방법

용신을 찾는 방법 

각각 기후를 고르게 해주는 조후용신, 강한 것은 통제하고 약한 것은 도와주는 억부용신, 병든 오행을 치료해주는 병약용신, 비슷한 두 세력의 대립으로 인해 막힌 것을 터주는 통관용신, 한 가지 오행이나 육친이 너무 강할 때 그것을 따르는 전왕용신 등이 있다.

일반적으로 용신을 찾는다고 할 때 이 용신은 행운용신을 의미하며, 사주 전체를 두루 살펴 사주에서 가장 필요한 오행을 찾는다. 여기에는 조후용신법, 억부용신법, 병약통신법, 통관용신법, 전왕용신법 등 다섯 가지 방법이 있다. 일반 이론에서는 여기에 격국용신법을 추가한다. 격국용신법이란 격국에 따라 용신이 정해져 있다는 내용인데, 필자는 사용하지 않으므로 여기서는 다루지 않는다.

조후용신법은 조후로 용신을 찾는 방법을 말한다. 조후(調候)란 기후를 고르게 한다는 뜻으로서, 계절에 초점을 두어 오행을 분석하고 사주가 추운가 더운가를 판단한 다음 추운 사주는 따뜻하게 해주고 더운 사주는 시원하게 해주는 오행을 용신으로 잡는 것이 조후용신법이다. 상황에 따라 다르지만 목화(木火)가 강하면 금수(金水), 금수(金水)가 강하면 목화(木火)를 용신으로 정한다.

억부용신법은 사주에서 내 편과 다른 편을 구분하여 내 편의 힘이 센가 다른 편의 힘이 센가에 따라 용신을 정하는 것이다. 억부(抑扶)의 뜻을 살펴보면 억제할 억(抑) 또는 누를 억(抑)에 도울 부(扶)로서, 억누르거나 도와준다는 뜻이다. 즉 억부용신은 사주에서 힘이 너무 강한 것은 억제해주고, 반대로 힘이 너무 약한 것은 도와주는 용신이다.

일간을 나로 보았을 때 일간을 도와주는 오행이나 일간과 같은 오행은 내 편이 되고, 일간이 생하는 오행과 일간이 극하는 오행 그리고 일간을 극하는 오행은 다른 편이 된다.

조후용신법이 음양오행론을 바탕으로 한다면, 육친론을 바탕으로 하는 것은 억부용신법이다. 사주명리학의 근본정신이 음양오행론이므로 둘 중에서 조후용신법이 우선이 된다. 육친이란 일간을 위주로 하여 서로 상생하는가 상극하는가에 따라 정해지고, 사주팔자에서 일간을 사주의 주인으로 보았기 때문에 일간을 살리기 위한 행동이 무엇보다 중요했고 그 때문에 억부가 만들어진 것이다.

결론적으로 말해, 일간인 나를 살리는 억부도 중요하지만 사주팔자에서 일간을 제외한 나머지 오행 또한 모두 내 사주팔자를 이루고 나를 이루는 것이므로 모든 오행을 똑같이 중요하게 판단해야 한다.

병약용신법은 사주에서 병들어 있는 오행을 치료해주는 오행을 용신으로 정하는 것이다. 일반 이론에서 병이란 어느 한 오행이 지나치게 많거나(태과) 지나치게 적은(불급) 경우, 지나치게 냉습하거나 지나치게 건조한 경우를 말한다.

그러나 필자는 이와는 상관없이 어느 한 오행이 다른 오행들에 둘러싸여 고립된 상태를 병으로 본다. 너무 과다하거나 쇠약한 것은 억부용신법이나 조후용신법으로, 너무 냉습하거나 너무 건조한 것은 조후용신법으로 보면 된다.

병들어 있는 오행을 치료해주는 병약용신법이야말로 그 어떤 용신법보다 중요하다. 사주에 병이 있는지 살펴보고 병이 없을 때 억부용신이나 조후용신을 정해도 늦지 않는다.

통관용신법은 사주 내의 오행들이 비슷한 세력을 형성하여 서로 대립하고 있을 때 두 세력 사이를 터주는 오행을 용신으로 정하는 것이다. 극하는 오행과 극을 당하는 오행이 서로 힘의 균형을 이룰 때 그 둘 사이에서 막힌 것을 흐르게 하는 것이 통관용신이다.

예를 들어, 목극토(木剋土)의 상황에서 목(木)과 토(土)의 힘이 서로 팽팽하게 균형을 이루고 있을 때 목(木)과 토(土) 사이의 화(火)가 용신이 된다.

전왕용신법은 사주에서 한 가지 오행이나 육친이 너무 강할 때 그것을 그대로 따르는 것을 용신으로 정하는 방법이다. 전왕(專旺)이란 사주팔자 여덟 글자가 한 오행으로 편중된 것을 말한다.

3. 용신론의 오류

한 사람의 사주에서 용신은 중요한 역할을 하고, 사주명리학에서도 용신을 매우 중요하게 다룬다. 그 이유는 용신이 사주를 판단하는 기준이기 때문이라는 설명인데, 조금만 자세히 들여다보면 이 사람은 이것이 용신이라고 하고 저 사람은 저것이 용신이라고 하는 등 가르치는 사람마다 용신을 다르게 잡는다. 그리고 용신 육친은 복이 있고 기신 육친은 복이 없다고 설명한다.

예를 들어보자. 용신론에서는 정인이 용신이면 어머니복이 있다고 해석한다. 한편 재성은 용신 정인을 극하므로 기신이 된다. 재성은 아버지, 부인, 재물을 상징한다. 이런 논리대로라면 어머니복(용신이 정인인 사람)이 있는 사람은 아버지복도 없고 부인복도 없고 재물복도 없다는 것이다. 그런데 실제로도 그러한가? 전혀 그렇지 않다. 오히려 어머니가 화목한 가정을 이루는 데 큰 역할을 하여 온 가족이 행복하고 재물도 모을 가능성이 더 많다.

한 가지 예를 더 들어보겠다. 정관이 용신이면 식신이나 상관은 기신이 된다. 좀 더 자세하게 설명하기 위해 둘 중에서 식신이 기신이라고 해두자. 정관은 남자에게는 자식이요 여자에게는 남편이다. 한편 식신은 여자에게는 자식이요 남자에게는 장모이고, 남녀 공통으로 의식주를 상징한다. 이제까지의 이론대로라면 남편복 있는 여자(정관이 용신인 사람)는 자식복이 없고(기신이 식신이므로), 자식복이 있는 남자(용신이 정관인 사람)는 장모복이 없는(기신이 식신이므로) 것이다. 또한 남녀 모두 명예복과 관직복이 있는 사람(용신이 정관인 사람)은 의식주복이 없다는(기신이 식신이므로) 것이다. 그러나 이러한 설명 역시 현실적으로는 전혀 상관관계가 없다.

무엇보다도 용신론의 가장 큰 오류는 용신 위주로 사주를 판단하는 것이다. 용신이 무슨 만병통치약인 것처럼 모든 상황에 용신을 활용하기 때문에 사주 분석에서

모순이 발생한다. 용신은 사주에 없거나 부족하기 때문에 사주의 조화를 이루기 위해 필요로 하는 오행이다. 그러한 내용은 용신이 아니라 사주에 가장 많은 오행이나 육친에 의해 결정된다.

사람의 성격, 특징, 개성, 직업 적성 등은 사주에 강하게 나타나 있는 오행이나 육친에 의한 것이다. 이러한 것들이 종합적으로 작용하여 그 사람의 운명을 결정한다. 사람의 성격, 특징, 개성, 직업 적성 등은 심리적인 영향을 많이 받는다. 그럼에도 불구하고 심리적인 측면을 무시하고 힘이 약한 오행이나 사주에 없는 오행을 용신이라고 지나치게 신뢰한다면 사주를 제대로 보기 어려워진다.

그렇다면 용신은 언제 어느 곳에 활용하는 것이 좋을까? 이어지는 용신의 활용에서 자세하게 설명하겠지만 우선 용신은 대운의 흐름을 읽는 데 매우 유용하게 활용할 수 있다. 더불어 자신의 건강을 지키고 운을 개운(開運)시키는 데 활용가치가 매우 크다. 단, 용신 하나가 인생을 좌우하는 용신 만능주의식의 해석은 경계해야 한다.

4. 용신의 활용

용신의 활용

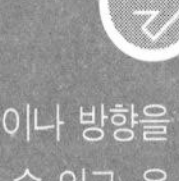

오행용신은 오행이 나타내는 색상이나 방향을 의상이나 실내 인테리어에 활용할 수 있고, 운용신은 대운이나 세운, 월운, 일운 등을 통해 다양한 인간사를 알아보는 데 활용할 수 있다.

용신을 찾은 다음에는 그 용신 오행을 가지고 사주 주인공의 삶에 도움을 줄 수 있도록 활용해야 한다. 용신 활용법은 두 가지가 있다. 하나는 오행용신 활용법이고 다른 하나는 운용신 활용법이다. 오행용신 활용법은 오행에 나타난 색상이나 방향을 의상이나 실내 인테리어 등에 활용하여 삶의 질이나 건강을 향상시키는 것이고, 운용신 활용법은 대운이나 세운, 월운, 일운 등을 통해서 직업의 변동, 일의 변동, 복의 유무 등 다양한 인간사를 알아보는 것이다.

오행용신을 어떻게 활용할 수 있을까? 바로 용신을 의상 코디, 실내 인테리어, 풍수 등에 활용하는 것이다. 평소 입는 옷의 색상, 집이나 방 그리고 사무실의 문 방향 등 사주팔자에 맞는 용신 오행의 색상과 방향을 제대로 활용한다면 건강 향상 및 삶의 질 향상에 큰 도움이 된다.

브랜드 네이밍에도 오행용신을 활용할 수 있다. 즉 오행용신이 나타내는 색상, 방향, 소리, 감각 등을 살려서 브랜드 네이밍을 하는 것이다. 특히 중소기업이나 개인사업체는 반드시 사장의 용신에 따라 브랜드 네이밍을 해야 하므로 잘 알아두어야 한다.

여기에서는 일반적인 오행용신 활용법을 소개하고, 브랜드 네이밍에 오행용신을 활용하는 방법은 다음 장에서 별도로 자세하게 설명한다.

목(木) 용신

① 청색 계통(파랑 · 초록 · 연녹색)의 옷을 입는다.

② 청색 계통의 색상으로 실내 인테리어를 한다.

③ 목제 책상을 사용한다.

④ 책상이 동쪽을 향하게 놓는다.

⑤ 침대는 머리가 동쪽을 향하게 놓는다.

⑥ 나무, 숲 등의 그림이나 청색 계통의 그림을 걸어 놓는다.

⑦ 실내에 화분을 놓는다.

⑧ 동쪽으로 난 대문, 현관문, 방문, 가게문, 공장문이 좋고 다른 방향은 막혀 있으면 좋다.

화(火) 용신

① 적색 계통(빨강 · 분홍)의 옷을 입는다.

② 적색 계통의 색상으로 실내 인테리어를 한다.

③ 목제 책상을 사용한다.

④ 책상이 남쪽을 향하게 놓는다.

⑤ 침대는 머리가 남쪽을 향하게 놓는다.

⑥ 태양, 노을 등 불이나 적색 계통의 그림을 걸어 놓는다.

⑦ 실내에 벽난로를 놓는다.

⑧ 남쪽으로 난 대문, 현관문, 방문, 가게문, 공장문이 좋고 다른 방향은 막혀 있으면 좋다.

토(土) 용신

① 황색 계통(노랑 · 황토색 · 갈색)의 옷을 입는다.

② 황색 계통의 색상을 이용하여 실내 인테리어를 한다.

③ 책상은 목제나 철제 모두 무방하지만 사주 상황에 따라 결정된다.

④ 책상은 어느 방향에 놓든 무방하지만 사주 상황에 따라 결정된다.

⑤ 침대는 어느 방향에 놓든 무방하지만 사주 상황에 따라 결정된다.

⑥ 들판, 사막 등 땅이나 황색 계통의 그림을 걸어 놓는다.

⑦ 마당이 있는 집이나 황토집이 좋다.

금(金) 용신

① 백색 계통(하양 · 회색 · 상앗빛)의 옷을 입는다.

② 백색 계통의 색상으로 실내 인테리어를 한다.

③ 철제 책상을 사용한다.

④ 책상이 서쪽을 향하게 놓는다.

⑤ 침대는 머리가 서쪽을 향하게 놓는다.

⑥ 바위산, 기차, 비행기 등 금속이나 백색 계통의 그림을 걸어 놓는다.

⑦ 금속성 장식품을 놓는다.

⑧ 서쪽으로 난 대문, 현관문, 방문, 가게문, 공장문이 좋고 다른 방향은 막혀 있으면 좋다.

수(水) 용신

① 흑색 계통(검정 · 보라색)의 옷을 입는다.

② 흑색 계통의 색상으로 실내 인테리어를 한다.

③ 철제 책상을 사용한다.

④ 책상이 북쪽을 향하게 놓는다.

⑤ 침대는 머리가 북쪽을 향하게 놓는다.

⑥ 바다, 강, 호수 등 물이나 흑색 계통의 그림을 걸어 놓는다.

⑦ 실내에 수족관을 놓거나 마당에 작은 저수지나 샘이 있으면 좋다.

⑧ 북쪽으로 난 대문, 현관문, 방문, 가게문, 공장문이 좋고 다른 방향은 막혀 있으면 좋다.

재미있는 브랜드 이야기

사주팔자와 브랜드 네이밍

브랜드 네임만 잘 지으면 사업으로 성공할 수 있는가? 브랜드 네임만 잘 지으면 그 제품은 날개 돋친 듯이 팔려나갈 수 있는가? 이러한 질문에 대해 답하기 전에 도산한 수많은 기업들을 생각해볼 필요가 있다. 그 기업들이 망한 것을 전부 브랜드 네임을 잘못 지어서라고 말할 수는 없기 때문이다.

2007년 5월 통계청이 발표한 서비스업 총조사 결과(2005년 기준)를 보면 구멍가게(기타 식료품 위주 종합소매업체)가 2001년부터 4년 사이 전국적으로 1만 1천 곳이 문을 닫았다. 결과적으로 전체 구멍가게 수가 2001년 10만 7365곳에서 2005년 9만 5967곳으로 줄어든 것이다. 또한 2001년 4만 2585곳이었던 다과점(제과점 및 찻집)도 2005년 3만 2008곳으로 줄었다. 음식점은 같은 기간 50만 5241곳에서 53만 1929곳으로 5.3% 증가했지만 영업 이익은 대체적으로 줄어든 것으로 나타났다.

그렇다면 이들 업종과 상호 즉 브랜드 네임의 관계는 어떠한가? 상호를 잘 지으면 불황에도 사업은 잘 되는가? 아니다. 상호와 더불어 중요한 부분이 바로 사주팔자이다.

사람은 누구나 이 세상에 태어나면서 생년월일시에 따라 사주팔자가 정해진다. 이 사주팔자에 그 사람의 성격, 적성, 직업, 건강 등 다양한 인생의 흐름이 나타난다. 자신이 타고난 성격, 적성, 직업, 건강 등을 알아야 자신이 해야 할 일을 잘 알 수 있고, 사업이 적성에 맞는 사람에 한해 상호가 필요한 것이다.

만약 소심하고 섬세하고 타인을 배려하는 사람이 있다고 하자. 이 사람의 사주팔자에 타인에게 부탁도 하지 못하고 타인의 부탁도 거절하지 못하고 내성적이고 예민한 성격으로 나왔다면 이 사람은 되도록 사업을 하지 않는 것이 좋고, 안정된 직장생활을 하는 것이 어울릴 것이다. 이런 사람이 영업능력이 필요한 사업을 한다면 제 아무리 회사 이름을 잘 짓고 제품 이름을 잘 짓는다고 해도 사업이 성공하기는 매우 어려울 것이다.

소심하고 내성적이고 예민해서 부탁도 제대로 못 하고 남의 부탁도 거절하지 못한다면 직접 사업을 하기보다는 직장에 다니는 것이 더 적성에 맞을 것이고, 만약 사업을 한다면 영업처럼 폭넓은 대인관계가 필요한 업종보다는 손님이 찾아오는 분야나 육체적인 분야의 사업이 좋을 것이다.

이렇게 자신의 사주팔자에 사업가 기질이 있는지부터 알아보고, 만약 있다면 어떤 업종에 적성이 있는지를 파악한 다음 그것에 어울리는 브랜드 네임을 지어야 한다. 그래야 브랜드 네임이 빛을 발할 수 있다.

브랜드 네임과 사주팔자가 전혀 관련이 없다고 하지 말라. 사주팔자를 분석하여 적성을 파악하고 업종을 선택하는 것이 우선이고, 사주팔자의 용신으로 브랜드 네이밍을 하는 것이 그 다음이다. 브랜드 네임은 중요하다. 그러나 사업을 하는 당사자의 적성과 능력이 우선이다.

D c h a p t e r 3

브랜드 네이밍 실전 노하우

중소기업 · 개인사업체

대기업 · 그룹

1 중소기업 · 개인사업체

누구나 태어나면서 생년월일시에 따라 사주팔자가 정해진다. 이 사주팔자에는 과다한 오행이나 육친, 고립된 오행이나 육친이 있고 그 속에 행운을 가져다 주는 오행이나 육친이 존재한다. 이것을 용신이라고 부른다.

용신을 잘 활용하면 누구나 자신의 삶을 희망차고 긍정적인 방향으로 변화시키고 발전시켜 갈 수 있다. 물론 용신이 만병통치약은 아니다. 그러나 용신을 통해서 자신의 삶을 조금이나마 더 나은 쪽으로 전개시킬 수 있다.

그렇다면 용신을 활용할 수 있는 방법은 무엇일까? 용신은 사람이 살아가는 많은 분야에서 활용할 수 있다. 풍수학, 성명학, 색상학 등 다양한 분야에서 용신을 이용하여 자신의 삶을 개척해 나갈 수 있다. 그 중에서 풍수학이나 색상학은 앞서 설명한 용신 활용법을 참고하면 된다. 여기서는 성명학 그 중에서도 브랜드 네이밍에 용신을 활용하는 방법에 대해 설명하고자 한다.

상호나 상품명을 짓는 경우에는 대기업과 중소기업 그리고 개인사업체를 구분해서 각각의 경우에 적합한 브랜드 네임을 지어야 한다. 먼저 중소기업이나 개인사업체의 브랜드 네이밍은 회사대표나 사장의 사주를 분석한 다음 그 사주에 필요한 용신(오행이나 육친)을 찾아서 상호나 상품명에 넣어준다. 이 둘을 묶어서 설명하는 이유는 중소기업이나 개인사업체는 회사대표나 사장의 운명에 크게 좌우되기 때문이다.

1. 대표자와 브랜드 네이밍의 관계

대기업은 매출 규모가 클 뿐만 아니라 임원과 직원의 수가 많다. 이런 경우에는 CEO 개인보다는 CEO와 임직원 모두의 영향을 받는다고 할 수 있다. 기업 규모가 클수록 브랜드 네임이 불리는 횟수가 많고 수없이 많은 사람들의 입에 오르내리기 때문이다. 그래서 CEO의 사주보다는 브랜드 자체의 영향력이 더 크다.

중소기업의 브랜드 네이밍

중소기업 이하 소규모 개인사업체는 브랜드보다 CEO 개인의 사주가 더 큰 영향력이 있다. 따라서 대표자의 사주를 분석하고 용신을 정한 다음 그 용신을 브랜드 네이밍에 활용 한다.

그러나 중소기업 이하 소규모 개인사업체는 브랜드 자체의 영향력보다 회사대표나 사장의 영향력이 더 크다. 브랜드의 영향을 받기보다는 대표자 한 사람이 회사를 통제하고 책임지므로 그 한 사람의 영향을 많이 받기 때문이다. 식당 등 개인이 경영하는 형태 역시 마찬가지다. 이러한 상황에서는 사장의 사주를 분석하고 용신을 정한 다음 필요한 오행이나 육친을 회사명, 사무실명, 가게명 등의 브랜드 네임을 짓는 데 활용해야 한다.

중소기업과 개인사업체의 브랜드 네이밍은 대기업의 브랜드 네이밍보다 어려운 작업일 수 있다. 왜냐하면 우선 대표자 개인의 사주를 분석할 수 있어야 하고, 그 사주에 필요한 오행과 육친을 브랜드 네임에 활용해야 하기 때문이다.

사주 실력도 전문가여야 하고 동시에 작명 지식도 있어야 한다. 사주에 필요한 오행과 육친만 찾는다고 해결되는 것이 아니라 세련된 감각과 감수성 또한 필요하다. 아무리 사주에 필요한 용신을 활용하여 작명한다 해도 시대적 감각을 따라가지 못해 촌스러운 느낌을 준다면 브랜드로서 가치가 없다고 보아야 한다.

예를 들어 젊은이들이 많이 찾는 대학가에 3개의 커피숍이 있는데 각각의 이름이 '수정 커피숍', '은하수 커피숍', '프로방스의 눈 내리는 언덕 커피숍'이라면 어떤 커피숍에 가고 싶겠는가? 당연히 세 번째 이름이 가장 먼저 눈에 들어올 것이다. 사주에 맞추어 브랜드 네이밍을 하는 것도 중요하지만, 시대적 감각과 감수성이 반드시 뒷받침되어야 한다.

2. 브랜드 네이밍에 활용할 수 있는 용신

용신의 종류는 매우 다양하다. 크게 보아 오행용신과 육친용신이 있고, 오행용신은 다시 색상용신, 방향용신, 발음용신, 감각용신, 계절용신 등으로 다양하게 나누어진다. 육친용신은 다시 대인관계용신과 사회관계용신으로 나누어진다. 성명학의 브랜드 네이밍은 이렇게 다양한 용신을 활용하여 이름을 짓는다.

색상용신 활용하기

대표자의 사주를 분석하여 용신을 찾고, 그 용신이 상징하는 색상의 단어를 브랜드 네임에 직접 넣어주면 된다.

1) 색상용신

목(木), 화(火), 토(土), 금(金), 수(水) 5가지 오행은 각각 상징하는 색깔이 있다. 이 5가지 색상을 브랜드 네이밍에 활용할 수 있다. 즉 색깔을 나타내는 단어를 브랜드 네임에 직접 넣어주는 것이다.

오행의 색상

용신 오행	木	火	土	金	水
색상	**청색 계통** 파랑 초록 연녹색	**적색 계통** 빨강 분홍	**황색 계통** 노랑 황토색 갈색	**백색 계통** 하양 회색 상앗빛	**흑색 계통** 검정 보라색

색상용신을 브랜드 네이밍에 활용하는 방법은 다음과 같다. 예를 들어 커피숍의 이름을 짓는 경우, 커피숍을 운영하려는 사람의 용신이 화(火)라면 적색 계통이 색

상용신이므로 '빨간 지붕 위에 태양을 비추고'처럼 이름에 색상을 넣는 것이다.

마찬가지로 커피숍을 운영하려는 사람의 용신이 수(水)라면 색상용신이 흑색 계통이므로 '검은 리넨 커튼 사이로 강물은 흐르고'와 같은 이름이 잘 어울린다. 그 밖의 색상도 해당 색상의 단어로 이름을 지으면 된다.

2) 방향용신

목(木), 화(火), 토(土), 금(金), 수(水) 등 오행은 각각 상징하는 방향이 있다. 이 5가지 방향을 브랜드 네이밍에 활용할 수 있다. 즉 용신의 방향을 나타내는 단어를 브랜드 네임에 직접 넣어주는 것이다.

방향용신 활용하기

대표자의 사주를 분석하여 용신을 찾고, 그 용신이 상징하는 방향의 단어를 브랜드 네임에 직접 넣어주면 된다.

방향용신

용신 오행	木	火	土	金	水
방향	동쪽	남쪽	중앙	서쪽	북쪽

방향용신을 브랜드 네이밍에 활용하는 방법은 다음과 같다. 예를 들어 커피숍의 이름을 짓는 경우, 커피숍을 운영하려는 사람의 용신이 목(木)이라면 용신의 방향이 동쪽이므로 '동쪽을 향한 자작나무' 또는 색상용신까지 고려하여 '동쪽 가로수길의 파란 사과나무' 등이 어울린다.

또한 부동산중개업을 하려는 사람의 용신이 토(土)라면 용신의 방향이 중앙이므로 '언덕 위에 우뚝 솟은 중앙 부동산' 또는 '중앙 랜드 부동산' 등이 어울린다.

3) 발음용신

목(木), 화(火), 토(土), 금(金), 수(水) 5가지 오행은 각각 상징하는 발음(소리)이 있다. 이 5가지 소리를 브랜드 네이밍에 활용할 수 있다.

발음용신

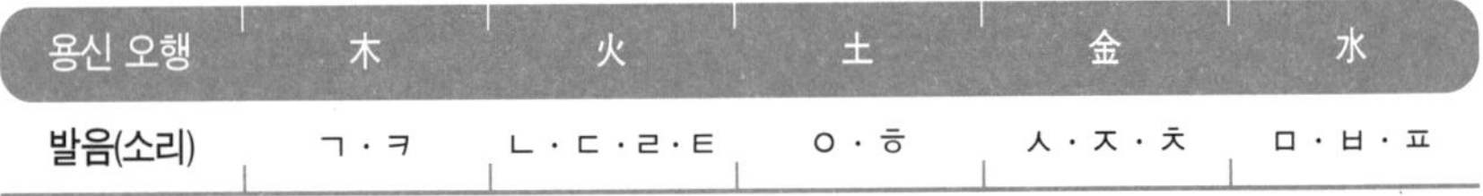

용신 오행	木	火	土	金	水
발음(소리)	ㄱ·ㅋ	ㄴ·ㄷ·ㄹ·ㅌ	ㅇ·ㅎ	ㅅ·ㅈ·ㅊ	ㅁ·ㅂ·ㅍ

발음용신 활용하기

대표자의 사주를 분석하여 용신을 찾은 다음, 그 용신이 상징하는 발음으로 브랜드 네임을 짓는다. 목(木)은 ㄱ·ㅋ, 화(火)는 ㄴ·ㄷ·ㄹ·ㅌ, 토(土)는 ㅇ·ㅎ, 금(金)은 ㅅ·ㅈ·ㅊ, 수(水)는 ㅁ·ㅂ·ㅍ이다.

발음용신을 브랜드 네이밍에 활용하는 방법은 다음과 같다. 예를 들어 노래방의 이름을 짓는 경우이다. 먼저 노래방을 개업하려는 사람의 용신이 목(木)과 화(火)라면 ㄱ·ㅋ과 ㄴ·ㄷ·ㄹ·ㅌ이 발음용신이다. 따라서 이러한 발음이 들어간 '돌고래 노래방'이나 '두리두리 노래방' 또는 '또또 노래방' 등으로 이름을 지을 수 있다.

예로 든 노래방 이름은 발음오행만을 고려한 것으로, 얼마든지 세련되고 감각적인 이름을 지을 수 있다. 고급스러운 느낌을 주는 '노블레스 노래방'이나 '뮤지션 노래방'처럼 외국어를 사용하는 것도 좋다. 그리고 노래방이란 이름이 촌스럽다면 아예 노래방이란 단어를 빼면 된다. 발음오행만 충족시킨다면 얼마든지 자유롭게 이름을 지을 수 있다.

감각용신 활용하기

이 세상의 모든 단어는 감각용신으로 분류할 수 있다. 대표자의 사주를 분석하여 용신을 찾고, 그 용신이 상징하는 감각적인 단어로 브랜드 네임을 짓는다.

4) 감각용신

감각용신은 느낌용신이라고도 한다. 목(木), 화(火), 토(土), 금(金), 수(水) 5가지 오행은 각각 상징하는 감각 즉 느낌이 있다. 이 5가지 감각을 브랜드 네이밍에 활용할 수 있다.

감각용신은 매우 광범위하고 다양하다. 이 세상의 수많은 단어들은 모두 감각용신으로 분류할 수 있다. 감각용신을 활용하여 브랜드 네임을 지을 때는 단어 하나로 된 짧은 이름뿐만 아니라 여러 개의 단어가 결합된 긴 이름을 지어도 상관없다. 각각의 단어가 모여서 오행용신의 느낌을 주면 된다.

오행별 감각

용신 오행	木	火	土	金	水
감각	시원하다 푸르다 청량감	열정 뜨겁다 화려하다	믿음직하다 고집스럽다 넓다	차갑다 고정됨 딱딱하다	춥다 어둡다 깊다

감각용신

용신 오행	木	火	土	金	水
감각 (단어)	숲 · 나무 나무가 우거진 하늘 그린 · 상록수 나무그늘 가로수 · 나뭇잎 인정 · 사랑 옷 · 의상 아지랑이 따뜻함 · 온기 온정적인 긴 것 · 봄햇살 봄마중 자유롭다 어질다 인정이 있다 명예 · 인간적 미적지근하다 바람 · 신맛 녹차향기 높새바람 부는 곳에 발코니에서 은행나무 통나무집 하늘색 꿈 프로방스의 갈대숲	태양 · 용광로 대낮같이 환한 밤 봄 · 수은등 가로등불 힘찬 · 열정 꽃 · 햇살 눈동자(눈) 아름다움 디자인 · 무용 화창하다 뜨거움 · 열기 뾰족한 것 햇살 가득한 태양이 가득한 태양이 빛나는 여름바다 찬란한 여름 여름 바닷가 자신감 · 희망 예의바르다 적극적이다 활동적이다 따뜻함 · 쓴맛 기쁨과 기쁨 오래된 음악 프로방스의 햇살 풍경 · 피아노	언덕 · 들판 황금들판 흙 · 논 · 밭 믿음 · 고집 길 · 도로 아파트 전원 · 부동산 집터 믿음직한 모난 것 신의 가을숲 뉴요커 가을바다 신의가 있다 단맛 · 달다 놀이마당 평사리 가는 길 끝없이 펼쳐진 모래밭 프로방스의 눈내리는 언덕 프로방스의 하얀 언덕 노랗게 물든 은행잎	바위 · 돌 금은보석 철조망 원리 · 원칙 망치 · 칼 체육 경찰 · 군인 도자기 · 쇠 무쇠솥 둥근 것 의리가 있다 의리 · 잔소리 정확하다 계획적이다 명확하다 건조하다 메마르다 매운 맛 맵다 가을동화 뭉게구름 프로방스의 가을들판을 거닐며 피아노 크리스탈 다이아몬드 목화 · 수정	먹구름 캄캄한 밤 계산 물 · 바다 강 · 시냇가 지혜 · 생각 물가 · 수족관 그늘 · 어둠 눈(雪) · 연구 굽은 것 생각하다 총명하다 습하다 아이디어 짜다 · 짠맛 지혜롭다 총명하다 지혜 · 신중 춥다 · 추위 매우 추운 차가운 샤갈의 눈내리는 마을 프로방스의 눈내리는 강가 블랙박스

용신 오행	木	火	土	金	水
감각 (단어)	풍경 · 굿모닝 장승 · 정원 좋은 아침 청기와 · 초원	한마음 디자이너 모델 샛별 · 은하수	프로방스의 가을 들판을 거닐며 노란 손수건	바위산 옥구슬 금광 날카롭다	하얀 파도가 밀려오는 여름 바닷가 새까만 얼굴

감각용신을 브랜드 네이밍에 활용하는 방법은 다음과 같다. 예를 들어 커피숍의 이름을 짓는 경우이다. 먼저 커피숍을 운영하려는 사람의 용신이 화(火)와 목(木)인 경우 '아름다운 우리 강산'이란 이름이 잘 어울린다. '아름다운'은 화(火)에 해당하고, '강'은 수(水), '산'은 목(木)에 해당하므로 감각용신을 두루 활용한 좋은 이름이다. 또한 '화창한 햇살과 뜨거운 열정 사이'란 이름도 생각해볼 만하다. '화창한 햇살'과 '뜨거운 열정'은 화(火)에 해당하기 때문이다

만약 커피숍을 운영하려는 사람의 용신이 수(水)라면 '졸졸 흐르는 인생을 행복하게'란 이름을 써도 좋다. '졸졸 흐르는'에서 느껴지는 감각이 수(水)에 해당하기 때문이다. '눈보라치는 겨울밤에 연인과 함께' 역시 수(水)가 용신인 사람에게 잘 어울리는 이름이다. '눈보라치는 겨울밤'이 수(水)에 해당하기 때문이다.

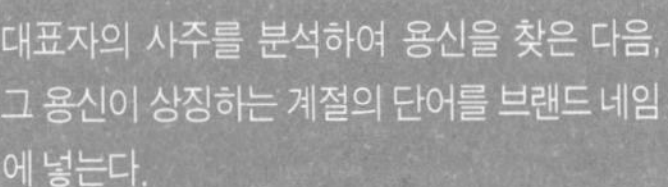

5) 계절용신

목(木), 화(火), 토(土), 금(金), 수(水) 5가지 오행은 각각 상징하는 계절이 있다. 이 5가지 계절을 브랜드 네이밍에 활용할 수 있다. 즉 계절을 나타내는 단어를 브랜드 네임에 직접 넣어주는 것이다.

계절용신

용신 오행	木	火	土	金	水
계절	봄	여름	환절기	가을	겨울

계절용신을 브랜드 네이밍에 활용하는 방법은 다음과 같다. 예를 들어 커피숍의 이름을 짓는 경우 커피숍을 개업하려는 사람의 용신이 수(水)라면 겨울이 계절용신이므로 '겨울 바닷가를 거닐며', '겨울에 태어난 아이', '겨울 찬 바람에 찻잔을 기울이며', '창밖에 하얀 겨울눈이 내리고' 등의 이름이 잘 어울린다.

또한 식당의 이름을 짓는 경우 식당을 운영하려는 사람의 용신이 목(木)이라면 봄이 계절용신이므로 '봄햇살'처럼 봄을 연상하게 하는 이름이 어울린다.

만약 칼국수나 수제비 전문식당이라면 '봄햇살이 비치는 밀밭 사이로' 또는 '아지랑이 피어오르는 봄날의 밀밭' 같은 이름이 잘 어울린다. 계절용신도 살리고 더불어 음식 재료인 밀을 포함시키면 식당을 찾는 사람들에게 식당 이름이 쉽게 잊혀지지 않을 것이다.

6) 육친용신

육친용신은 사주에서 필요로 하는 육친을 말한다. 육친은 음양오행의 상생·상극 관계를 바탕으로 사주 주인공의 인간관계와 사회관계를 나타낸 것이다. 우리는 세상을 살아가면서 사람과 사회를 벗어나 살 수 없다. 원하건 원하지 않건 사람과 사회 속에서 관계를 맺고 살아간다. 따라서 사주에 나타난 자신에게 필요한 육친을 활용하는 것은 매우 중요하다. 브랜드 네이밍에 사주에 필요한 육친을 활용하면 보다 성공적인 이름을 지을 수 있다. 다만, 이 때는 인간관계와 사회관계로 구분하여 육친용신을 활용한다.

육친용신 활용하기

대표자의 사주를 분석하여 용신을 찾은 다음, 그 육친용신이 나타내는 육친의 단어를 브랜드 네임에 넣는다.

남성의 육친용신과 인간관계

육친용신	비견 · 겁재	식신 · 상관	편재 · 정재	편관 · 정관	편인 · 정인
인간관계	형제(형 · 동생) 자매(누나 · 동생) 동서 며느리 이복형제 이종사촌 처형제의 남편 여자형제의 시아버지 조카며느리 조카며느리의 여자형제 친구 직장동료 경쟁자 동업자 아내의 전남편 선배 거래인	손자 손녀 장모 할머니 외할아버지 할머니의 형제 외할아버지의 형제 장모의 형제 증조할아버지 증손자 생질 처조카 제자	아버지 여자(애인) 첩 정부 아내의 형제 아내(부인) 큰아버지 작은아버지 양아버지 의붓아버지 아버지 형수 제수	자식 외할머니 서자 조카 의붓자식 수양아들 손자며느리 증손며느리	어머니 계모 서모 이모 유모 할아버지 큰어머니 작은어머니 장인 백모 숙모 증조어머니 처의 올캐 처남의 아내

여성의 육친용신과 인간관계

육친용신	비견 · 겁재	식신 · 상관	편재 · 정재	편관 · 정관	편인 · 정인
인간관계	형제(오빠 · 동생) 자매(언니 · 동생) 남편의 여자 남편의 애인 남편의 첩 내남자의 여자 내남자의 애인 남편의 형수 남편의 제수 동서 시댁식구 이종사촌 경쟁자 동창생	아들 딸 남편의 자식 내남자의 자식 할머니 외할아버지	아버지 시어머니 큰아버지 작은아버지 의붓아버지 양아버지 수양아버지 시이모님 외손자 증손자 증손녀 오빠의 첩	남편 남자(애인) 외할머니 정부 애인 며느리 조카며느리 남편의 형제	어머니 계모 서모 이모 유모 할아버지 큰어머니 작은어머니 백모 숙모 손자 손녀 사위의 형제

육친용신을 인간관계와 관련지어 브랜드 네이밍에 활용하는 방법은 다음과 같다. 예를 들어 식당의 이름을 짓는 경우 식당을 하려는 사람의 육친용신이 식신 · 상관이라면 '할머니가 차려주신 밥상'이라고 지으면 좋다. 남녀 모두에게 할머니는 육친으로 식신 · 상관에 해당하기 때문이다.

또한 커피숍의 이름을 짓는 경우 커피숍을 개업하려는 사람이 여자인데 육친용신이 편관 · 정관이라면 '애인과 강가를 거닐며' 또는 '애인과 추억을 만들고 싶어'처럼 편관이나 정관에 해당하는 단어가 들어간 이름이 좋다.

육친용신과 사회관계

육친용신	비견 · 겁재	식신 · 상관	편재 · 정재	편관 · 정관	편인 · 정인
사회관계	인간관계 대인관계 경쟁 · 거래 함께하는 것 동업관계	음식 말하는 것 먹는 것 언어능력 강의 · 강사 웅변가 음악가 교육가	재물 · 돈 사업 투자자 중개업자 보험인 금융인 현금 · 월급 직장인	명예 · 직장 직업 · 승진 합격 · 당선	문서 · 도장 공부 · 부동산 끼 · 교육 예술인 예술 · 학자

육친용신을 사회관계와 관련지어 브랜드 네이밍에 활용하는 방법은 다음과 같다. 예를 들어 삼겹살 전문식당의 이름을 짓는 경우 편재 · 정재가 용신이라면 '돈(豚)이 돈(金) 되는 삼겹살'이란 이름이 잘 어울린다. 편재와 정재는 재물을 상징하는데 '돈(金)'이 재물을 상징하므로 매우 좋은 이름이라고 할 수 있다. 또한 '돈(豚)'은 어떤 음식을 다루는지를 알려주므로 식당을 찾는 사람들에게 잘 기억될 것이다.

또한 고시학원의 이름을 짓는 경우 편관 · 정관이 용신이라면 '승진 합격을 위한 고시학원'이라는 이름이 잘 어울리고, 입시학원의 이름을 짓는 경우 편인 · 정인이 용신이라면 '교육에 의한 교육을 위한 교육학원' 등의 이름이 매우 잘 어울린다. 편관 · 정관은 승진과 합격을 상징하고, 편인 · 정인은 공부를 상징하기 때문이다.

3. 오행에 따른 직업 판단법

중소기업이나 개인사업체를 운영하려는 경우 브랜드 네이밍보다 더 중요한 것이 있다. 바로 자신이 어떤 분야의 일을 할 것인지 결정해야 한다는 것이다. 또한 적성에 맞는 일이라도 자신이 직접 사업체를 운영하는 것이 좋을지 아니면 직장에 소속되어 월급생활을 하는 것이 좋을지 판단해야 한다. 브랜드 네임을 짓는 것은 자신이 사업에 적성이 있음을 확인하고 사업을 하기로 결정한 다음의 일이다.

그러면 사람마다 제각각 다른 직업 적성을 어떻게 파악할 수 있을까? 사람의 심리적 특성과 직업 적성은 사주팔자에 분포되어 있는 오행을 분석하면 잘 알 수 있다. 다음에 설명하는 오행별 직업은 그 오행이 발달했을 때나 과다할 때 그리고 용신일 때 어울리는 직업으로 나누어진다.

단, 오행에 따른 직업 분석은 사주원국의 오행 및 육친의 분포와 격국을 통한 직업 분석이 우선시되어야 한다. 먼저 사주원국을 파악하여 사주 주인공의 성격 특성과 적성, 직업을 알아내고, 그 다음으로 오행 용신으로 직업을 판단해야 한다.

만약 오행 용신에 따른 사업을 할 때는 음양, 오행, 육친, 격국 등으로 분석했을 때 사업가 기질이 있는 사주여야 가능하다. 그러나 사업가 기질이 없을 때는 오행이 발달했거나 과다할 때의 직장생활이 좋다.

목의 성격과 적성 

기본에서 벗어나지 않으면서 안정적으로 자신의 욕망과 명예를 추구하는 유형이다. 전체를 폭넓게 관조하며, 적재적소에 배치하거나 큰 틀에서 구조화하는 데 뛰어나다.

1) 목

목(木)은 땅에 뿌리를 내린 상태에서 뻗어 나가려는 활기찬 기질을 가지고 있다. 다만, 땅 즉 토(土)에 뿌리를 내린 상태에서 활기차게 땅 위로 뻗어 올라가기 때문에 기본에서 벗어나지 않으면서 안정적으로 자신의 욕망과 명예를 추구하는 유형이다.

목(木)은 꼼꼼하고 치밀한 것에는 흥미가 없다. 단순하고 솔직하며, 꼼꼼하게 분석하고 연구하는 복잡한 분야에서는 재능을 발휘하기 어렵다. 사주에 목(木)이 있는 사람은 시작을 먼저 하고, 매사에 앞장서는 진취적이고 적극적인 사람이며, 전체를 폭넓게 관조하고 이해하며, 적재적소에 배치하거나 큰 틀에서 구조화하는 데 뛰어나다.

❶ 발달이나 과다일 때의 직업

- **특징** : 명예를 얻는 직업, 자유로운 직업, 타인에게 봉사하는 직업
- **분야** : 문화, 종교, 문서, 자선, 복지, 상담, 출판, 인쇄, 서점, 미술, 그림, 교육(교사 · 교수), 역술, 역학, 비서, 변호사, 작가, 커플매니저, 직업상담사, 공무원, 문화사업, 기획, 인사, 언론, 신문, 정치, 평론가, 연설가, 목사, 스님, 도서관, 사무직, 법학, 행정, 방송

❷ 용신일 때의 직업

- **특징** : 나무와 관련된 직업, 청색 계통과 관련된 직업
- **분야** : 목재, 임업, 산림업, 종이, 인쇄, 출판, 가구, 의류, 섬유, 가죽, 포목, 의약품, 식료품, 문화산업, 서점, 꽃, 식물, 축산, 수의사, 동물병원, 문구, 목장, 조경, 정육점

2) 화

화(火)는 작은 불씨가 활활 타오르는 큰불이 되듯 그 모습이 다양하고도 복잡하다. 이렇게 다양하게 변화하는 모습처럼 화(火)는 감정

화의 성격과 적성

자신감이 넘치고 열정적이고 활동적이지만, 시작한 일을 끝까지 밀고 나가는 끈기가 부족하다. 글솜씨가 있고 예술 분야에 끼가 있으며 매사에 실천력이 있다.

기복이 심한 것이 특징이다. 또한 화(火)는 겉모습은 화려하고 다혈질이며 급해 보이지만, 속은 여리고 항상 허전함이 있다.

화(火)는 글솜씨가 있고 예술 분야에 끼가 있으며 매사에 실천력이 있다. 자신이 계획한 일을 자신 있게 처리해 나가는 타입이다. 또한 어려운 상황을 돌파하고 극복하는 힘은 누구보다도 강하고 적극적이다.

그러나 시작한 일을 끝까지 밀고 나가서 결실을 맺는 끈기가 부족하다. 자존심이 강하여 자신의 자존심을 다치게 하거나 하고자 하는 일에 막힘이 있으면 잠시도 참지 못하고 욱하며 화를 낸다. 성격이 매우 급하여 생각보다 행동을 먼저 하며, 일을 시작한 후 곧 후회하는 경우가 많다.

❶ 발달이나 과다일 때의 직업

- **특징** : 활동적인 직업, 예술적인 직업, 아름다움을 추구하는 직업
- **분야** : 예술, 그림, 연극, 영화배우, 연예인, 의복, 도안, 장식, 미용, 미술, 공예, 무대조명, 화장품, 성형외과, 정치인, 연설가, 평론가, 무용가, 스포츠댄스, 안무가, 방송, 메이크업, 헤어디자이너, 패션디자이너

❷ 용신일 때의 직업

- **특징** : 불과 관련된 직업, 적색 계통과 관련된 직업
- **분야** : 전기, 가스, 보일러, 난방, 전자, 컴퓨터, 조명설비, 무대조명, 화장, 화장품, 미용, 그림, 방사선과, 의상, 꽃, 패션디자이너, 메이크업, 헤어디자이너, 불고기집

3) 토

모든 오행을 다 포용하는 토(土)는 포용력이 넓고 가슴이 따뜻한 사람을 상징한

다. 모나지 않고 타인에게 관대하며 신용을 중요하게 생각한다. 어떤 일을 맡겨도 잘해낼 것 같은 믿음을 주고 끈기 있게 처리하는 능력이 있다. 한번 믿으면 끝까지 믿는 편이다.

토의 성격과 적성

타인에게 관대하며 신용을 중시한다. 한번 믿으면 끝까지 믿는 성격이다. 사람과 사람을 중간에 연결해주거나 사람들에게 무엇인가를 알려주는 직업이 잘 어울린다.

그러나 너무 넓은 마음으로 주변 상황에 쉽게 좌우되는 단점이 있다. 또한 토(土)가 지나치면 쓸데없는 고집으로 자신의 의견을 내세우다 주변과 갈등을 빚기도 한다. 쉽게 토라지고 쉽게 화해하며, 속에 어떤 마음을 품고 있는지 알 수 없고 비밀이 많다.

토(土)는 목화금수(木火金水)의 중간에서 중재하는 것처럼, 사람과 사람을 중간에서 연결해주거나 사람들에게 무엇인가를 알려주는 역할을 하며, 그 분야의 직업이 어울린다.

❶ 발달이나 과다일 때의 직업

- **특징** : 사람과 사람을 연결하는 직업, 지식을 활용하는 직업, 동산이나 부동산과 관련된 직업
- **분야** : 무역, 교육, 상담, 목회, 스님, 전도사, 커플매니저, 연예인, 변호사, 운동선수, 건설, 건축, 토목, 부동산, 농업, 창고, 장의업, 임대업, 자원봉사자, 사회복지사

❷ 용신일 때의 직업

- **특징** : 흙과 관련된 직업, 황색 계통과 관련된 직업
- **분야** : 농업, 토지, 도자기, 건축, 묘지업, 건축(흙), 조경, 농장, 목장, 임대업, 산림업, 황토사업

4) 금

금의 성격과 적성

결단력이 있고 맺고 끊음이 정확하며, 상황에 대처하는 능력이 빠르다. 비판정신이 강하기 때문에 상대의 잘못을 지적하거나 포착해내는 NGO, 경찰 등이 잘 어울린다.

금(金)은 바위나 금속이 그러하듯 쉽게 변화하지 않는다. 일단 변화해도 다시 제자리로 돌아온다. 자신의 생각이나 마음을 쉽게 고치지도 않고, 고친다고 해도 어느 순간 다시 원래의 생각이나 마음으로 돌아온다. 금(金)은 겉과 속이 크게 다르지 않다. 흐트러지지 않고 한번 생각한 것, 한번 정한 것은 끝까지 밀고 나간다. 한번 맺은 인연은 쉽게 잊지 않는 성격으로 의리가 강하다. 또한 결단력 있고 맺고 끊음이 정확하며, 상황에 대처하는 능력이 빠르다.

금(金)은 자신만의 독창적인 생각을 하고 그것을 실천하기 위해 노력하며, 비록 그것 때문에 손해를 보더라도 끈질기게 밀고 나간다. 이들은 비판정신이 강하기 때문에 상대의 잘못을 지적하거나 포착해내는 NGO, 경찰 등의 직업이 잘 어울린다.

❶ 발달이나 과다일 때의 직업

- **특징** : 맺고 끊는 것이 정확한 직업, 기획력과 계획성이 필요한 직업, 정확성이 필요한 직업, 원리원칙을 지키는 직업
- **분야** : 군인, 경찰, 교도관, 의사, 기술, 회계, 은행, 세무, 컴퓨터, 편집, 정치인, 문화평론가, 정치평론가, 영화평론가, 문학평론가, 소설가, 구성작가, 방송작가, 프로그래머, 기획업무, 헤어디자이너, 패션디자이너

❷ 용신일 때의 직업

- **특징** : 금속과 관련된 직업, 백색 계통과 관련된 직업
- **분야** : 금속, 기계, 광업, 철공장, 무기제조, 치과의사, 외과의사, 정형외과의사, 성형외과의사, 간호사, 과학기술, 교통, 정육점, 금은시계세공(귀금속세공), 보석상

5) 수

수(水) 즉 물은 한곳에 머물러 있기보다는 항상 흘러가며 움직이기를 좋아한다. 매사에 심사숙고하고 생각이 끊이지 않다 보니 지혜가 발달한다. 물은 기꺼이 자신을 낮추고 상황에 따라 스스로를 변화시키는 등 생각의 자유로움과 융통성을 갖고 있다. 모험을 하지 않는 안정적인 성향과 깊은 사고력은 세상을 차분하게 발전시켜 나가는 원동력이 된다. 그러나 자신의 생각을 겉으로 표현하지 않고 속으로 감추다 보면 스트레스가 되어 어떤 사람이든 만나기 싫어하고 스스로 위축되어버리는 우울증이나 자폐증을 부를 수도 있다.

수의 성격과 적성

매사에 심사숙고하고 생각이 많으며 지혜롭다. 매사에 기획력과 계획성이 있고 치밀하며, 배움에 대한 열망이 크다. 처세에 능하고, 아이디어를 내는 데 뛰어나다.

수(水)는 지혜롭고 총명하며 두뇌회전이 빠르다. 매사에 기획력과 계획성이 있고 치밀하며, 식견이 높고 배우고자 하는 열망이 강하다. 이해가 빠르고 순간적인 재치가 있어서 처세에 능하며, 아이디어를 내는 데 뛰어나다. 한 분야에 전력하여 성실하게 타고난 재능을 개발해 나간다면 성공할 가능성이 크다.

❶ 발달이나 과다일 때의 직업

- **특징** : 머리(지혜)를 사용하는 직업, 움직임이 적은 직업, 계산을 하는 직업, 정확성이 필요한 직업
- **분야** : 과학, 생물, 화학, 수학, 물리, 수의학, 의학, 컴퓨터, 금융, 기술, 경제학, 회계학, 통계학, 외국어, 헤어디자이너, 패션디자이너

❷ 용신일 때의 직업

- **특징** : 물과 관련된 직업, 흑색 계통과 관련된 직업
- **분야** : 수산, 어업, 선원, 생수, 목욕탕, 음식점, 다방, 커피숍, 술집, 온천, 사우나, 냉동사업, 수영, 냉수, 빙과, 해산물, 레스토랑, 카페

오행의 직업 분류

오행＼직업	발달이나 과다일 때	용신일 때
木	문화, 종교, 문서, 자선, 복지, 상담, 기획, 인사, 출판, 인쇄, 서점, 미술, 그림, 교육(교사 · 교수), 역술, 역학, 비서, 변호사, 작가, 커플매니저, 직업상담사, 공무원, 문화사업, 언론, 신문, 정치, 평론가, 연설가, 목사, 스님, 도서관, 사무직, 법학, 행정, 방송	목재, 임업, 산림업, 종이, 인쇄, 출판, 가구, 의류, 섬유, 가죽, 포목, 의약품, 식료품, 문화산업, 서점, 꽃, 식물, 축산, 수의사, 동물병원, 문구, 목장, 조경, 정육점, 판매업, 쇼핑몰
火	예술, 그림, 연극, 영화배우, 연예인, 의복, 도안, 장식, 미용, 미술, 공예, 무대조명, 화장품, 성형외과, 정치인, 연설가, 평론가, 무용가, 스포츠댄스, 안무가, 방송, 메이크업, 헤어디자이너, 패션디자이너	전기, 가스, 보일러, 난방, 전자, 컴퓨터, 조명설비, 무대조명, 메이크업, 화장품, 미용, 그림, 방사선과, 의상, 꽃, 패션디자이너, 헤어디자이너, 불고기집, 엔터테인먼트, 영화산업, 광고기획업, 방송사업
土	무역, 교육, 상담, 목회, 스님, 전도사, 커플매니저, 연예인, 변호사, 운동선수, 건설, 건축, 토목, 부동산, 농업, 창고, 장의업, 임대업, 자원봉사자, 사회복지사	농업, 토지, 도자기, 건축, 묘지업, 건축(흙), 조경, 농장, 목장, 임대업, 산림업, 황토사업, 건설업, 무역업, 중개업, 해외투자업, 판매업, 쇼핑몰
金	군인, 경찰, 교도관, 의사, 기술, 회계, 은행, 세무, 컴퓨터, 편집, 정치인, 문화평론가, 정치평론가, 영화평론가, 문학평론가, 소설가, 구성작가, 방송작가, 프로그래머, 기획업무, 헤어디자이너, 패션디자이너	금속, 기계, 광업, 철공장, 무기제조, 치과의사, 외과의사, 정형외과의사, 성형외과의사, 간호사, 과학기술, 교통, 정육점, 금은시계세공(귀금속세공), 보석상, 조선업, 철도업, 항공업, 반도체업, 전자제품업, 컴퓨터
水	과학, 생물, 화학, 수학, 물리, 수의학, 의학, 컴퓨터, 금융, 기술, 경제학, 회계학, 통계학, 외국어, 헤어디자이너, 패션디자이너	수산, 어업, 선원, 생수, 목욕탕, 음식점, 다방, 커피숍, 술집, 온천, 사우나, 냉동사업, 수영, 냉수, 빙과, 해산물, 레스토랑, 카페, 조선업, 해양업, 연구업, 반도체업

4. 심벌마크 · 로고 디자인

상호나 상품명 등의 브랜드 네임이 결정된 다음에는 브랜드 로고나 심벌마크와 같은 브랜드 디자인을 만들어야 한다. 대기업이나 그룹의 경우에는 시각 이미지로 표현할 수 있는 기업 로고나 심벌마크를 통해 기업의 이미지를 통합하는 CI(Corporate Identity) 즉 기업 이미지 통합을 중시한다. 각각의 브랜드 네임이나 브랜드 디자인을 통합하는 큰 틀의 기업 이미지를 만드는 것이다.

그러나 중소기업이나 개인사업체는 상품마다 별도의 브랜드 네임이나 브랜드 디자인을 활용하기 어렵다. 회사 자체가 브랜드가 되고 가게 자체가 브랜드가 되기 때문이다. 이들에게는 브랜드 이미지를 통합시키기 위한 CI는 필요하지 않다.

브랜드 네이밍과 마찬가지로 중소기업 · 개인사업체의 브랜드 디자인은 그룹이나 대기업의 CI와 구별된다. 그룹이나 대기업은 CEO의 사주와 상관없이 브랜드 네임의 발음오행과 로고 · 심벌마크의 색상오행이 힘을 얻을 때를 좋은 브랜드로 본다. 그룹이나 대기업은 CEO 개인의 사주보다는 기업 이미지의 영향력이 더 크기 때문에 형태와 관련된 로고와 심벌마크의 영향력도 매우 크다.

심벌마크 · 로고 디자인

중소기업 · 개인사업체는 사장의 사주팔자를 분석하여 용신에 해당하는 오행의 색상을 활용하는 것이 좋다. 또한 형태적으로 안정감을 주는 원형이나 가로 타원형, 사각형, 가로 직사각형으로 디자인하면 좋다.

그러나 중소기업이나 개인사업체는 사장 개인의 운명에 회사의 명운(命運)이 달려 있다고 해도 과언이 아니다. 따라서 사장의 사주팔자에 필요한 용신 색상을 로고나 심벌마크에 활용하는 것이 좋다. 예를 들어 겨울밤에 태어나서 추운 사주라고 한다면 목(木)과 화(火)가 용신일 가능성이 높다. 따라서 로고나 심벌마크의 색상을 목(木)의 청색 계통이나 화(火)의 적색 계통으로 만든다.

또한 형태성명학을 활용하여 안정감을 주는 원형이나 가로 타원형, 사각형, 가로 직사각형으로 로고와 심벌마크를 디자인하면 좋다.

땅 이름을 알면 고향의 운을 알 수 있다 – 충청북도·충청남도

'천불생무록지인(天不生無祿之人) 지부장무명지초(地不長無名之草).' 이 세상에 생명이 태어나면 굶어죽게 태어나지 않고, 땅에서 자라는 풀 한 포기에도 이름 없는 것이 없다는 뜻이다. 우리가 태어나고 자란 고향 땅에도 이름이 존재한다.

그렇다면 사람의 이름으로 운명을 예측하듯이 고향의 이름으로 운명을 예측할 수 있을까? 전국의 도시나 마을 이름과 그 곳에 들어선 산업 시설물이나 과학단지 시설물의 이름을 비교해보면 이름대로 도시나 마을이 발전해 나가는 흥미로운 예들을 많이 발견할 수 있다.

충북 중원군 한수면은 원래 중원군 서쪽에 있다고 하여 원서면(遠西面)이라고 했지만, 1914년 군·면 통폐합으로 한수면(寒水面)이 되었다. 한자를 풀이하면 '찬물마을'인데 세월이 흘러 충주댐이 생기면서 지명대로 실제로 면 전체가 찬물로 막히게 되었다.

같은 지역의 고교리(高橋里)는 원래 '높다리마을', '높다리골'로 불리던 것이 고교리가 되었다. 약 300년 전 마을사람들이 작은 내에 작은 다리를 놓고 있는데 한 노스님이 지나가면서 "나중에 물이 많아져서 장차 높은 다리가 만들어질 것이오"라고 예언하고 사라졌다. 그래서 높다리골이라는 이름이 지어졌다고 한다. 오랜 세월이 흘러 충주댐이 생기면서 이 마을은 물 속에 잠기게 되었고, 수몰지역을 연결하기 위해 노승의 말대로 침수지역 위해 교각 높이가 67m나 되는 다리가 놓였다. 물이 많아져서 다리가 높아지리라던 노승의 예언이 지명의 뜻대로 맞아떨어진 것이다.

대청댐에서 청주 쪽으로 무너미고개가 있다. 물이 넘어간다는 사투리인데, 물이 고개를 넘어간다는 것은 말이 되지 않는다. 그러나 대청댐이 생기면서 이 무너미고개에 수로를 내서 청주시민의 물을 대주고 있다.

청원군 내수면에는 비상리(飛上里)와 비하리(飛下里)가 있다. 날아 올라가는 마을, 날아 내려오는 마을이란 뜻대로 비행장과 국제공항이 들어섰으니 지형을 보고 이름을 지은 옛 조상들의 지혜에 놀랄 수밖에 없다.

청주에서 속리산 쪽으로 가다 보면 운전면허시험장이 나온다. 이 곳의 지명이 시동리이다. '시동을 건다'는 말대로 면허시험장이 생겼으니 신기할 따름이다. 청주시 금천동(金泉洞) 또한 '금이 나오는 샘물'이란 의미처럼 일제시대에 금광을 개발하여 금 생산이 활발하였다.

충남 지역으로 가보자. 논산군 서남부의 구자곡면(九子谷面)에는 논산훈련소가 있다. '아홉 골짜기에서 모여든 자식'이란 뜻을 지닌 곳이니 국방의 의무를 다하기 위해 전국의 장병들이 모여 훈련하는 곳으로 이보다 더 적합한 곳이 있겠는가. 남한의 행정구역이 제주도를 포함해서 9개 도(道)로 이루어져 있으니 이 또한 신비롭다. 1963년에 구자곡면에서 연무읍으로 개편되었는데, 연무 또한 쇠를 달구는 곳이란 뜻처럼 젊은 장병들이 군사훈련을 하고 있다.

온양(溫陽)은 이름의 유래가 백제시대 이전으로 올라간다. 백제시대에는 온정(溫井)·탕정(湯井)으로, 고려시대에는 온수(溫水)로, 조선시대에는 온양(溫陽)으로 지명이 바뀌었지만, 따뜻함을 상징하는 온(溫)이란 명칭은 계속 사용되었고 지명대로 온천이 개발되면서 많은 관광객들이 이 곳을 찾고 있다.

공주시 사곡면의 '춤다리마을'은 가교리(佳橋里)·무교리(舞橋里)라는 지명으로도 불렸다. 이 곳에 마곡온천이 생기면서 관광버스가 몰려들었고, 관광버스에서 내린 관광객들이 이 춤다리마을에서 춤을 추고 여흥을 즐기고 있다.

대전 장동은 예로부터 '배뜰골'로 불렸다. 유성산 중턱에 움막과 약수터, 연못이 자리하고 있었는데, 이 '배뜰곳'에 선박을 연구하는 해양연구소 해양시스템 안전연구소가 자리잡게 되었다.

2 대기업 · 그룹

1. 브랜드 네임의 중요성

네임(name) 하면 우리는 쉽게 이름을 생각할 것이다. 그러나 현대사회에서는 네임을 단순히 이름이라고 정의하기에는 부족하다. 하루가 다르게 빠른 속도로 세상이 변화하고 있기 때문이다.

이제는 네임이 이름의 한계를 벗어나 인터넷카페에서 주로 사용하는 닉네임, 브랜드 네임, 슬로건, 타이틀, 헤드라인 등의 영역으로 확장되고 있다. 사람이 태어날 때 부모나 가족 또는 성명학자가 지어준 이름뿐만 아니라 인터넷 블로그나 카페에서 사용하는 닉네임에서부터 아바타에 이르기까지 자신을 표현하고 있는 모든 것을 네임이라고 할 수 있다.

기업의 경우도 이와 다르지 않다. 기업의 브랜드 네이밍은 단순히 기업의 이름을 짓는 것이 아니라 브랜드 네임, 로고, 심벌마크, 슬로건 등을 모두 포함하는 포괄적인 개념이다.

한 권의 책에서 책 제목, 제목의 글씨체, 표지 디자인, 광고문구 등은 네이밍과 관련되어 있다. 한 편의 영화에서 영화 제목, 제목의 글씨체, 포스터 디자인, 광고문구 등은 모두 네이밍과 긴밀한 관련이 있다. 이렇게 다양하고 광범위한 네이밍에 성명학을 활용할 수 있다는 것은 매우 흥미로운 일이다.

성명학은 소리, 모양, 색상 등을 통해 다양하게 브랜드 네임을 만들어내고 그것을 다시 분석해낸다. 따라서 조금은 복잡하고 어렵게 느껴질 수 있다.

또한 성명학 하나만으로 모든 브랜드를 분석해내고 평가할 수는 없다. 분명 시대적인 감각과 감수성도 가지고 있어야 한다. 아무리 성명학적으로 좋은 브랜드 네임이라고 해도 시대적인 감각이 떨어져서 사람들의 동감을 얻을 수 없다면 그 이름은 곧 세상에서 사라질 것이다.

이 세상에서 모든 것은 이름으로부터 시작되고, 모든 것은 이름으로부터 만들어진다. 누구나 이름을 보고 듣고 부르지 않을 수 없다. 그러므로 네이밍은 사람이나 물건이나 회사 모두에게 매우 중요하다.

또한 네이밍은 사람들에게 자신을 어떻게 알릴 것인가를 결정하는 가장 직접적인 수단이 된다. 특히 기업은 마케팅이 차지하는 비중이 매우 큰데, 그 중에서도 브랜드를 얼마나 많은 소비자들에게 얼마나 강하게 인식시키느냐에 따라 성공이 좌우된다고 할 수 있다. 회사명, 계열사명, 브랜드명, 모델명 등 상위브랜드에서 하위브랜드에 이르기까지 어떤 브랜드 네임도 소비자에게 기억되지 못하면 브랜드 네임으로서의 가치란 없다. 브랜드 네임은 소비자들이 듣고 말할 때 힘을 발휘한다.

2. 음양오행과 브랜드 네이밍

사주팔자와 브랜드 네이밍

중소기업이나 개인사업체는 사장의 영향력이 크므로 사장의 사주를 분석하여 용신을 브랜드 네이밍에 활용한다. 그러나 대기업과 그룹은 CEO보다 브랜드 이미지가 더 큰 영향을 발휘하므로 CEO의 사주를 분석할 필요가 없다.

앞서 중소기업이나 개인사업체의 브랜드 네이밍 방법을 설명하였다. 중소기업이나 개인사업체는 회사 자체보다 사장의 영향력이 더 크다. 규모가 작은 회사는 회사 경영에서 직원 복지 등 모든 분야에서 사장이 주도적인 입장에 있다. 사장이 경영을 잘하면 회사가 잘 되지만 사장이 잘못하면 바로 실패할 수 있다. 따라서 회사 이름을 지을 때에도 이름에 사장의 사주에서 필요로 하는 오행을 넣어주어야 한다.

그러나 대기업이나 그룹은 중소기업이나 개인사업체와는 달리 CEO보다는 기업 이미지가 더 큰 영향력을 발휘한다. 많은 사람들이 브랜드 네임을 듣고 말하며, 많은 사람들이 브랜드 디자인을 본다. 이렇게 자주 불리고 눈에 띄면서 발생하는 기(氣)의 영향력이 CEO의 영향력보다 더 큰 영향력을 발휘하는 것이다. 따라서 브랜드 네이밍을 할 때나 브랜드 디자인을 할 때 CEO의 사주를 분석할 필요가 없다.

1) 음양오행 분석

브랜드 이미지는 첫째 소리로 발음되는 것 즉 발음되어 사람들에게 들리게 되는 것으로서 청각과 관련된다. 이것이 바로 브랜드 네임이다. 둘째 눈으로 보게 되는 것으로서 시각과 관련된다. 여기에는 로고나 심벌마크 등 브랜드 디자인이 해당된다.

이 두 가지가 기업을 상징한다고 볼 수 있다. 따라서 이 두 가지를 창조하는 일이 기업 입장에서는 매우 중요할 수밖에 없다. 이를 위해서는 오행의 색상, 오행의 발음, 오행의 형태를 잘 활용해야 한다.

대기업 · 그룹의 브랜드 네임을 지을 때는 발음오행이 상생하도록 해야 하고, 브랜드 이미지를 만들 때는 색상오행이 서로 상생하도록 해야 한다. 특히 브랜드 디자인은 음양의 형태 중에서 안정감이 있고 기(氣)가 집중되는 원형이나 정사각형 등의 형태로 디자인하는 것이 좋다.

오행별 색상

목(木) : 청색 계통(파랑 · 초록 · 연녹색)
화(火) : 적색 계통(빨강 · 분홍)
토(土) : 황색 계통(노랑 · 황토색 · 갈색)
금(金) : 백색 계통(하양 · 회색 · 상앗빛)
수(水) : 흑색 계통(검정 · 보라색)

❶ 오행의 색상

목(木), 화(火), 토(土), 금(金), 수(水) 오행은 각각 상징하는 색깔이 있다.

오행의 색상

오행	木	火	土	金	水
색상	**청색 계통** 파랑 초록 연녹색	**적색 계통** 빨강 분홍	**황색 계통** 노랑 황토색 갈색	**백색 계통** 하양 회색 상앗빛	**흑색 계통** 검정 보라색

❷ 오행의 발음

발음 즉 소리에 따라 오행을 분류할 수 있다. 사람이 세상에 태어나면서부터 죽을 때까지 수없이 말하고 듣는 것이 소리이다. 소리를 말하고 듣는 것은 보는 것과 함께 매우 중요하다. 이 세상에 소리가 없었다면 사람들이 마음과 행동을 서로 교류할 수 없었을 것이고 인류의 발전도 불가능했을 것이다. 그만큼 소리는 우리에게는 없어서는 안 되는 것이요, 소리가 인간에게 미치는 영향 또한 매우 크다고 볼 수 있다.

오행별 발음

목(木) : ㄱ · ㅋ. 가카목(木)으로 외운다.
화(火) : ㄴ · ㄷ · ㄹ · ㅌ. 나다라타화(火)로 외운다.
토(土) : ㅇ · ㅎ. 아하토(土)로 외운다.
금(金) : ㅅ · ㅈ · ㅊ. 사자차금(金)로 외운다.
수(水) : ㅁ · ㅂ · ㅍ. 마바파수(水)로 외운다.

오행의 발음

오행	발음(소리)	쉽게 외우는 방법
木	ㄱ · ㅋ	가카목(木)
火	ㄴ · ㄷ · ㄹ · ㅌ	나다라타화(火)
土	ㅇ · ㅎ	아하토(土)
金	ㅅ · ㅈ · ㅊ	사자차금(金)
水	ㅁ · ㅂ · ㅍ	마바파수(水)

음양오행의 형태

가장 이상적인 형태는 음양의 화합을 의미하는 원형이다. 정사각형, 가로 타원형, 가로 직사각형 역시 이상적이다. 그러나 뾰족형, 역삼각형, 세로 타원형, 세로 직사각형은 비이상적인 형태로 본다.

❸ 음양오행의 형태

색상과 발음이 오행과 관련된다면, 형태는 음양과 오행 모두와 관련이 깊다. 음양의 형태 중에서 음양의 화합을 의미하는 무극 즉 원형을 최상의 형태로 본다. 오행 목화토금수(木火土金水)를 모두 조합하면 또한 원형이다. 음양오행은 어떤 것이 양의 형태이고 어떤 것이 음의 형태라는 구분이 없다. 이상적인 형태와 비이상적인 형태로 구분할 뿐이다.

음양오행의 형태 분석

이상적인 형태		비이상적인 형태	
원형	●	뾰족형	★
정사각형	■	역삼각형	▼
가로 타원형	⬬	세로 타원형	⬮
가로 직사각형	▬	세로 직사각형	▮

2) 발음 분석

발음 분석

성명학에서는 발음오행의 상생관계, 상극관계, 상비(비화)에 따라 점수를 분석한다. 여기에는 상생 · 상극 · 상비를 세분화하여 점수로 계산하는 방법과, 상생 · 상비는 좋은 것으로 보아 취하고 상극은 나쁜 것으로 보아 버리는 두 가지 방법이 있다.

성명학에서는 상생관계, 상극관계, 상비(비화)에 따라서 발음오행의 점수를 분석한다. 여기에는 두 가지 방법이 있다. 첫째 상생 · 상극 · 상비를 세분화하여 점수로 계산하는 방법, 둘째 상생 · 상비는 좋은 것으로 보고 극은 나쁜 것으로 보아 상생 · 상비를 취하고 상극은 버리는 방법이다.

첫 번째 방법은 다소 복잡하고 어렵게 느껴질 수 있다. 이에 비해 두 번째 방법은 단순히 좋고 나쁜 것을 보기 때문에 상대적으로 쉽게 활용할 수 있다. 물론 정확하고 섬세하고 꼼꼼하게 브랜드 네이밍을 하고 싶다면 첫 번째 방법이 완벽하다. 둘 중에 어떤 방법을 활용할지는 선택적으로 결정하면 된다.

❶ 상생 · 상극 · 상비의 점수 분석

이 방법은 이름의 발음오행이 상생 · 상극 · 상비 중에서 어떤 관계인지를 판단하여 점수를 매긴다. 기본 점수 100점에서 생작용이냐, 극작용이냐, 같은 오행이냐에 따라서 다음과 같이 계산한다.

① 기본은 100점이다.

② 생과 극이 없으면 기본 100점 그대로이다.

③ 생을 한쪽에서 받을 때 50점을 더한다.

④ 생을 양쪽에서 받을 때 100점을 더한다.

⑤ 극을 한쪽에서 받으면 50점을 뺀다.

⑥ 극을 양쪽에서 받으면 100점을 뺀다.

⑦ 생을 한쪽만 하면 0점을 더한다.

⑧ 생을 양쪽 다 하면 0점을 더한다.

⑨ 서로 같은 오행이면 0점을 더한다.

쉽게 설명하자면, 기본 100점에서 한쪽은 생을 받고 한쪽은 극을 받는다면 50점을 더했다가 다시 50점을 빼는 것이다. 여기서 100점 이상의 오행은 사용하고 100점 이하의 오행은 버린다.

예를 들어 인터넷 포털서비스 네이버는 다음과 같이 분석할 수 있다.

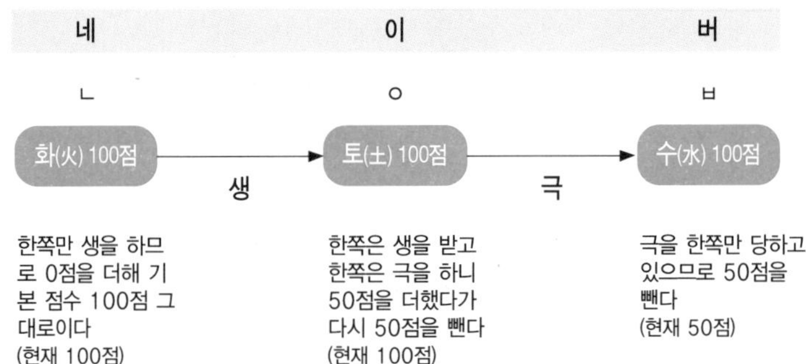

위에서 본 것처럼 네이버는 화(火)가 100점, 토(土)가 100점, 수(水)가 50점이다. 브랜드 네임의 가치를 판단할 때는 발음오행이 100점 이상인 경우만 사용하므로 ㄴ과 ㅇ 즉 화(火)와 토(土)는 사용하고, ㅂ 즉 수(水)는 버린다.

❷ 상생 · 상비를 취하고 상극은 버리는 방법

이 방법은 상생과 상비는 좋은 것으로 보아 취하고, 상극은 나쁜 것으로 보아 버리는 방법이다. 이름은 발음오행이 상생할 때가 상극할 때보다 발음하기 부드럽고 편안하다. 따라서 되도록 발음오행이 서로 상생하거나 비화가 되도록 브랜드 네이밍을 하는 것이 좋다.

예를 들어 삼성은 발음오행이 서로 상생으로만 이루어져 있으므로 매우 좋은 브랜드 네임으로 본다.

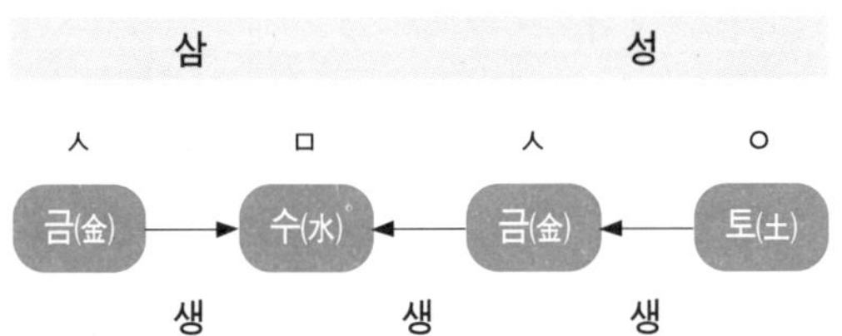

만약 브랜드 네임의 발음오행 중 상극이 있는 경우 대기업 · 그룹은 2개 이상의 오행이 있는 것이 좋고, 중소기업이나 개인사업체는 1개의 오행이 존재해야 한다. 여기서 주의할 점은 생을 받는 오행은 취하고, 극하는 오행은 존재하지 않는 것으로 본다는 것이다.

브랜드 네임과 발음오행의 상생

브랜드 네임은 발음오행끼리 상생하는 것이 가장 좋다. 만약 상극이 있다면 대기업 · 그룹은 2개 이상의 오행이, 중소기업이나 개인사업체는 1개의 오행이 있어야 한다. 그러나 놀이공원, 백화점, 대형마트처럼 판매와 소비가 짧은 시간에 대량으로 일어나는 업종은 발음오행이 상극관계인 브랜드 네임이 좋다.

예를 들어 거풍이란 브랜드 네임을 보자. 풍의 ㅍ과 ㅇ이 수(水)와 토(土)로서 서로 극하기 때문에 개수에 포함시키지 않는다. 대신 생을 하는'거'의 ㄱ 즉 목(木)만 존재한다고 본다. 1개의 오행만 있으므로 대기업에는 어울리지 않는 브랜드 네임이고 중소기업 · 개인사업체에 어울린다고 판단한다.

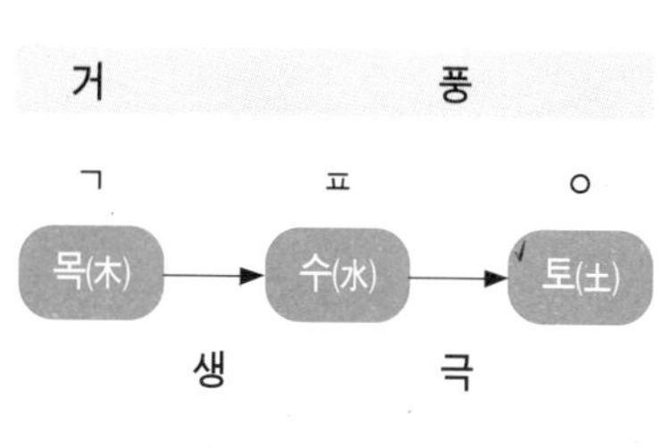

그러나 놀이공원, 백화점, 대형마트와 같이 판매와 소비가 짧은 시간에 많이 이루어지는 업종은 발음오행이 상극관계인 브랜드 네임이 좋다.

예를 들어 신세계는 발음오행이 상극관계로만 이루어져 있는데 백화점은 판매와 소비가 왕성하고 거래가 빈번하므로 변화와 변동을 초래하는 상극이 우선이다. 화극금(火剋金), 금극목(金剋木)으로 금(金), 화(火), 목(木)이 서로 극하니 백화점 이름으로 힘이 있다고 본다.

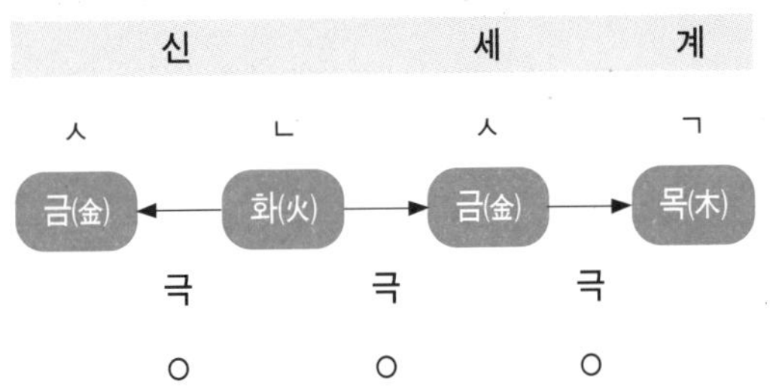

3) 대기업 · 그룹의 브랜드 네이밍 원칙

대기업 · 그룹의 브랜드 네이밍 원칙

① 세 글자 이내의 짧고 쉬운 이름일수록 사람들에게 기억되기 쉽다. ② 이름이 길다면 같은 단어를 반복적으로 사용하는 것이 좋다. ③ 반복적인 단어를 찾기 어렵다면 일상적인 단어를 조합하는 것이 좋다. ④ 발음오행이 부족하다면 제품마다 별개의 브랜드 네임을 짓는다.

성명학적으로 브랜드 네이밍은 많이 불리고 쉽게 기억될 때 작용력이 크다. 다음은 성명학적으로 본 대기업 · 그룹의 브랜드 네이밍 원칙이다.

첫째, 브랜드 네임은 짧을수록 기억하기 쉽고, 기억하기 쉬울수록 불리는 횟수가 많아진다. 성명학적으로 이름이 자주 불릴수록 기의 작용력이 강해진다고 본다. 그러기 위해서는 되도록 쉽고 짧은 이름이 좋다. 세 글자 이내의 이름이 사람들에게 기억되기 쉽다.

둘째, 브랜드 네임이 길다면 같은 단어를 반복적으로 사용하는 것이 좋다. 예를 들어 코카콜라(Coca-Cola)는 단어마다 'Co'를 반복적으로 사용하고 있고, 알파벳 'o'와 'a'를 반복적으로 사용하고 있어 누구나 쉽게 기억할 수 있고, 쉽게 기억되기 때문에 누구나 쉽게 발음할 수 있다. 이렇게 자주 불리는 이름일수록 기의 작용력이 강해진다.

우리나라의 소주 브랜드에 '처음처럼'이 있다. '처'라는 단어가 반복됨으로써 누구나 쉽게 기억할 수 있고 쉽게 발음할 수 있는 매우 좋은 브랜드 네임이라고 할 수 있다.

셋째, 브랜드 네임이 긴데 반복적인 단어를 찾을 수 없다면 누구나 쉽게 기억할 수 있는 일상적인 단어를 조합하는 것이 좋다.

예를 들어 스타벅스(Starbucks)라는 브랜드 네임을 보자. 스타(star)라는 단어는 영어권이 아닌 곳에서도 누구에게나 친숙한 단어이며, 익숙하게 사용하는 단어이다. 이렇게 스타(Star)라는 단어는 누구나 친숙하다. 귀에 익은 단어를 조합함으로써 누구나 쉽게 기억하고 쉽게 소리내어 발음할 수 있어 매우 좋은 브랜드 네임이라고 할 수 있다.

넷째, 하나의 브랜드 네임으로 기업의 모든 브랜드 네임을 대표하려고 하지 말라. 회사 이름에 발음오행이 모두 존재한다면 이 이름을 모든 계열사, 모든 제품의 브랜드 네임으로 사용할 수 있다. 그러나 이런 경우는 거의 불가능하다. 제품에 따라 개별적인 브랜드 이미지(Brand Identity, BI라고도 한다)를 활용하는 것이 좋다.

예를 들어 LG전자의 경우 세탁기는 '트롬', 냉장고는 '디오스', 에어컨은 '휘센'처럼 각각의 제품에 서로 다른 브랜드 네임을 두어 성공을 거두었다. 삼성전자의 경우에는 냉장고는 '지펠', 드럼세탁기 · 김치냉장고 · 에어컨은 '하우젠', TV는 '파브'라는 제품 브랜드를 따로 사용하고 있다.

3. 심벌마크 · 로고 디자인

1) 형태의 원칙

브랜드 네임을 정한 다음에는 이와 어울리는 심벌마크와 로고를 만들어야 한다. 심벌마크와 로고를 합쳐 브랜드 디자인이라고 하는데, 브랜드 디자인에는 형태와 색상이 매우 중요하다.

심벌마크 · 로고의 형태의 원칙

① 형태적으로 안정감이 있는 원형이 가장 좋다. ② 원형으로 할 수 없다면 정사각형에 가까운 것이 좋다. ③ 원형이나 정사각형보다는 기의 집중이 약하지만 가로 타원형과 가로 직사각형도 안정감이 있다.

첫째, 심벌마크와 로고의 형태는 원형에 가까울수록 좋다. 원형은 누가 보든지 안정감이 있고 부드러우며 편안한 느낌을 준다. 이것은 우리가 어머니 뱃속에 있을 때 원형의 수막 안에 있었기 때문인데, 그로 인해 살아가면서 원형을 보면 자연스럽게 편한 느낌을 갖게 되는 것이다. 이러한 이유로 원형의 심벌마크는 소비자에게 기업 이미지를 친숙하게 느끼도록 만든다. 또한 원형은 집약하고 집중시키는 효과가 가장 크기 때문에 심벌마크의 형태로 가장 적절하다.

스타벅스 Starbuks		왕관을 쓴 여신상을 가운데에 두고 그 주위에 로고를 원형으로 배치하였다. 안정적이고 편안한 느낌을 주는 원형을 활용하여 소비자에게 친숙한 느낌을 주고 잘 기억될 수 있는 효과가 있다.
		브랜드 네임을 형상화한 사과 모양의 심벌마크는 사람들에게 애플이라는 브랜드를 인식시키는 데 큰 장점이 있다. 사과의 오른쪽이 한입 달아난 모양이지만 원형을 유지하고 있어서 여전히 안정감이 느껴진다. 한입 먹고 난 사과이니만큼 중간 중간 돌출적인 법적 · 경제적 문제가 발생하겠지만 그런대로 만족스러운 심벌마크이다.
		세계적인 명차 비엠더블유의 심벌마크는 완벽에 가까운 형태이다. 원형 심벌마크로서 안정감이 느껴진다. 안쪽의 4등분된 원은 비행기 프로펠러를 형상화한 것이다. 이것은 항공기 엔진 공장에서 출발한 회사의 역사와 관련이 깊다.

둘째, 형태를 원형으로 할 수 없다면 정사각형에 가까운 것이 좋다. 심벌마크 형태로서 가장 완벽한 것은 원형이지만, 이것이 불가능하다면 차선책으로 정사각형에 가깝도록 디자인한다. 정사각형 역시 기가 집약되는 효과가 있다.

이름	로고	설명
레고 Lego	LEGO	세계적인 완구회사로서 정사각형 안에 하얀색 영문 로고가 깔끔하다. 기를 모아주는 형태로 안정감이 있다.
웰스파고 Wells Fargo	WELLS FARGO	미국의 대표적인 은행으로서 정사각형 형태에 시선이 집중되는 효과가 있다.
니콘 Nikon	Nikon	정사각형이고 니콘의 영문 로고를 하단에 배치하였다. 안정적이고 편안하게 느껴지는 디자인이다.

셋째, 가로 타원형이나 가로 직사각형도 무난하다. 원형이나 정사각형보다는 기의 집중이 약하지만 가로 타원형이나 가로 직사각형 또한 안정감이 느껴진다.

이름	로고	설명
랜드로버 Landrover	LAND-ROVER	지프로 유명한 자동차 회사이다. 가로 타원형이 안정감을 주고 편안해 보인다.
캐리어 Carrier	Carrier	유명한 에어컨 브랜드인 캐리어는 가로 타원형으로 안정된 형태를 지니고 있다.
케이티엔지 KT&G	KT&G	구 담배인삼공사를 세계화 시대에 발맞추어 영문명으로 새롭게 고친 이름이 바로 케이티엔지(KT&G)이다. 가로 직사각형이 안정감을 준다.
하우젠 Hauzen	Hauzen	삼성전자의 드럼세탁기 · 김치냉장고 · 에어컨 브랜드인 하우젠은 가로 직사각형의 형태로 안정감을 준다.
비자 Visa	VISA	영문 로고를 중심에 두고 위 아래로 2개의 선이 있다. 가로 직사각형을 이루어 안정감을 준다.

2) 색상의 원칙

첫째, 심벌마크나 로고의 색상으로는 브랜드 네임에서 부족한 오행을 보완할 수 있는 색상이 좋다.

둘째, 소비자의 구매욕구를 높일 수 있는 색상을 활용해야 한다. 심벌마크나 로고의 색상은 소비자의 성향을 나타낼 수 있어야 한다. 다시 말해 색상이 고객의 성향을 좌우한다는 말이다. 각각의 오행은 상징하는 색상과 성향이 서로 다르다. 이러한 차이를 알고 제품이 무엇이고 소비자층은 누구인가에 따라 적절한 색상을 선택한다.

심벌마크 · 로고의 색상의 원칙 

① 브랜드 네임에 부족한 오행을 보완할 수 있는 색상이 좋다. ② 소비자의 구매욕구를 높일 수 있는 색상을 활용한다. 각각의 오행은 상징하는 색상과 성향이 서로 다르다. 이러한 차이를 알고 제품이 무엇이고 소비자층은 누구인가에 따라 적절한 색상을 선택한다.

목(木)

① 색상 : 청색 계통(하늘색 · 초록색 · 녹색)

② 성향 : 사람지향형 · 안정지향형

③ 어울리는 업종 : 굴곡 없이 안정적인 모습을 꾸준히 유지해야 하는 기업, 한번 구입하면 오래 사용하는 건설(아파트) 분야, 연구 분야. 예를 들어 대기업, 계열사, 건설업, 아파트, 패션산업 등

화(火)

① 색상 : 적색 계통(분홍 · 빨강)

② 성향 : 열정지향형 · 모험지향형 · 변화지향형

③ 어울리는 업종 : 소비 성향이 빠르게 변화하고 구매가 신속하게 이루어지거나 대량 구매가 이루어지는 제품이나 업종. 예를 들어 백화점, 대형마트, 쇼핑몰, 휴대전화, 인터넷산업, 여행산업, 관광산업, 패션산업 등

토(土)

① 색상 : 황색 계통(노랑 · 갈색)

② 성향 : 끈기지향형 · 명예지향형 · 고집지향형

③ 어울리는 업종 : 사람과 사람을 연결하거나 땅을 활용하는 업종. 예를 들어 무역, 물산, 건설업, 토목업, 영화산업, 관광산업, 항공산업, 여행산업 등

금(金)

① 색상 : 백색 계통(하양 · 회색 · 상앗빛)

② 성향 : 현실지향형 · 원칙지향형 · 안정지향형

③ 어울리는 업종 : 기획과 냉철함을 추구하는 업종, 안정을 추구하는 업종. 예를 들어 광고기획, 연구소, 반도체, 전자산업, 자동차산업, 항공기 제조 등

수(水)

① 색상 : 흑색 계통(검정 · 보라)

② 성향 : 지식지향형 · 연구지향형 · 안정지향형

③ 어울리는 업종 : 지식을 추구하는 업종. 예를 들어 연구소, 반도체산업, 전자부품 등

3) 성명학으로 본 최상의 브랜드 디자인

브랜드 디자인에서 가장 안정된 형태는 첫째 원형, 둘째 정사각형, 셋째 가로 타원형, 넷째 가로 직사각형이다. 세계적인 대기업의 심벌마크는 대다수가 원형이거나 사각형이다.

❶ 세계적인 기업들의 원형 심벌마크

❷ 세계적인 기업들의 사각형 심벌마크

땅 이름을 알면 고향의 운을 알 수 있다 – 경기도 · 전남 · 서울

경기도로 가보자. 인천 영종도(永宗島)는 '길 영(永)' '마루 종(宗)' 즉 '긴마루'라는 의미처럼 활주로가 놓였다. 영종도의 원래 이름이 자연도(紫燕島)였으니 제비가 날듯 비행기가 날아다니는 섬이 되었다.

화성군 건건리(乾乾里)는 '마를 건(乾)'이 들어 있어 '마르고 마른 마을'이란 뜻이다. 이 곳에서는 물기를 찾아보기 힘들다.

김포군은 삼국시대부터 금포현(金浦縣)으로 불렸다. 김포란 쇳덩어리 항구를 상징하고 이 곳에 커다란 쇳덩어리인 비행기가 드나드는 공항이 들어섰으니 놀라운 일이다.

일산(一山)은 하나의 큰 산동네로 아파트가 산을 이루게 되었고, 평촌(平村)은 평지에 마을이 생기니 아파트촌이 생겨나게 되었다. 정자동(亭子洞)에서 정자는 사람이 쉬는 공간이니 이 곳에 아파트 단지가 들어선 것은 어찌 보면 당연한 일인지 모른다.

기흥(器興)은 '그릇이 흥한다'는 뜻대로 과거 그릇(도자기) 산지로 유명하였다. 지금은 정보를 저장하는 그릇인 반도체 산업이 번성하고 있다. 도자기와 반도체(실리콘)는 흙이 원료이다. 삼성은 최근 용인시가 구흥(駒興)으로 지명을 바꾸려고 했을 때 반대하여 결국 기흥이란 지명을 지켜냈을 만큼 기흥과 삼성의 관계는 각별하다.

전라남도로 가보자. 고흥(高興)은 '높은 데서 흥한다'는 뜻 그대로 현재 인공위성을 우주로 실어 나를 발사체 기지를 건설하고 있다. 특히 우주센터가 일어설 섬인 외나로도는 '바깥 외(外)'와 '나를 섬'이란 의미가 함께 있으니 참으로 흥미롭다.

광주(光州)는 옛날부터 빛고을로 불렸다. 광주는 현재 한국에너지기술연구원과 손잡고 '솔라시티(solar city)'를 추진 중이며, 레이저 기술 등 광(光) 산업이 크게 발전하고 있다.

영광(靈光)은 '신성한 빛'이란 의미를 갖고 있는데 국내 최대 규모의 원자력발전소가 가동되고 있으니, 이름으로 본다면 원자력과 뗄래야 뗄 수 없는 관계이다.

광양(光陽)은 '가장 뜨거운 양(陽)' '빛 광(光)'으로 이루어져 있는데, 이름처럼 철을 녹이는 고로(高爐)가 들어선 포스코가 있다.

여수 반도의 쌍봉리(雙鳳里)란 마을 이름 또한 재미있다. 1986년 여천시로 승격된 이 곳은 75세대의 주민들 중에서 35세대가 38쌍의 쌍둥이를 낳았다. 세 가구는 연달아 쌍둥이를 낳아 화제가 되기도 하였다.

서울의 낙원동(樂園洞)에서 낙(樂)은 '음악', '즐겁다' 등의 의미가 있다. 이름대로 국내 최대의 악기상이 있고 술집이 밀집해 있다.

망우리(妄憂里)는 고려를 몰락시키고 조선 왕조를 세운 이성계가 한양에 도읍을 정한 후 무학대사, 하륜 등과 함께 자신의 묘자리로 삼은 동구릉터를 둘러보고 한양으로 돌아가던 중 이 고개 위에 올라 잠시 쉬면서 "이제야 근심할 일이 없구나" 하면서 망우리라 이름을 지었다고 한다. 세월이 흘러 지금은 대규모 공동묘지가 들어서 죽은 사람들이 모든 시름과 근심을 잊고 흙으로 돌아간 땅이 되었으니 지명과 현재의 상황이 똑같다.

이 밖에 한자 중 칡 갈(葛), 쪼갤 판(判), 모일 회(會), 학교 교(校)처럼 얽히고 설키는 의미, 모이거나 나눈다는 의미의 지형은 교차로, 인터체인지 등이 들어선다.

어두울 암(暗), 검을 흑(黑), 오동나무 오(梧), 오동나무 동(桐), 달 월(月)처럼 어둠과 검은색 등과 관련된 곳은 공원묘지 같은 추모의 장소가 생기게 된다.

BRA

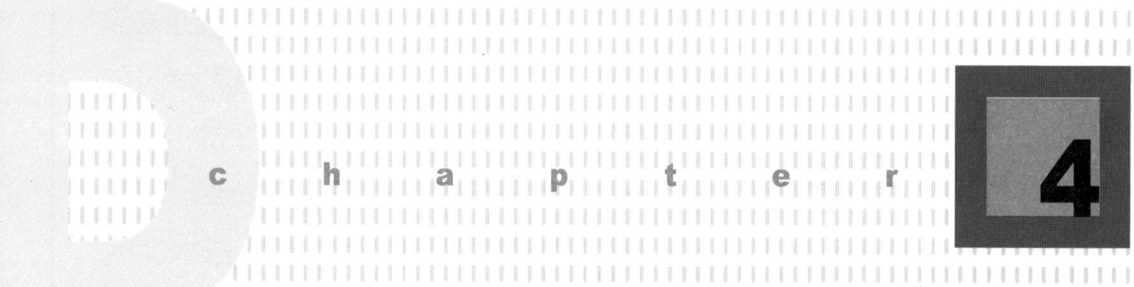

브랜드 네임과 디자인 분석

들어가기에 앞서

성명학으로 보는 대한민국

일본의 대기업 분석

한국의 대기업과 라이벌 브랜드 분석

1 들어가기에 앞서

성명학은 단순히 글자만이 아니라 소리, 모양, 색상 등 다양한 방법으로 분석해 나가기 때문에 조금은 복잡하고 어려울 수도 있다. 또한 성명학 하나만으로 모든 브랜드를 분석하고 평가할 수는 없다. 시대적 감각과 감수성 또한 중요하기 때문이다. 아무리 성명학적으로 좋은 브랜드 네임이라 할지라도 시대적 감각이 떨어진다면 그 이름은 세상에서 곧 사라질 것이다.

이름이 모든 것은 아닐지라도, 모든 것은 이름으로부터 시작되고 모든 것은 이름으로부터 만들어진다. 더불어 그 이름을 보고 듣고 부를 수밖에 없는 것은 불변의 진리다. 그러므로 어떤 사람이나 물건이나 회사에게 네이밍은 매우 중요하다.

특히 현대사회에서는 마케팅의 비중이 매우 크다. 마케팅의 요체는 바로 네이밍 즉 브랜드 네임을 소비자에게 어떻게 기억시키느냐에 달려 있다고 할 수 있다. 브랜드 네임은 소비자들이 불러줄 때 힘을 발휘한다.

2 성명학으로 보는 대한민국

역학과 운명학은 고정불변의 학문이 아니다. 역학(易學)의 역은 쉬울 이(易) · 바꿀 역(易)의 뜻을 모두 가지고 있으니 쉽게 변화하는 학문이란 뜻이요, 운명학(運命學) 또한 움직일 운(運)에 삶 · 목숨 명(命)이니 삶을 변화시키고 움직이는 학문이란 뜻이다. 성명학(姓名學) 또한 역학과 운명학의 범주에 속한다고 볼 수 있다.

운명에는 국가의 운명, 민족의 운명, 사회의 운명, 조직의 운명, 가족의 운명, 개인의 운명 등이 있다. 이렇게 다양한 운명 가운데 개인의 삶에 가장 큰 영향을 미치는 것은 무엇일까? 국가의 운명일까? 개인의 운명일까? 이것은 쉽게 대답할 수 있는 질문이 아니다. 다만, 국가의 운명이나 민족의 운명이 개인의 운명에 영향을 미치는 것은 분명하다. 이라크에서 태어났는가? 미국에서 태어났는가? 이스라엘 민족인가? 팔레스타인 민족인가? 북한에서 태어났는가? 남한에서 태어났는가? 각각의 경우에 따라 개인의 운명이 달라질 수밖에 없다는 것이다.

예를 들어 이라크, 팔레스타인, 파키스탄 등 전쟁이 빈번한 나라에서 태어난 사람은 평화로운 나라에서 태어난 사람에 비해 총을 맞아 죽거나 부상을 당할 확률이 높다. 개인의 운명 때문이라기보다는 국가와 민족의 운명 때문에 개인의 삶이 달라지는 것이다. 가까운 예로 북한이 있다. 남한은 쌀이 남아돌지만 북한은 식량난으로 굶어 죽는 사람들이 많다고 한다. 같은 민족인데도 국가의 운명에 따라 국민 개개인의 운명이 극과 극으로 달라진다. 이처럼 개인의 운명에서 국가의 운명은 매우 중요한 역할을 한다고 볼 수 있다.

그런 의미에서 우리나라의 운명을 성명학적으로 분석해보고자 한다. 즉 우리나라의 국가명을 성명학적으로 분석하여 우리나라의 운명을 알아보는 것이다. 성명학적 분석 방법에는 이름을 발음오행(소리오행)으로 분석하는 방법과 심벌마크 · 로고 · CI 등을 감각과 시각을 통해 분석하는 방법이 있다. 우리나라의 국가명은 영어로는 코리아(Korea)이고, 우리말로는 한국(韓國)이다. 따라서 여기에서는 국가명인 코리아와 한국을 분석하고, 더불어 우리나라의 심벌마크인 태극기를 성명학적으로 각각 분석하여 우리나라의 과거 · 현재 · 미래에 대해 알아본다.

1. 국가명

국가명 즉 한 나라의 이름은 그 나라를 대표하는 브랜드 네임이다. 이러한 국가명을 성명학적으로 분석하는 것을 발음성명학적 분석이라고 한다.

한글의 발음은 초성(첫소리), 중성(가운뎃소리), 종성(끝소리)으로 이루어지는데, 발음오행의 상생과 상극을 분석할 때는 초성과 중성을 본다. 한글의 발음오행은 발음(소리)에 따라 ㄱ・ㅋ은 목(木), ㄴ・ㄷ・ㄹ・ㅌ은 화(火), ㅇ・ㅎ은 토(土), ㅅ・ㅈ・ㅊ은 금(金), ㅁ・ㅂ・ㅍ은 수(水)에 해당한다.

1) 코리아

코리아에서 코는 목(木), 리는 화(火), 아는 토(土)이다. 발음오행의 상생을 보면 코(木)가 리(火)를 생하고, 리(火)는 아(土)를 생한다. 3개의 글자가 모두 생을 하기 때문에 성명학적으로 완벽한 이름이라고 할 수 있다.

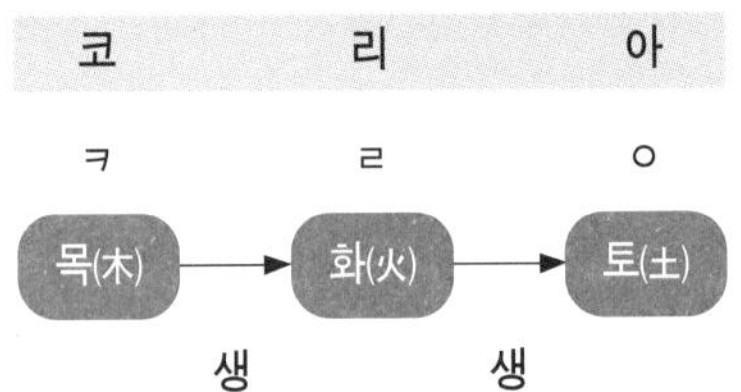

그러나 현재 우리나라는 남과 북으로 분단되어 별개의 국가로 인정되고 있다. 그래서 남한은 사우스코리아(South korea)로, 북한은 노스코리아(North korea)로 구분하여 판단해야 한다.

먼저 남한에 해당하는 사우스코리아(South korea)를 분석해보자. 사우스에서 사는 금(金), 우는 토(土), 스는 금(金)으로서 우가 좌우의 사와 스를 토생금(土生金)으로 생하고, 코리아도 각각의 글자가 서로 생하고 있다. 사우스코리아는 성명학적으로 생의 기운이 강하고 극의 기운은 하나밖에 없으므로 그런대로 좋은 국가명이라고 볼 수 있다.

그러나 남쪽을 의미하는 사우스(South)와 한국을 의미하는 코리아(Korea)의 연결지점인 스와 코가 금극목(金剋木)으로 극을 하고 있다. 따라서 단순히 코리아라고 부를 때보다는 성명학적으로 불안정한 국가명이라고 볼 수 있다. 특히 의미상 남쪽과 한국의 연결지점이 극하는 것은 다른 곳이 극하는 것보다 좋지 않다고 본다.

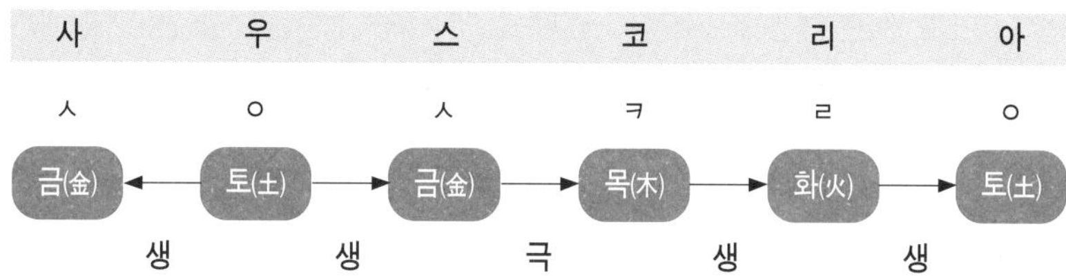

그러면 북한에 해당하는 노스코리아(North korea)는 어떤지 알아보자. 노는 화(火), 스는 금(金)으로서 화극금(火剋金)을 하고 있다. 거기에 사우스코리아와 마찬가지로 스와 코가 서로 극하고 있다. 극이 2개나 있기 때문에 성명학적으로 좋은 국가명으로 보기 어렵다.

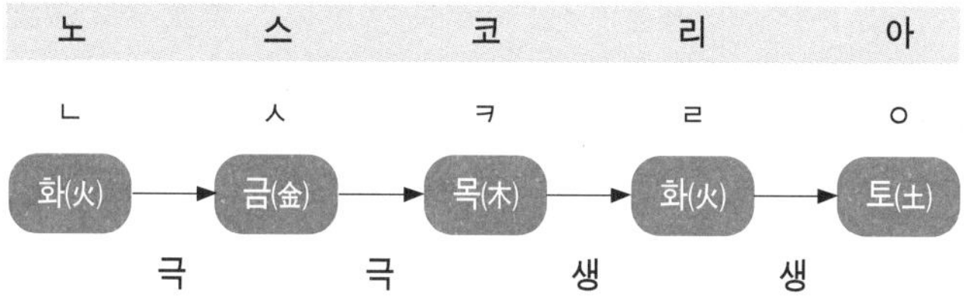

그렇다면 남한과 북한이 통일되면 어떻게 될까? 남과 북이 통일되면 사우스

(South)와 노스(North)는 사라지고 코리아(Korea)만 남게 된다. 그렇게 되면 서로 상생하는 기운으로 이루어진 국가명이 되어 성명학적으로 최고의 국가명이라고 할 수 있다. 통일이 이루어진다면 우리나라 코리아가 세계에서 가장 살기 좋은 나라, 가장 행복한 나라가 되지 않을까 기대해본다.

2) 한국

다음으로 우리나라 사람들이 가장 많이 사용하는 한국이란 이름을 분석해보자. 여기서는 한 가지 주의할 점이 있다. 앞서 코리아는 세 글자 모두 초성과 중성으로 이루어져 있는데 중성에 해당하는 모음은 오행을 적용하지 않으므로 초성만을 분석하였다. 그러나 한국은 종성까지 있으므로 초성과 종성 두 가지를 모두 고려해야 한다.

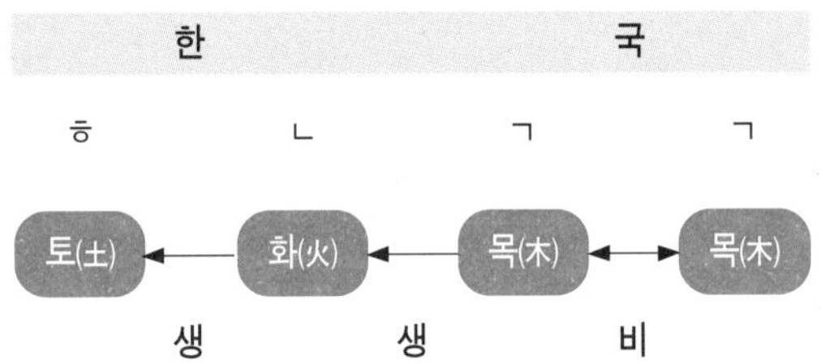

한은 ㅎ과 ㄴ이 화생토(火生土)로 생하고, 국은 초성인 ㄱ이 앞 글자 한의 종성인 ㄴ을 목생화(木生火)로 생하며, 국의 초성과 종성은 목(木)으로 상비(相比)에 해당하므로 성명학적으로 완벽한 이름이라고 할 수 있다.

세계적으로는 코리아, 국내에서는 한국으로 부를수록 우리나라의 운명에 더 긍정적인 영향을 미칠 것이라고 본다.

2. 태극기

코리아와 한국이 우리나라의 브랜드 네임이라면 태극기는 우리나라를 상징하는 심벌마크이다. 브랜드의 심벌마크와 로고를 형태와 색상 등 시각적으로 분석하는 것을 형태성명학적 분석이라고 한다.

태극기는 『주역(周易)』의 태극(太極)을 중심으로 『주역』의 팔괘(八卦) 중 4개의 괘를 사용하여 만들어졌다. 먼저 태극기 중심에 있는 빨강과 파랑으로 이루어진 태극무늬를 살펴보자.

『주역』 즉 『역경(易經)』은 무(無)에서 음양으로, 음양이 사상(四象)으로, 사상이 팔괘로, 팔괘가 64괘로, 64괘에서 384효(爻)로 변화하면서 발전해 나간다. 더불어 음양오행과 주역의 중심에는 바로 태극이 존재한다.

태극기의 중심에 있는 파랑과 빨강은 태극을 형상화한 것으로, 각각 음과 양을 상징한다. 오행 중에서 음의 대표는 수(水)로서 색상은 검정이다. 양의 대표는 화(火)로서 색상은 빨강이다. 음양오행 이론을 따른다면 태극기에서 태극의 색상은 검정과 빨강이어야 한다. 즉 태극기의 태극무늬가 『주역』을 활용한 결과라고 하지만, 음양의 대표 색상인 검정과 빨강이 아닌 빨강과 파랑으로 이루어져 있다는 것이다. 따라서 자연스럽게 태극무늬를 음양오행에 맞게 고쳐보자는 생각을 하게 된다.

현재의 태극무늬

그렇다면 현재 태극기의 태극무늬는 음양오행 이론에 따라 어떻게 해석할 수 있을까? 위의 빨강은 오행 중 화(火)이고 양에 해당한다. 아래의 파랑은 오행 중 목(木)이고 역시 양에 해당한다. 이 형태는 화(火)인 양과 목(木)인 양이 같이 있으므로 양의 기운이 왕성하다. 열정과 화끈함과 적극성이 있어 장점도 있지만, 자기 감정을 절제하지 못하고 성격이 급하며 다투기 쉬운 것은 단점으로 볼 수 있다.

주역에 따른 태극무늬 1

주역에 따라 태극의 음양오행을 배치한다면 양의 대표인 화(火)의 빨강과 음의 대표인 수(水)의 검정을 써야 한다. 이 형태는 불이 위에 있고 물이 아래에 있는데, 주역괘에서 화수미제(火水未濟)에 해당한다.

불은 위로 솟구쳐 오르는 특성이 있고 물은 아래로 흘러내리는 특성이 있으므로 이 괘상은 불과 물이 화합하지 못함을 의미하며, '아직 건너지 못한 상태' 즉 미완성의 형태로 여긴다.

주역에 따른 태극무늬 2

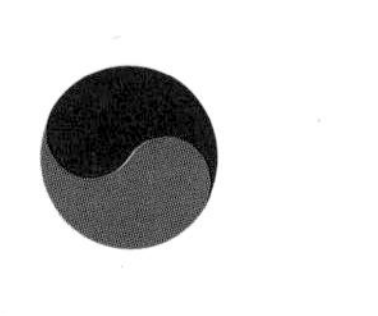

이 형태는 검정이 위에 있고 빨강이 아래에 있다. 이 형태는 물이 위에 있고 불이 아래에 있으므로 서로 목적한 곳에 이르렀다는 의미에서 수화기제(水火旣濟)라 한다. 매사가 완성되어 있는 상태이므로 태극의 모양으로 가장 이상적인 형태이다.

다음으로 4괘를 분석해보자. 4괘는 태극무늬를 둘러싸고 있는 4개의 괘로서, 『주역』에 따르면 건(乾 : ☰)은 하늘[天], 곤(坤 : ☷)은 땅[地], 감(坎 : ☵)은 물[水], 이(離 : ☲)는 불[火]을 낳았다고 한다.

현재의 4괘

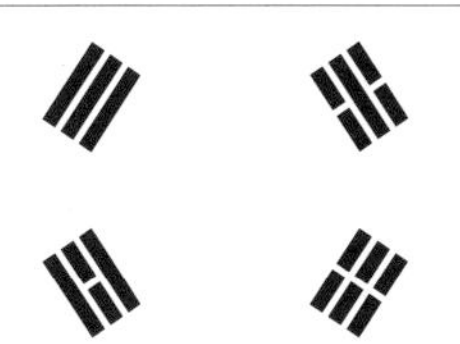

현재의 4괘를 보면 건[天]과 곤[地], 감[水]과 이[火]가 대각선으로 마주보고 있다. 이를 주역의 음양오행에 따라 분석해보자.

먼저 건[天]과 곤[地]을 보면 건[天]괘가 위에 있고 곤[地]괘가 아래에 있다. 이것은 주역에서 천지비(天地丕)에 해당하며, 통하지 않고 막힌다는 의미가 있어 좋지 않다. 따라서 상괘인 건[天]을 하괘로 보내고 하괘인 곤[地]을 상괘로 보내어 서로 위치를 바꾸면 지천태(地天泰)가 되는데, 이것은 통하여 형통한다는 긍정적인 의미가 있다.

현재의 건[天] · 곤[地]

주역에 따른 건[天] · 곤[地]

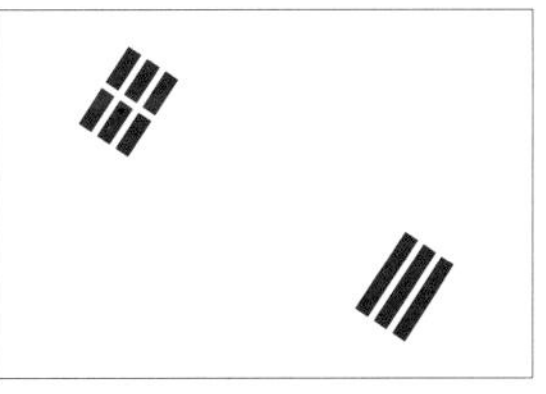

한편 감[水]과 이[火]를 보면 감[水]괘가 위에 있고, 이[火]괘가 아래에 있다. 물이 위에 있고 불이 아래에 있는 형상으로서 앞서 본 수화기제에 해당한다. 매사가 완성되어 있다는 긍정적인 의미를 지니므로 이상적인 형태이다.

가장 이상적인 태극기 형태 1

가장 이상적인 태극기 형태 2

현재의 태극기에서 태극무늬와 4괘의 위치를 변화시켜 새로운 형태의 태극기를 만든다면 주역과 음양의 이치에 들어맞는 최상의 태극기가 되어 세계에서 가장 행복한 나라가 될 것이요, 국민들은 서로 화합하고 서로 배려하는 나라가 될 것이다.

3 일본의 대기업 분석

1. 미쯔비시

미쯔비시(Mitsubishi)는 창업자 이와사키 야타로가 1873년 미쯔비시상회를 설립한 이후 현재 중공업 부문(항공기 · 선박 · 차량 · 건축)과 전기 부문(일반 가전제품 및 첨단 전자제품)에서 세계적인 그룹으로 성장하였다.

미쯔비시란 이름은 3개의 다이아몬드 마크에서 비롯되었다. 미쯔비시는 3을 뜻하는 'mitsu'와 마름모(또는 마름)를 뜻하는 'hishi'가 합쳐진 말이다.

❶ 발음성명학적 분석

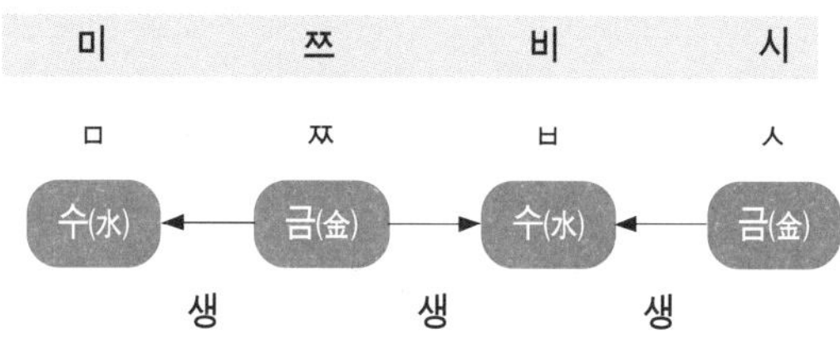

생으로만 이루어진 매우 좋은 브랜드 네임이라고 할 수 있다. 발음오행인 수(水)와 금(金)이 모두 힘이 있다.

❷ 형태성명학적 분석

미쯔비시의 심벌마크는 서로 맞닿아 있는 3개의 다이아몬드 또는 참나무 잎을 형상화한 것이다. 각각의 마름모꼴이 가운데로 집중되어 있고, 아래는 가로 일직선으로서 안정감이 있다.

그러나 하나로 뭉치려 하기보다는 3개로 나뉘어 있으므로 사업 부문별로 분리될 수 있다. 분리된 기업들이 미쯔비시라는 이름을 사용하면서 연대하게 됨을 심벌마크에서 읽어낼 수 있다. 미쯔비시에서 직접 작성한 기업의 역사에 이런 글귀가 있다. "미쯔비시는 각기 분리되어 있고 각자가 발전해 나가도 여전히 친구이다. 멀리 이사는 갔어도 계속해서 연락하면 살고 있는 이웃과 같다. 느슨한 공동체가 형성되어 있기도 하고 정신적인 우호관계와 경쟁을 함께 한다."

2007년 현재 20개가 넘는 기업이 미쯔비시의 이름으로 기업을 운영하고 있다. 서로 개별 기업이지만 자본이 서로 연결되어 있는 것이 다이아몬드 모양의 심벌마크가 중심을 향해 서로 맞닿아 있는 모습과 비슷하다. 브랜드를 읽으면 기업이 보인다는 성명학의 논리가 신기하게 적중하는 경우의 하나이다.

❸ 색상성명학적 분류

심벌마크는 빨강, 미쯔비시의 영문 로고는 검정으로 이루어져 있다. 색상오행 중 화(火)와 수(水)가 보강되었다.

2. 마쓰다

마쓰다(Mazda)는 1920년 마쓰다 주지로가 도요[東洋]코르크공업을 설립한 것을 시작으로, 이후 3륜트럭 등을 만들다가 자동차회사로 발전한 일본 기업이다.

❶ 발음성명학적 분석

마쓰다에 앞서 창업 당시의 이름인 '도요'를 분석해보자.

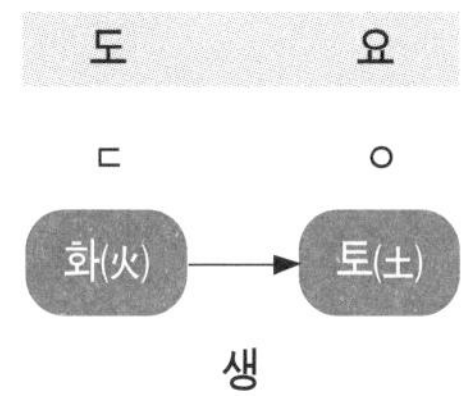

화(火)와 토(土)가 화생토(火生土)로 생하므로 둘 다 힘이 있다.

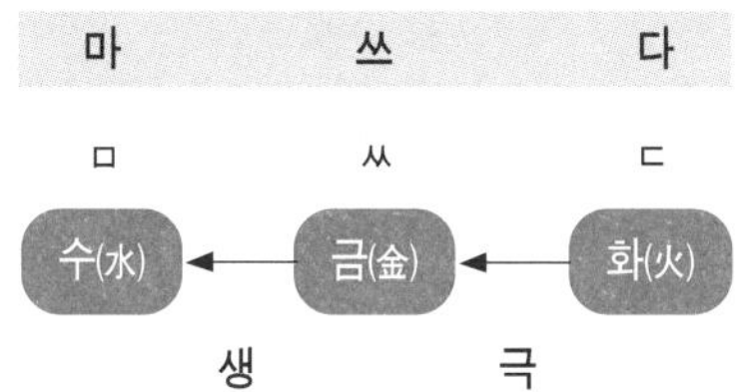

도요라는 이름보다 오행의 힘이 약하다. 금(金)의 생을 받는 수(水)만 힘이 있다. 브랜드 네임 분석으로 보면 미래가 불안하다고 할 수 있다.

❷ 형태성명학적 분석

원형의 심벌마크로서 매우 안정된 형태이다. 다만 V자 모양이 원형을 위 아래로 분리하고 있는 모습은 불안해 보인다.

❸ 색상성명학적 분석

심벌마크는 진회색이고 영문 로고는 파랑으로서, 금(金)과 목(木)이 보강되었다.

3. 마쓰시다와 미쓰이

마쓰시다(Matsushita)와 미쓰이(Mitsui)는 둘 다 일본의 100대 기업 중 8대 기업을 소유하고 있는 그룹이다. 두 그룹은 발음성명학적 분석만 해본다.

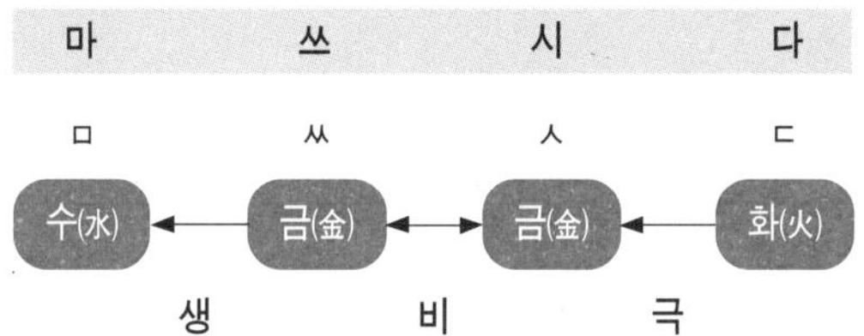

생을 하는 금(金)과 수(水)가 힘이 있다. 2개의 발음오행이 있으므로 좋은 브랜드 네임으로 본다.

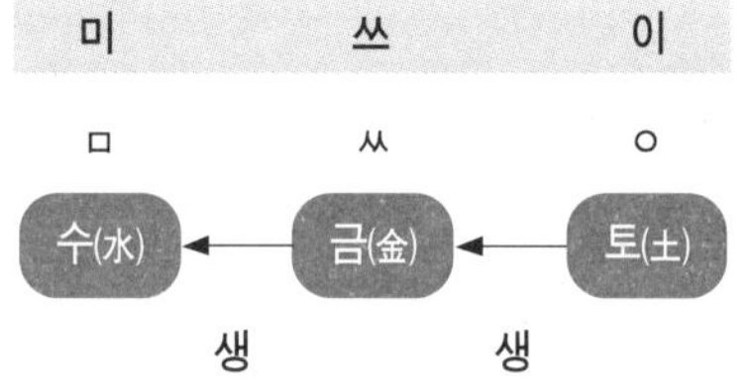

토(土), 금(金), 수(水) 3개의 오행 모두 힘이 있다. 성명학적으로 아주 만족스러운 브랜드 네임이라고 할 수 있다.

한국의 대기업과 라이벌 브랜드 분석

1. 삼성그룹

1) 삼성

삼성그룹(이하 삼성이라고 한다)은 대한민국이란 분단된 나라, 세계 속의 작은 나라에서 시작해서 어떻게 세계적인 기업으로 성장해왔을까? 얼마 전 삼성전자가 TV 사업 34년 만에 처음으로 세계 TV 시장점유율 1위(2006년 기준)를 차지했다는 기사를 본 적이 있다. CEO와 임원들의 헌신적인 리더십 그리고 직원과 노동자들의 피땀 흘린 연구와 노동의 대가가 함께 어우러진 결과로 볼 수 있다. 그렇다면 성명학적으로 본 삼성이라는 브랜드 네임과 심벌마크는 어떠한지 분석해보자.

❶ 발음성명학적 분석

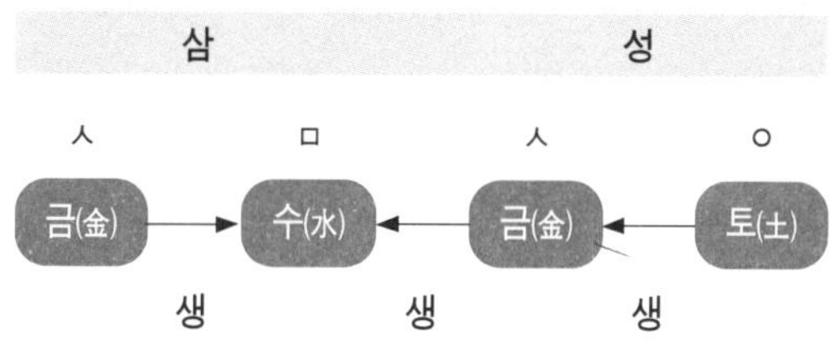

금생수(金生水), 토생금(土生金)으로 금(金), 수(水), 토(土) 오행 3개가 상생하고

있다. 이렇게 오행 중 3개 이상이 서로 상생하기 때문에 대그룹으로 성장하고 성공을 거두었다고 본다.

ㅅ, ㅈ, ㅊ은 금(金)으로서 관련된 금(金)과 모든 업종 즉 금속, 철강, 조선, 가전제품 등에서 강세를 보이게 될 것이다. ㅁ,ㅂ,ㅍ은 수(水)로서 무역, 수산, 연구, 지적산업 등에서 강세를 보일 것이다. ㅇ, ㅎ은 토(土)로서 부동산, 건설, 무역, 유통 등에서 강세를 보일 것이다.

❷ 형태성명학적 분석

심벌마크나 로고는 읽기보다는 눈으로 보는 것이라고 할 수 있다. 눈으로 볼 때 가장 안정감 있는 형태는 원형이다. 원형 다음으로는 가로 타원형, 정사각형, 가로 직사각형의 순으로 좋다고 본다.

모든 브랜드 디자인(CI 포함)은 원형에서 시작된다. 풍수에서도 가장 기본적인 것은 원형이다. 우리에게 가장 편안하고 안정적인 모습은 어머니 뱃속에서 원형으로 있을 때의 모습이다. 이 원형이야말로 인간에게 가장 안정감 있고 편안한 상태라고 볼 수 있다.

마찬가지로 사람의 시선에서 가장 편안한 것은 둥근 원형의 모습이다. 삼성의 CI는 어떤 형태인가? 타원형으로서 세로로 놓여 있지 않고 가로로 놓여 있다. 당연히 사람들의 시선에 안정감 있는 형태라고 할 수 있다.

현재의 CI

현재 삼성이 사용하고 있는 CI이다. 삼성이란 이름이 성명학적으로 매우 완벽한 것에 비해 아쉬움이 있지만, 그런대로 높은 점수를 줄 수 있는 형태이다.

위에서 아쉽다고 한 것은 심벌마크 왼쪽은 아래를 향하고 오른쪽은 위를 향하고 있어서 약간 불안정한 모습을 보이고 있기 때문이다. 그러나 삼성의 영문 로고인 SAMSUNG을 그 안에 가로로 배치하여 약간 기울어진 가로 타원형을 안정감 있게 보여주고 있는 것은 훌륭하다고 본다.

변형시킨 CI 1

한편 옆의 CI는 현재의 CI를 세로 타원형으로 변형시킨 것이다. 세로로 서 있기 때문에 언제든지 넘어지고 무너질 것 같은 불안정한 느낌을 준다.

똑같은 타원형이지만 가로로 놓였는가 세로로 놓였는가에 따라 엄청난 차이가 있다. 기(氣)는 여러 가지 형태로 존재한다. 하나는 사람이 발음하는 소리로서 사람에게 또는 우주에 퍼져 영향을 미치게 되는 경우이다. 다른 하나는 사람의 눈으로 사물이나 형체들을 볼 때 눈에 비치는 모습이 사람이나 우주에 전달되어 영향을 미치게 되는 경우이다. 그 중에서 CI는 눈(시선)으로 전달되는 기의 작용이 영향을 가져오는 것이다.

변형시킨 CI 2

이 형태 역시 변형된 것으로, 현재의 CI를 가로로 똑바로 눕혀놓았다. 만약 삼성의 CI가 이처럼 좌우가 똑바로 놓여 있는 타원형이라면 어떨까? 사람들이 보기에 분명 안정감과 편안함이 느껴질 것이다.

삼성의 CI를 보는 사람마다 모두 마음이 편안해지고 안정감이 느껴진다면 삼성에 대한 이미지는 훨씬 좋아질 것이다. 좌우가 약간 비스듬하게 기울어진 현재의 CI를 가로로 똑바로 놓은 CI로 변경한다면 삼성이 앞으로 더욱 안정감 있게 발전해 나가고 세계적인 그룹으로 도약하지 않을까 생각해본다.

다음에 이어지는 삼성의 개별 브랜드는 가장 많이 사용되는 것을 임의로 선택한 것이다.

2) 애니콜

애니콜(Anycall)은 삼성의 휴대전화 브랜드이다. 여러 종류의 상품을 생산하는 기업의 경우 CI라는 단일 형태의 이미지를 고수하다 보면 제품에 따라 소비자의 성향이 서로 다른 시장에서 성공을 거두기 어렵다. 따라서 각 제품에 따라 개별적인 브랜드 이미지(Brand Identity, BI라고도 한다)를 활용하는 경우가 많다. 삼성뿐만 아니라 우리나라의 많은 그룹들이 이렇게 CI와 BI를 별개로 활용하고 있다.

삼성이 의도적으로 작명했는지 알 수는 없지만, 삼성의 브랜드 네이밍은 대부분 성명학적으로 완벽에 가깝다. 브랜드 네이밍이 잘못된 경우도 있지만 대다수의 브랜드 네임을 성공작이라 평가할 수 있다. 특히 삼성이 세계적인 기업으로 발돋움하는 데 크게 공헌한 애니콜이야말로 성명학적으로 완벽한 브랜드 네임이라 하겠다. 다만, 평범한 브랜드 디자인이 애니콜이란 브랜드 네임을 따라가지 못하는 것이 무척 아쉽다.

❶ 발음성명학적 분석

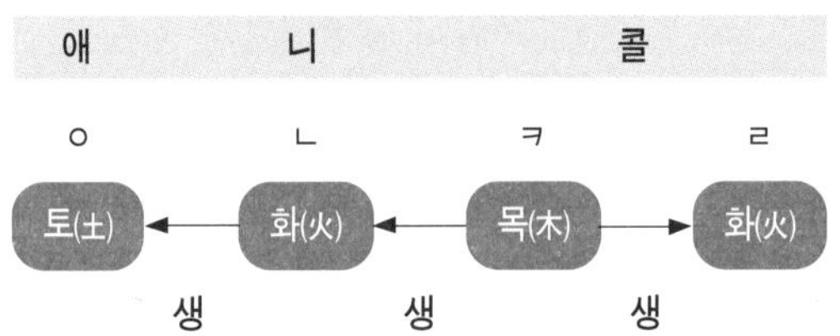

애니콜이란 이름은 발음오행이 목생화(木生火), 화생토(火生土)로 상생하면서 목

(木), 화(火), 토(土)를 모두 살려주고 있다. 3개의 오행이 힘이 있으므로 성명학적으로 완벽에 가깝다고 할 수 있다.

또한 휴대전화는 젊은이들이 주소비층이기 때문에 화려하고 감각적이며 열정적인 느낌을 주는 것이 좋다. 따라서 오행 중에서 화려함을 상징하는 ㄴ, ㄷ, ㄹ, ㅌ의 화(火)가 들어가면 최고의 브랜드 네임이 될 수 있다. 애니콜이란 브랜드 네임이 삼성의 성장 발전을 극대화하는 데 큰 몫을 하리라고 본다.

❷ 형태성명학적 분석

애니콜의 영문 글자인 ANYCALL만으로 이루어진 매우 단순한 형태이다. 브랜드 이미지는 심벌마크와 로고(글자체)로 구성되는데, 로고를 심벌마크와 별도로 하지 않고 동일하게 사용하는 것은 워드마크(word mark)라고 한다. 말 그대로 단어로 되어 있고 읽으면 바로 회사 이름이나 제품 이름이 된다. 애니콜의 경우가 바로 그렇다. 워드마크는 보면 바로 알아볼 수 있기 때문에 많은 기업들이 선호한다.글자로만 본다면 가로 직사각형이어서 안정감은 있지만, 글씨가 비스듬하게 기운 것은 안정감이 떨어진다.

Anycall

❸ 색상성명학적 분석

청색 로고가 휴대전화의 대다수 소비층인 젊은이들의 감각에 맞아떨어지고, 사람의 정서를 편안하고 안정되게 하는 것이 장점이라고 할 수 있다. 다만, 애니콜(Anycall)이란 글자를 비스듬하게 쓰지 말고 정자체로 고친다면 최고의 브랜드 디자인이 되지 않을까 생각해본다.

청색 글씨는 오행으로 목(木)에 해당하는데 목(木)은 안정적이고 편안한 느낌을 준다. 휴대전화를 만드는 회사 입장에서 소비자가 한번 산 휴대전화를 5년 이상 사용한다면 손해를 볼 수밖에 없을 것이다. 더 많은 사람들이 더 자주 휴대전화를 새로운 제품으로 바꿀수록 좋다. 이처럼 빠르게 바뀌는 소비형태, 수시로 바뀌는 소비형태를 추구한다면 글자 색깔을 검정이나 하양보다는 화(火)나 목(木)에 해당하는 빨강이나 파랑으로 하는 것이 좋다. 따라서 애니콜의 청색은 훌륭한 선택이다.

3) 파브

파브(Pavv)는 삼성전자의 TV 브랜드로서 세계적으로도 인기가 높다. 앞서 본 애니콜은 휴대전화 브랜드로서 열정적이고 화려함을 추구하는 젊은이들이 주 소비층이므로 브랜드 디자인 역시 이러한 성향을 고려하는 것이 좋다.

그러나 TV는 이와 다르다. 우선 TV는 화려한 느낌을 주기보다는 기술과 성능에서 우수하다는 믿음을 주는 것이 중요하다. 또한 고가의 제품이므로 즉흥적으로 구입하거나 자주 바꾸기가 어렵다. 한번 구입하려면 신중하게 판단해야 한다. 따라서 발음오행 중 연구, 기술, 성능 등을 상징하는 수(水) 즉 ㅁ, ㅂ, ㅍ이 들어가는 이름이 좋다. 이런 면에서 파브는 TV 브랜드 네임으로서 매우 우수하다고 할 수 있다.

❶ 발음성명학적 분석

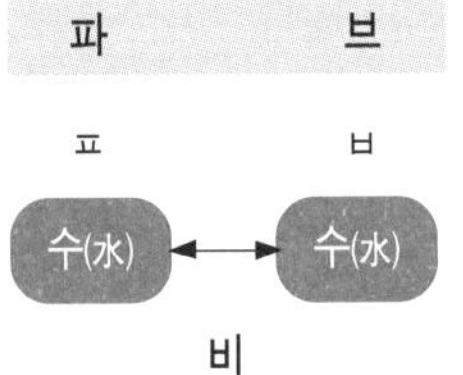

파브는 발음오행이 수(水)로만 이루어져 있다. 안정되어 있고 편안함을 지니고 있는 브랜드 네임이라고 할 수 있다. 다만, 하나의 오행만 있는 것보다 두세 개의 오행이 들어갔더라면 더욱 좋았을 것 같다는 생각이다. 그렇다고 해서 지금의 이름이 불완전하다는 것은 아니다. 파브는 성명학적으로 매우 훌륭한 브랜드 네임이다.

❷ 형태성명학적 분석

파브의 영문 로고가 직사각형 형태를 이루고 있어서 안정감이 느껴진다.

❸ 색상성명학적 분석

애니콜과 마찬가지로 청색 글씨로 PAVV가 씌여 있다. 색상오행 중 청색은 목(木)에 해당한다.

TV는 가정에서 사용하는 제품이므로 인간 사람과 밀접한 관계가 있다. 따라서 사람과 사람의 관계를 상징하고 사람에게 편안함을 주는 청색을 사용하는 것이 좋다. 파브의 심벌마크는 이러한 조건을 충족하고 있다.

또한 브랜드 네임의 발음오행이 ㅁ, ㅂ, ㅍ의 수(水)로만 이루어져 있는데 청색을 사용하여 목(木)을 보완한 것도 장점이라고 할 수 있다.

4) 그 밖의 브랜드

삼성은 업종의 다양화로 많은 개별 브랜드를 두고 있다. 그 중에서 증권, 생명보험, 물산, 전기, 전자와 같은 대형 브랜드는 삼성이란 이름을 앞에 붙여 사용하기 때문에 별도로 분석할 필요는 없을 것이다.

그러나 아파트나 몇몇 가전제품은 삼성이란 이름을 사용하지 않는 개별 브랜드이기 때문에 브랜드 네임으로서 분석해볼 필요가 있다고 생각한다. 그러므로 아파트 브랜드인 래미안은 건설업체의 아파트 브랜드와 함께 비교 분석하고, 가전 브랜드인 하우젠은 다른 가전 브랜드와 함께 비교 분석하는 것이 재미있을 것 같아 다음으로 미루어놓는다.

재미있는 브랜드 이야기

기업이 뜨면 지명도 뜬다

기업과 지방의 관계에 대해 많은 사람들이 '삼성' 하면 '수원'을 떠올리고 '수원' 하면 '삼성'을 떠올릴 것이다. 세계적인 IT도시를 말하라면 대부분 미국의 실리콘 밸리를 떠올리는 것과 마찬가지다.

삼성전기는 미국의 사이버링크와 이스라엘의 시아노 모바일 실리콘과 공동으로 노트북에서 모바일 디지털 방송을 자유롭게 수신할 수 있는 방송 수신카드를 개발하면서, 특이하게도 삼성전기 수원 연구동의 이름을 따 '수원 익스프레스(Suwon Express)'라고 이름을 붙였다.

수원은 삼성전기 본사와 삼성전자의 첨단연구단지가 밀집된 곳이다. 미국의 사이버링크와 이스라엘의 시아노 모바일 실리콘이 삼성의 연구동을 브랜드 네임으로 선택했다는 것에서 우리나라의 국력이 그만큼 커졌다는 것과, 쓸만한 회사가 들어오면 그 지역은 세계적인 명소가 될 수 있음을 느끼게 된다.

수원의 경우 첨단 이동통신기술의 개발 근거지로 외국업계에서도 인정을 받은 셈인데, 그렇다면 수원의 브랜드 가치는 어떠한지 성명학적으로 분석해보자.

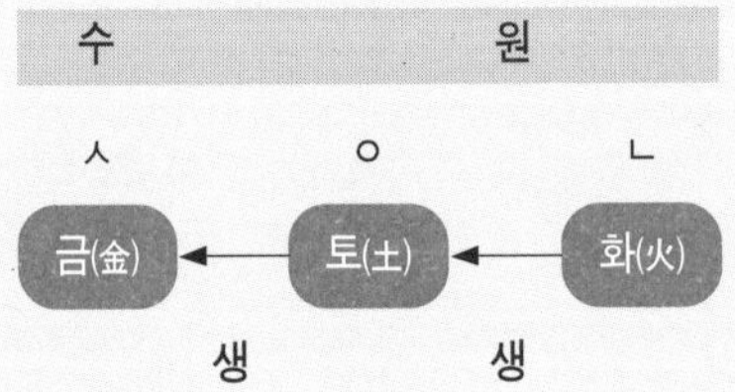

수원은 발음오행이 화생토(火生土), 토생금(土生金)으로 서로 상생하고 있다. 화(火), 토(土), 금(金) 세 오행이 힘이 있으므로 매우 좋은 브랜드 네임이다. 브랜드 가치가 높다고 하겠다.

청주 역시 하이닉스 반도체가 제2공장을 증설하면서 각광을 받고 있는 지역이다. 만약 제3공장까지 증설된다면 반도체의 고장으로 명성을 얻을 수 있으리라고 본다. 청주란 지명을 성명학적으로 분석하면 다음과 같다.

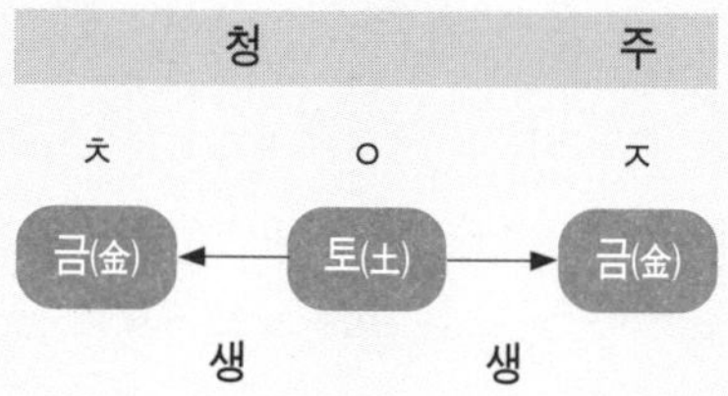

청주의 발음오행은 토생금(土生金)으로 서로 생하는 배합이기 때문에 토(土)와 금(金)이 힘이 있다. 두 오행 모두 힘이 있으므로 역시 좋은 브랜드 네임이다.

경기도 파주에는 LG전자와 네덜란드 기업 필립스의 합작회사인 LG필립스LCD가 있다. 이 회사가 세계 LCD 패널 시장에서 매출 2위를 기록하면서 파주 역시 해외에 이름을 알리고 있다. 파주가 군사분계선 근처의 위험노출지역에서 국제적인 첨단 기업도시로 변모하고 있는 것이다. 파주란 지명을 성명학적으로 분석해보면 다음과 같다.

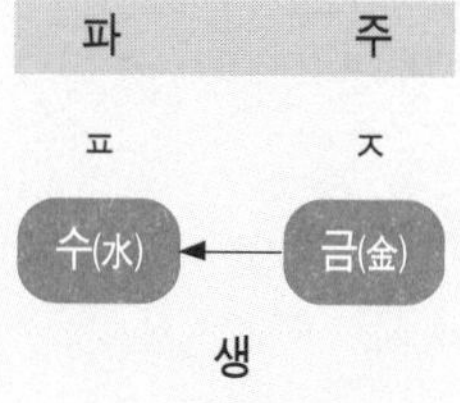

파주의 발음오행은 수(水)와 금(金)인데, 금생수(金生水)로 서로 생하므로 금(金)과 수(水)가 힘이 있다. 2개의 오행이 있으므로 브랜드 네임으로 훌륭하다고 본다.

기흥은 삼성전자 반도체 단지가 집결해 있는 지역으로 유명하다. 그런데 2005년에 용인시는 기흥을 옛이름인 구흥으로 변경하려고 하였다. 삼성전자에서는 용인시의 방침대로 기흥을 구흥으로 바꾸면 이제까지 쌓아놓은 기흥의 국제적 인지도와 브랜드 가치가 사라질 수 있다는 이유로 반론을 제기하였다. 여론 또한 이러한 삼성전자의 의견에 동조하면서 결국 용인시는 기흥을 구흥으로 변경하려던 계획을 철회하였다. 기업이 뜨면 지명도 뜬다는 말을 절감하게 하는 사례라고 볼 수 있다.

2. 대우그룹

대우그룹(이하 대우라고 한다)은 1967년 설립된 대우실업(주)이 모체가 되어 성장한 그룹으로서, 1970년대와 1980년대를 거치면서 한국 경제를 이끌어왔고 국내 최대 재벌의 하나로 급성장하였다. 그러나 1990년대 말 IMF를 거치면서 급속하게 무너져 내렸다. 지난 1999년 부도 이후 대우그룹은 현재 해체된 상태이다. 한동안 창업자인 전 김우중 회장의 구속과 특별사면이 신문의 지면을 장식하기도 하였다.

대우의 운명은 정말 역사 속으로 사라져 가야만 하는가? 대우가 몰락하고 만 것을 경제학자는 경제문제로 설명할 것이요, 운명학을 연구하는 사람은 운명학을 근거로 설명할 것이다. 대우란 브랜드 네임을 성명학적으로 분석해보자.

❶ 발음성명학적 분석

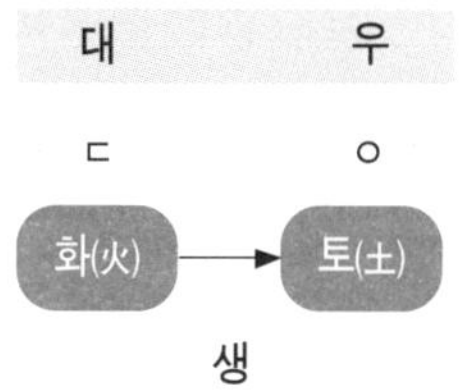

대우란 브랜드 네임은 대의 화(火)가 우의 토(土)를 생하는 매우 좋은 구조이다. 그런데 왜 대우는 몰락하였는가? 오행이 서로 생하는 관계인 것은 좋은데 오행 목화토금수(木火土金水) 중 2개만 생하기 때문에 대그룹의 브랜드 네임으로서는 힘이 약하다. 그로 인해 초창기에는 크게 성장 발전해 나가지만, 대그룹이 되어 수많은 계열사를 거느리면서부터는 오행이 2개만 존재하는 브랜드 네임으로는 힘이 약해 큰 규모의 그룹을 끌어가기 어렵게 된다.

대그룹의 브랜드 네이밍

대그룹의 브랜드 네임에는 발음오행이 3개 이상 상생해야 한다. 그래야 큰 규모를 이끌어 나갈 수 있는 힘이 나온다. 만약 발음오행이 2개 있는데 사업 규모가 확장되고 있다면 분야별로 개별적인 브랜드 네임을 사용하고, 그 이름으로 승부를 걸어야 한다.

그렇다면 브랜드 네임 때문에 망했다는 것인가? 당연히 복합적인 문제가 존재한다. 그러나 대우의 몰락에는 분명 브랜드 네임의 단점도 존재한다. 수많은 계열사를 거느린 대그룹의 브랜드 네임에는 3개 이상의 오행이 존재해야 한다. 하지만 대우에는 화(火)와 토(土) 2개만이 존재한다. 그렇다면 나중에 사세가 확장되어 대그룹으로 커질 때는 어떻게 해야 하는가? 바로 대우라는 이름을 앞세우지 말고 각 계열사나 각 계열사에서 나오는 제품명으로 승부를 걸면 된다.

예를 들어 '대우전자'로 가지 말고 각 전자제품의 브랜드 네임을 따로 짓는 것이다. 대우건설이 성공한 예가 있다. 바로 '푸르지오'라는 브랜드이다. 푸르지오는 아파트 브랜드 가운데 명품이라 할 수 있다. 만약 대우아파트라고 했다면 감당하지 못했을 텐데, 푸르지오라는 브랜드 네임을 내세워 아파트의 품격을 한 단계 업그레이드시켰다고 할 수 있다.

대우라는 브랜드 네임 자체가 문제인 것은 분명 아니다. 수많은 계열사를 이끌어 가는 그룹의 이름으로는 힘이 약한 것이 문제이다. 그룹을 이끌어 가려면 삼성처럼 오행 3개가 서로 상생하는 힘이 있어야 한다.

대그룹으로서 브랜드 네임의 힘이 약하다면 계열사나 제품명으로 승부를 걸어라. 그러면 반드시 성공하게 될 것이다. 삼성에는 휴대전화 브랜드인 애니콜, 냉장고 브랜드인 지펠, 김치냉장고 브랜드인 하우젠, 아파트 브랜드인 래미안, TV 브랜드인 파브가 별도로 존재한다. 삼성이란 브랜드 네임보다 애니콜, 지펠, 하우젠, 래미안, 파브라는 브랜드 네임을 알리는 데 더 주력하여 성공을 거두었다. 이에 반해 대우는 대우라는 브랜드 네임은 인지도가 매우 높았지만 계열사나 제품 자체의 인지도가 낮았다는 것이 IMF를 이겨내지 못한 이유 중 하나라고 본다.

❷ 형태성명학적 분석

대우의 심벌마크는 원형이지만 중앙에서 분열되는 형태를 띠고 있는 것이 단점이다. 심벌마크는 절대로 원형이나 사각형에서 벗어나면 안 된다. 또한 분열되는 형태는 반드시 피해야 한다.

대우의 심벌마크는 땅 밑에서 위로 폭발하는 형태, 아래에서 위로 펴져 나가는 형태로서 분열, 폭발, 분산의 이미지를 준다. 안으로 모여들고 중심으로 흡수되는 심벌마크를 만들었다면 좋았으리란 생각을 하게 된다. 우리나라의 훌륭한 기업 하나가 뿔뿔이 흩어지고 공중분해된 것에 대해 안타까운 마음이 든다.

❸ 색상성명학적 분석

대우의 심벌마크는 파란 색깔이다. 파랑은 오행으로 목(木)이고 뻗어나감을 상징한다. 대우라는 브랜드 네임에는 없는 오행을 보완해준다는 의미에서 매우 좋은 색상이라고 할 수 있다.

지금까지 대우라는 브랜드를 성명학적으로 분석해본 결과 그룹 이름에 오행이 2개뿐인 점, 각 계열사나 제품의 브랜드를 활성화시키지 못한 점, 심벌마크가 분열을 상징한다는 점이 그룹의 수명을 단축시킨 원인이라고 할 수 있다. 기업의 CEO들은 브랜드 네이밍에 대한 철저한 분석과 연구를 토대로 오랜 세월 계속되는 기업으로 끌고 나갔으면 하는 바람이 간절하다.

3. 현대그룹

현대그룹(이하 현대라고 한다)의 역사는 삼성과 더불어 근현대 한국 경제의 역사라 부를 수 있을 정도로 현대가 미치는 영향력은 매우 크다. 한때 49개의 계열사를 거느린 세계적인 규모의 그룹이었지만, 고 정주영 명예회장 시대를 마감하면서 유동성 위기를 맞아 일부는 채권단의 손에 넘어가고 일부는 현대그룹에서 분리되어 지금의 현대그룹은 7개의 계열사를 거느리고 있다. 현대라는 브랜드는 무엇이 장점이고 무엇이 단점인지 성명학적으로 분석해보자.

❶ 발음성명학적 분석

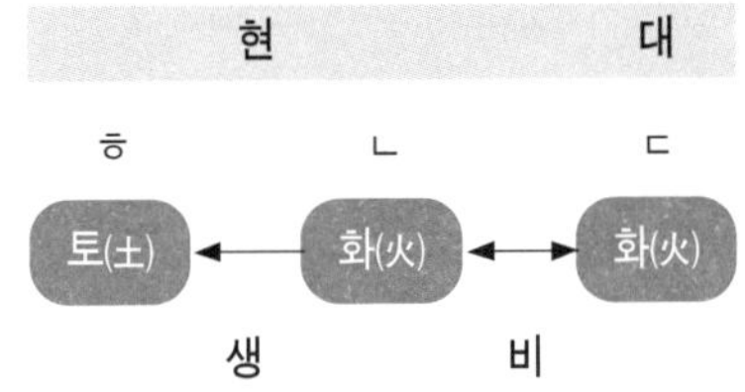

현대라는 브랜드 네임은 발음오행이 서로 상생하므로 좋은 이름이라고 할 수 있다. 현대라는 브랜드로 한 가지 업종에서 세계적인 기업이 되거나, 계열사가 많지 않은 기업으로 꾸려 나간다면 완벽한 이름이라고 할 수 있다.

그러나 오행이 상생하면서도 화(火)와 토(土) 2개의 오행만 있으므로 계열사가 수없이 많은 대그룹의 이름으로서는 부족하다고 본다. 그래서 그런지 현대는 수많은 계열사가 채권단에 의해 매각되거나 분리되어 재계 순위가 예전에 비해 많이 낮아졌다.

그렇다면 어떤 대책이 필요한가? 앞서 설명한 것처럼 계열사마다 브랜드 네임을 다르게 하여 계열사의 브랜드 인지도를 높이거나 제품 브랜드로 승부를 건다면 현대라는 브랜드 네임에 무거운 짐을 지우지 않고 힘을 나눌 수 있게 된다. 앞으로 현대그룹이 다양한 업종을 계열사로 거느리기 위해서는 현대라는 이미지를 고집할 게 아니라 계열사나 각 제품의 브랜드 네임으로 승부를 걸어야 한다.

현대그룹에서 분리된 현대자동차는 현대의 이미지를 강조하지 않고 개별적인 자동차 브랜드를 내세워 성공을 거두었다. 그랜저, 아반떼, 스타렉스, 소나타, 에쿠스, 싼타페, 트라제XG 등의 개별 브랜드 네임이 현대라는 브랜드 네임의 무게를 분산시켜주기 때문이라고 할 수 있다.

반면 현대건설은 어떤가? 현대건설이란 기업 이름만 떠오를 뿐이지 아파트 이름은 잘 생각나지는 않는다. '힐스테이트', '하이페리온'이란 아파트 브랜드가 있지만 소비자에게 잘 알려진 편은 아니다. 이유가 무엇일까? 브랜드는 많이 불려야 기(氣)가 작용할 수 있다. 사람들의 입에 많이 오르내려야 기의 작용력이 생기고, 많이 불려야 기가 파동을 통해 우주와 사람들 사이에서 영향력을 발휘하게 된다. 그런데 힐스테이트나 하이페리온을 부르는 사람을 보기 힘들다. 영어 전문가나 부를 정도의 매우 어려운 단어를 선택한 것이 문제이다. 자주 불리지 않으니 성명학적 분석이 아예 필요없게 된다.

영어로 된 단어는 네 글자를 넘어가면 소비자가 기억하기 힘들다. 기억하기 힘들 땐 부르기 힘들다. 부르기 힘들 땐 소리의 기가 작용할 수 없다. 소리가 불리지 않으면 그 이름은 죽은 것과 같다. 소리가 불리지 않으면 그 브랜드 네임은 죽은 것과 같다. 한글 이름이나 한글 브랜드 네임은 다섯 자라도 무방하지만, 이 역시 가능하면 다섯 자를 넘지 않는 것이 좋다고 본다.

브랜드 네임의 글자 수

영어 브랜드 네임의 경우 네 글자 이상은 기억하기 힘들다. 기억하기 힘들고 부르기 힘든 이름은 브랜드 네임으로 적절하지 않다. 한글 브랜드 네임은 다섯 자라도 무방하지만, 이 역시 되도록 다섯 자를 넘지 않는 것이 좋다.

아파트 브랜드 중에 대림산업의 'E-편한세상'은 다섯 자로 이루어져 있지만 누구나 쉽게 기억하고 부를 수 있다는 장점이 있다. 대우건설의 '프루지오'와 '이안', 삼성물산의 '래미안', 한화건설의 '꿈에그린', 신성건설의 '미소지움', 삼부토건의 '르네상스', 태영건설의 '데시앙', 동부건설의 '센트레빌', 우미건설의 '린' 같은 경우는 누구나 쉽게 듣고 부를 수 있다는 장점이 있다. 현대건설의 '힐스테이트'나 '하이페리온'이 일반 소비자가 인식하기 어려운 영어 이름에 글자 수가 다섯 글자라서 기억하기 어려운 점과 너무나 대조적으로 누구나 쉽게 부르면서도 편안한 휴식처 같은 느낌을 준다.

▲현대건설

▲현대미포조선

▲현대중공업

❷ 형태성명학적 분석

브랜드 이미지는 가능하면 통일된 형태로서 소비자에게 자연스럽게 눈에 띄고 기억되는 것이 좋다. 그러나 현대의 브랜드 이미지는 계열사마다 심벌마크 등이 조금씩 변형되어 다르게 사용되고 있다. 각각의 브랜드 이미지를 성명학적으로 분석해보자.

현대건설과 현대미포조선, 현대중공업의 심벌마크는 삼각형 2개가 겹쳐진 모습이다. 하나의 삼각형을 형상화했다면 삼각형의 꼭지점이 불안해 보였겠지만, 이렇게 2개를 겹쳐놓아 그런대로 무난한 형태라고 볼 수 있다.

그러나 삼각형 2개를 겹쳐놓음으로써 분열의 느낌이 든다. 마치 한 회사에 두 명의 사장이 있는 것처럼 보일 수 있어서 심벌마크로는 다소 불리하다고 본다. 색상을 보면 오행에서 목(木)을 나타내는 녹색과, 토(土)를 나타내는 노랑으로 이루어져 있다. 발음오행에는 없는 목(木)의 성장 지향과 토(土)의 건축 · 건설이 사업 분야와 매우 잘 맞는다.

현대에서는 이 심벌마크를 오랫동안 사용해왔는데, 오래 사용할수록 심벌마크의 기가 사람들에 영향을 주게 되고 그 영향은 다시 회사로 돌아오게 된다.

현대자동차

현대해상

현대제철

현대의 H를 형상화한 심벌마크를 사용하는 기업으로는 현대자동차, 현대해상, 현대제철이 있다. 먼저 현대자동차의 심벌마크는 타원형 안에

H가 비스듬하게 그려져 있으며, 오랜 기간 심벌마크로 사용되어왔다. 타원형 안의 H는 글씨체가 굵고 바깥의 타원형은 가늘다. 원형 안에 H를 넣은 것은 성명학적으로 매우 훌륭하지만, H가 강하고 타원형은 약해서 타원형이 H를 지켜내지 못하고 있다. 타원형의 약한 형태로 인해 사등분될 것 같은 불안한 느낌을 준다. 만약 타원형을 굵고 진하게, H를 가늘고 흐리게 한다면 보다 좋은 심벌마크가 될 것이다.

현대제철과 현대해상의 심벌마크는 바깥의 타원형이 없고 단순히 H만 형상화하였다. 마치 2개의 큰 기둥 사이에 다리가 놓인 것처럼 보인다. 이 심벌마크의 중심은 가운데에 있는 게 아니라 양쪽에 서 있는 2개의 기둥 모양에 있다고 보아야 한다. 이러한 형태는 회사의 특성이 두 가지로 크게 양분될 때에는 매우 안정적이다.

예를 들어 허씨 집안과 구씨 집안이 만나 공동으로 회사를 끌어 나가던 LG그룹의 경우 그리고 업종이 건설과 전자처럼 두 분야로만 구성된 기업의 경우에는 한 회사에 2명의 오너가 존재하게 되는데, 이런 경영구조를 한 회사라면 큰 문제가 없는 심벌마크이다.

그러나 한 사람의 경영자가 끌어 나가야 하는 기업이라면 오랜 세월이 흘러 반드시 회사가 나누어지거나 분사하게 된다. 이를 막기 위해 심벌마크의 빈 공간을 글자로 채우면 좋을 것이다. 즉 위에는 현을, 아래에는 대를 세로로 배치하는 것이다. 그러면 둘로 나누어지지 않고 하나로 통일된 느낌을 준다.

한편 색상은 어떠한가? 현대자동차와 현대제철은 파랑, 현대해상은 노랑 한 색깔만으로 단순하게 H를 형상화했으므로 색상성명학적으로 문제가 없다고 본다. 다만, 현대의 발음오행이 화(火)와 토(土)인데 각각 빨강과 노랑을 상징하므로 반복되는 색상오행은 피하는 것이 좋다. 그리고 노랑보다는 목(木)을 나타내는 파랑이 오행의 균형을 위해 조금 더 좋은 색상이라고 볼 수 있다.

현대백화점은 기존의 현대그룹 심벌마크와는 달리 독자적인 형태의 심벌마크를 사용하고 있다. 가로 직사각형 안에 글자를 넣는 형태로서 안정감이 느껴진다. 만약 세로 직사각형이었다면 매우 불안해 보일 것이다.

HYUNDAI DEPARTMENT STORE

심벌마크의 형태는 전혀 문제가 없어 보이지만 색상에서는 아쉬운 점이 있다. 현대백화점의 심벌마크는 녹색, 검정, 황토색으로 이루어져 있다. 오행으로 보아 녹색은 목(木)이요, 검정은 수(水)요, 황토색은 토(土)이다. 녹색과 검정은 오행이 수생목(水生木)으로 서로 생하니 매우 안정감이 있다. 그러나 황토색의 토(土)가 검정 수(水)와 토극수(土剋水)로 극하고 있다.

또한 어떤 의미에서였는지는 모르지만, HYUNDAI라는 영문 글자 중에서 D만 바탕이 검정이라서 눈에 선명하게 들어온다. 소비자들이 D라는 글자에 대해 어떻게 생각할까? 의미 전달 측면에서 D보다는 A나 H를 강조했으면 더 좋았을 듯하다.

성명학적으로 사람들이 보고 부를 때 좋은 의미로 각인되면 실제로 좋은 일들이 발생한다고 본다. 사람들은 ABCD 등의 알파벳을 보면서 등급을 먼저 생각할 것이다. D라는 글자와 A라는 글자를 볼 때 A는 A등급 또는 A학점이, D는 D등급 또는 D학점이 떠오를 가능성이 매우 높다. 백화점 업계의 선두라는 의미에서 A를 강조했더라면 좋았으리란 아쉬움이 남는다.

4. SK그룹

SK그룹(이하 SK라고 한다)은 1950년대 작은 직물공장에서 시작하여 현재 에너지, 화학, 정보통신 분야에서 눈부신 성장을 거듭해왔다. 창업자인 고 최종건 회장이 사망하면서 경영권이 동생인 고 최종현 회장에게 승계되었고, 다시 그의 아들인 최태원 회장에게 이어져 왔다. 이렇게 경영자가 바뀌어 오면서 SK는 오히려 더욱 눈부신 성장을 이룩해왔다. 성명학적으로 SK라는 브랜드 네임을 분석해보자.

❶ 발음성명학적 분석

먼저 그룹명인 SK를 분석해 보자.

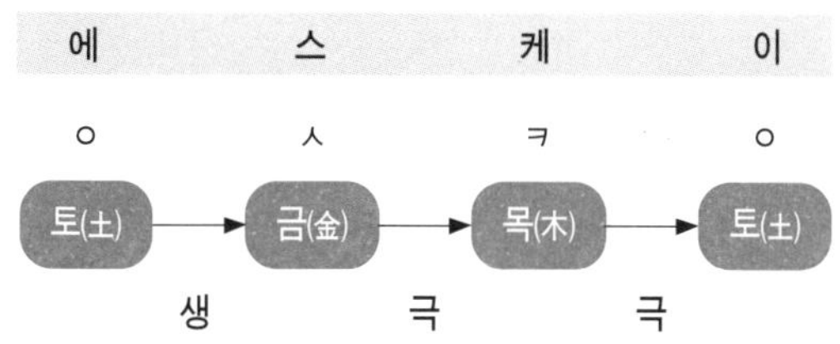

SK를 소리나는 대로 '에스케이' 로 분석하면 케이는 목(木)과 토(土)로 서로 극하기 때문에 해석할 필요가 없다. 극을 하는 오행은 생명력이 없기 때문이다.

에스케이에서 생명력을 가지고 있는 것은 '에스' 뿐이다. 토(土)와 금(金)이 서로 상생하므로 2개의 오행이 존재하고 있다. 이 경우 대그룹의 이름으로 쓰기에는 힘은 있지만 완벽하지는 못하므로 각 계열사나 제품 브랜드를 지을 때는 신중하게 선택해야만 오랫동안 국가 경제를 이끌어가는 장수 기업이 되리라 본다.

다음으로 SK텔레콤을 분석해보자. SK 하면 SK텔레콤 그리고 SK텔레콤 하면 011이란 전화번호가 가장 먼저 떠오를 것이다. 011 하면 무선통신, 무선통신 하면 바로 SK텔레콤이 자동 연상되는 것이다. 이렇듯 SK텔레콤이 011이란 번호로 무선통신 분야에서 성공을 거두게 된 이유를 성명학적으로 분석해보자.

첫째, 011은 숫자가 단순하다. 단순할수록 기억하기 쉽고, 기억하기 쉬울수록 부르기 쉽고, 많이 부를수록 기의 작용력이 강해진다. 둘째, 011은 성명학적으로 오행의 상생이 강하게 이루어진다.

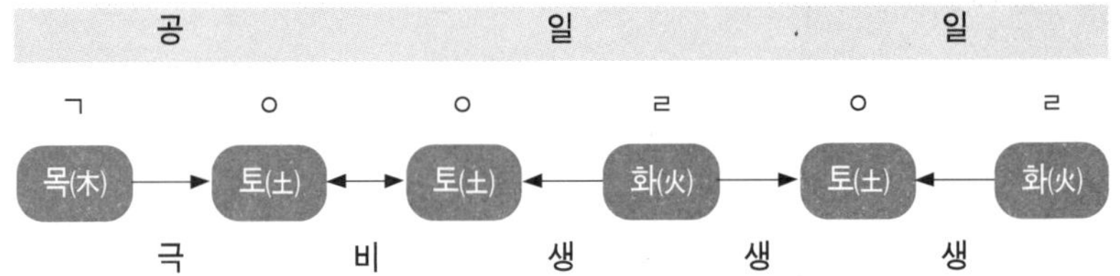

011 즉 공일일을 발음성명학적으로 분석해보면, '공'을 제외한 나머지 글자가 서로 상생한다. 즉 '일일'이 화생토(火生土)로 상생하니 화(火)와 토(土) 두 오행이 존재하는 것이다. 화(火)의 열정, 복잡함, 신속함, 적극적임 등의 의미와 토(土)의 중간자 역할 즉 사람과 사람을 연결함이 서로 맞아떨어져 사람과 사람을 신속하게 연결해주는 011이 완벽한 무선통신 국번이 되었다. 이러한 011을 선점한 SK는 그 덕을 완벽하게 보았다고 할 수 있다.

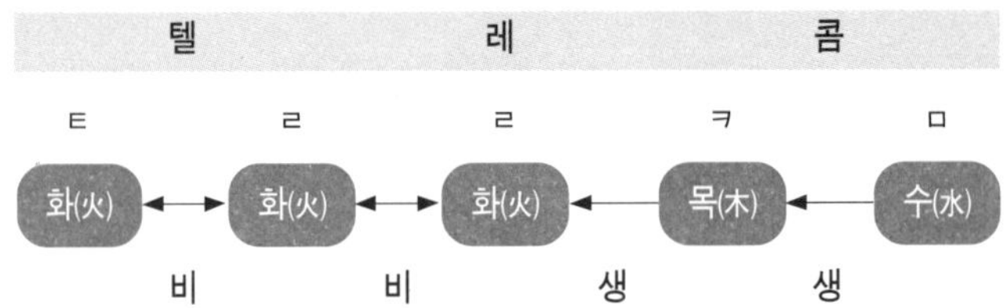

현재 우리나라에서 무선통신 시장이 눈부신 성장을 이룩할 수 있었던 비결은 텔레콤이 성명학적으로 훌륭한 이름인 이유도 있다. 텔레콤은 수생목(水生木)→목생화(木生化)로 상생함과 동시에 화(火)가 연속으로 3개가 존재하므로 수(水), 목(木), 화(火)가 힘을 가지고 있다.

화(火)의 열정과 신속함이 무선통신 분야를 이끌고 있으며, 수(水)의 지식 · 연구 · 발명 등으로 무선통신 분야에 새로운 연구가 집중되고 그 결과 세계를 이끌어 가고 있으며, 목(木)의 안정감과 인간지향주의가 무선통신 시장의 텔레콤 전성기를 열게 했다고 분석할 수 있다.

❷ 형태성명학적 분석

SK의 심벌마크는 회사 이름이 선경에서 SK로 바뀌면서 크게 변경되었고, 다시 고 최승현 회장에서 현 최태원 회장으로 이어지면서 변화를 거듭하여 현재의 형태가 사용되고 있다. '행복날개'라는 이름으로도 알려져 있다.

현재 사용하는 심벌마크는 SK라는 영문 로고 위에 나비가 한 마리 날아오르는 모습인데, 나비의 날개는 SK의 두 성장축인 에너지 · 화학과 정보통신이 비상한다는 의미를 담고 있다. SK 두 글자를 붙여놓음으로써 나름대로 가로 직사각형의 형태를 띠게 되니 안정감이 있다.

그러나 SK란 글자 위에 커다란 나비가 하늘을 향해 날아가는 모습에서 약간의 불안감이 느껴진다. 첫째, 글자에 비해 나비가 너무 크다는 것이다. 그래서 나비의 무게에 SK란 글자가 눌려 보이는 느낌이다. 글자를 좀더 키우고 나비를 좀더 작게 한다면 안정되어 보일 것이다. 둘째 나비가 하늘로 날아오르고 있다는 것이다. 나비가 하늘로 날아오르는 것이 왜 문제인가? 성명학적으로 심벌마크는 중심으로 집중시키는 효과가 필요하다. 집약, 축약, 집중이 바로 성명학적 심벌마크의 기본이기 때문에 반드시 나비는 SK란 글자 위에 앉아 있는 모습이어야 한다. 그래야만 SK는 한국 경제를 몇 세대 동안 이끌어가며 세계 경제의 중심에 서게 될 것이다.

❸ 색상성명학적 분석

SK의 CI는 빨강과 주황색으로 이루어져 있는데, 2005년에 CI 변경을 하면서 기존의 빨강을 기본색으로 사용하고 여기에 주황색을 추가하였다. 빨강은 오행 중 화(火)를 상징하고 열정을 상징한다. SK의 발음오행을 보면 토(土)와 금(金) 2개의 오행이 있는데 색상오행으로 화(火)를 보강한 것은 매우 좋은 선택이라고 본다.

다만, 빨강과 주황색을 사용함으로써 열정을 다하는 기업 이미지로는 잘 어울리지만 전체적으로 너무 밝아서 안정감이 떨어진다는 아쉬움이 있다. SK텔레콤에는 어울리지만, 다른 계열사에는 목(木)과 수(水)를 보강하는 의미에서 파랑이나 검정을 함께 사용하는 것은 어떨까 생각해본다.

5. LG그룹과 GS그룹

LG그룹(이하 LG라고 한다)의 원래 이름은 럭키금성그룹으로, 1995년 기업이미지 통합전략에 따라 럭키금성그룹을 LG로 변경하였고 이후 GS그룹(이하 GS라고 한다)이 계열분리되었다. LG는 양대축인 럭키화학(현 LG화학)의 'L'과 골드스타(현 LG전자)의 'G'가 합쳐진 이름이다. 따라서 여기에서는 럭키금성, LG, GS의 3가지 브랜드 네임을 성명학적으로 모두 분석해보고자 한다.

1) 럭키금성

럭키금성은 발음성명학적인 분석만 한다. 더불어 럭키금성의 영어식 표기인 럭키골드스타를 발음성명학적으로 분석해본다.

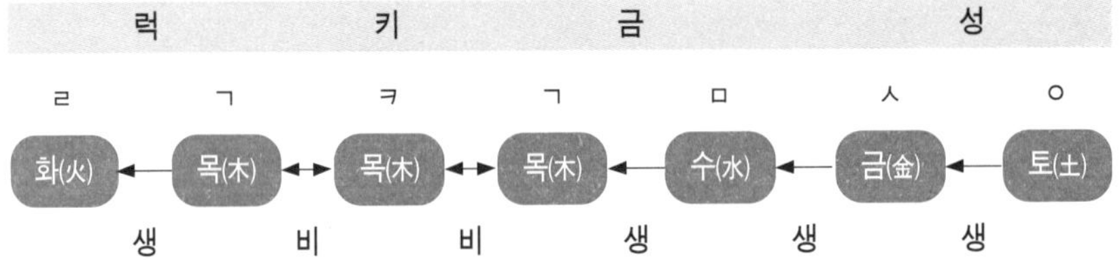

토(土)에서 시작된 오행이 토생금(土生金), 금생수(金生水), 수생목(水生木), 목생

화(木生火)로 오행 5개가 모두 생하고 있다. 따라서 럭키금성은 성명학적으로 최고의 가치를 가지고 있는 브랜드 네임이라 할 수 있다.

한편 럭키금성은 우리나라에서 사용되던 이름이며, 외국에서는 영어식 표기로 럭키골드스타라고 하였다. 이 경우는 발음성명학적으로어떻게 봐야 할까?

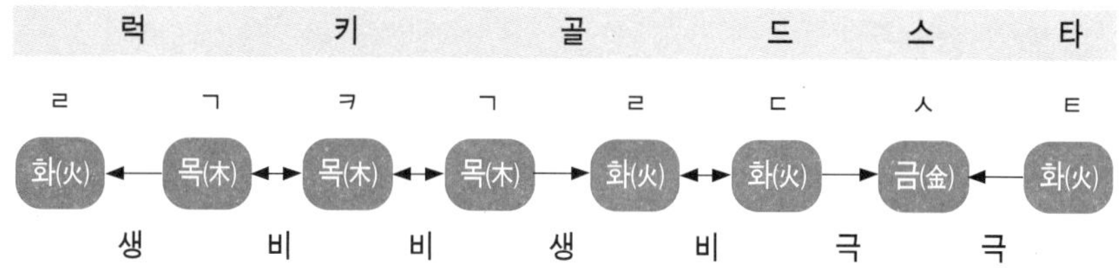

럭키골드스타는 발음오행이 생으로만 이루어진 럭키금성에 비해 생과 극이 혼합되어 있다. 발음오행 중에서 상생하는 목(木)과 화(火)만 힘이 있으므로 완벽한 브랜드 네임이라고 보기는 어렵다.

2) LG

LG는 소리나는 대로 '엘지'로 분석한다.

❶ 발음성명학적 분석

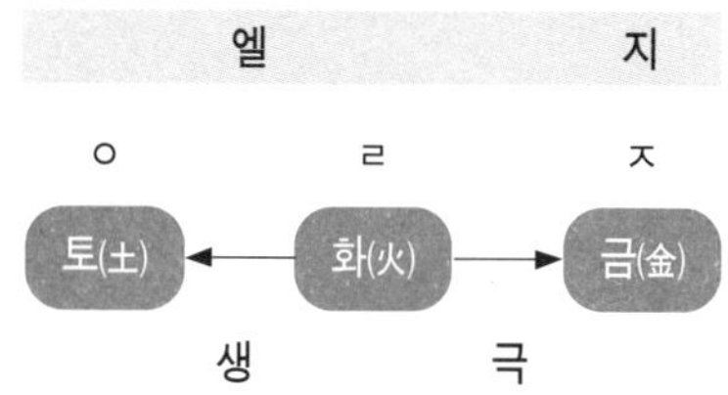

발음오행 중 한쪽은 생, 한쪽은 극으로 이루어져 있어서 분리될 가능성이 높은 브랜드 네임이다. 결과적으로 오랜 세월 함께했던 구씨 가문과 허씨 가문이 각자의 지분을 정리하면서 LG에서 GS가 계열분리되었다.

❷ 형태성명학적 분석

LG의 심벌마크는 G 안에 L이 들어 있는 원형으로서 사람이 웃고 있는 모습을 형상화하였다. 이 심벌마크는 둥근 형태가 매우 안정적이고 편안해 보이며 소비자에게 친근감을 주므로 최고의 심벌마크라고 할 수 있다. 더불어 웃는 모습이 보는 사람의 기분까지 좋게 하여 호감이 간다.

다만, 오른쪽의 눈 표시를 왼쪽으로 바꾸면 좋을 듯하다. 즉 소비자가 바라볼 때를 기준으로 오른쪽 눈을 표시한다면 오른쪽의 빈 공간을 완벽하게 보강할 수 있으리란 생각이다.

❸ 색상성명학적 분석

전체적으로 붉은색에 얼굴 이목구비를 하얀 선으로 처리하였다. 색상오행으로 붉은색은 화(火)이고 하얀색은 금(金)으로서 발음오행이 토(土)밖에 없는 브랜드 네임을 보강해주고 있다. 기분 좋은 색상 활용이라고 할 수 있다.

3) GS

GS를 소리나는 대로 '지에스'로 분석한다.

❶ 발음성명학적 분석

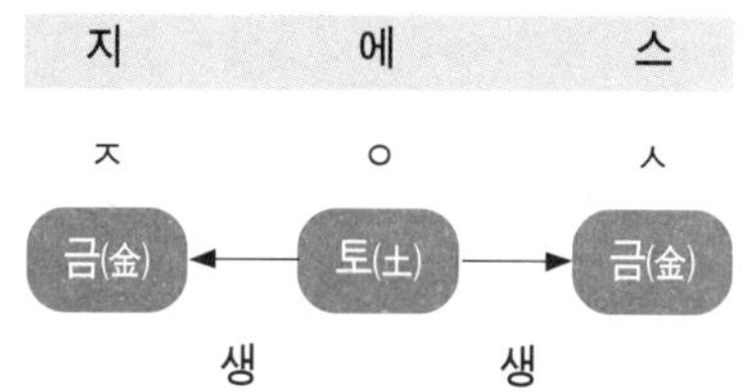

발음오행이 토생금(土生金)으로 생하니 토(土)와 금(金)이 힘이 있다. 좋은 브랜드 네임이라고 할 수 있다.

다만, 발음오행 2개의 상생만으로는 큰 규모의 그룹을 이끌어 나가기는 어렵다. 따라서 GS라는 브랜드 네임을 모든 계열사에 사용하기보다는 개별 브랜드를 부각시킬 수 있도록 브랜드 네이밍을 하는 것이 좋다.

❷ 형태성명학적 분석

GS의 심벌마크는 첫 글자인 G를 형상화한 것으로 물결 모양이 힘있어 보인다. 원형에 가까운 형태로서 만족스러운 심벌마크이다. 원형은 기를 집중시키는 효과가 있어 심벌마크의 형태로 이상적이다.

다만, 안으로 흡수되는 파도가 되어야 하는데, 위의 주황색은 밖으로 파도치는 모습이라 조금 아쉽다. 형태성명학적으로 심벌마크는 안으로 흡수되고 안으로 응축되는 형태를 최상의 형태로 본다.

❸ 색상성명학적 분석

G를 형상화한 파도 모양이 파랑 → 초록색 → 노랑 → 주황색으로 변화하고 있다. 색상오행을 보면 주황색은 토(土), 노랑은 토(土), 초록색과 파랑은 목(木)으로

서 GS의 발음오행인 금(金)과 토(土)를 보강해주고 힘을 주고 있다. 만족스러운 색상 배합이라고 할 수 있다.

6. CJ그룹

CJ그룹(이하 CJ라고 한다)은 삼성그룹 최초의 제조업체인 제일제당공업(주)이 그 시작으로, 1993년 삼성그룹에서 분리되었고 2002년에 CJ로 상호를 변경하였다. 현재 사업영역이 종합식품업 · 제약업 · 금융업 · 홈쇼핑 · 엔터테인먼트에 이르는 대그룹으로 성장하였다. 문화의 힘이 곧 국가 경쟁력으로 평가받는 현대에 우리나라의 영상문화를 선도하고 있는 CJ의 발전이 더욱 주목받고 있다.

❶ 발음성명학적 분석

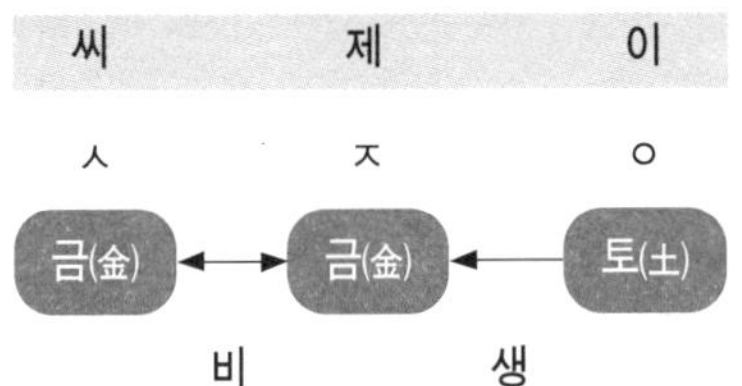

CJ는 소리나는 대로 '씨제이'로 분석한다. 토생금(土生金)으로 생하므로 토(土)와 금(金)이 힘이 있다. 오행 중 3개가 생하면 대그룹으로 성장하기에 좋지만 2개의 오행이라 조금은 아쉽다. 그러나 생으로만 이루져 있고 다섯 오행 중 2개가 살아 있으니 그런대로 만족스러운 브랜드 네임이다.

❷ 형태성명학적 분석

CJ의 심벌마크는 형태성명학적으로 분석해보면 아쉬운 점이 있다. 심벌마크가 중심을 향해 모여 있기보다는 이미 많은 꽃잎이 떨어지고 3개의 꽃잎만 남아 있는 느낌 또는 불규칙하게 어긋난 세잎클로버를 보는 듯한 느낌이다. 자칫 3개의 회사로 분리될 것 같은 암시를 준다. 좀더 많은 꽃잎을 원형으로 모아놓았으면 좋았을 것 같다. 현재 CJ는 우리나라의 문화산업 분야에서 선두적인 위치에 있으므로 미래를 위해서 현재의 심벌마크를 바꾸었으면 하는 바람이다.

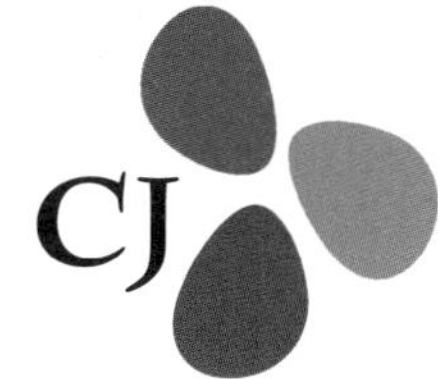

❸ 색상성명학적 분석

파랑, 주황색, 빨강의 꽃잎 3개가 있고 그 한쪽에 검정 로고를 배치하였다. 색상오행으로 보면 파랑은 목(木), 주황색은 토(土), 검정은 수(水)인데, 하나의 심벌마크에서 이렇게 다양한 오행을 살려주기는 힘들다. 좋은 색상 배합이라 할 수 있다.

7. 소주 브랜드

현재 우리나라 소주업계의 라이벌이라 하면 진로의 '참이슬'과 두산의 '처음처럼'을 들 수 있다. 소주는 동료나 친구와 가볍게 한 잔 하면서 마음 속 이야기를 털어놓게 해주는 서민의 술이라 하겠다. 우리 서민들의 애환과 함께해온 술이 바로 소주이다. 그만큼 소주는 서민들에게 매우 친밀한 술이다. 그 소주시장이 요즘 들어 순한 소주로 정면 승부를 걸고 있다. 이 또한 반가운 일이다. 스트레스가 줄고 마음이 편하면 술을 덜 찾게 되고, 마셔도 순한 술을 찾게 될 것이기 때문이다.

여기에서는 우리 서민과 함께해온 소주 브랜드인 진로의 '참이슬'과 두산의 '처음처럼'을 성명학적으로 분석해보고자 한다.

1) 진로

1924년 창업한 이래 현재까지 우리나라 소주시장에서 강자로 군림하고 있는 회사가 바로 진로이다.

❶ 발음성명학적 분석

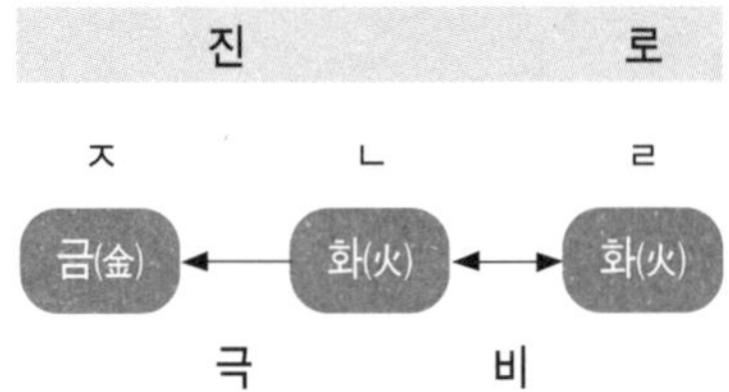

'진'은 화극금(火剋金)을 하므로 힘이 없다. 힘이 있는 오행은 '로'의 화(火)뿐이다. 그러나 이 이름은 수많은 계열사를 둔 대그룹의 상호가 아닌 소주라는 제품 브랜드이기 때문에 오행이 하나만 존재해도 문제가 없다. 분명 로의 화(火)가 살아 있기 때문이다.

오행 중 화(火)는 열정, 모험, 변화를 상징하고, 소비패턴이 빠르게 이루어지는 제품에 어울리므로 진로는 소주 브랜드 이름으로 안성맞춤이라고 할 수 있다.

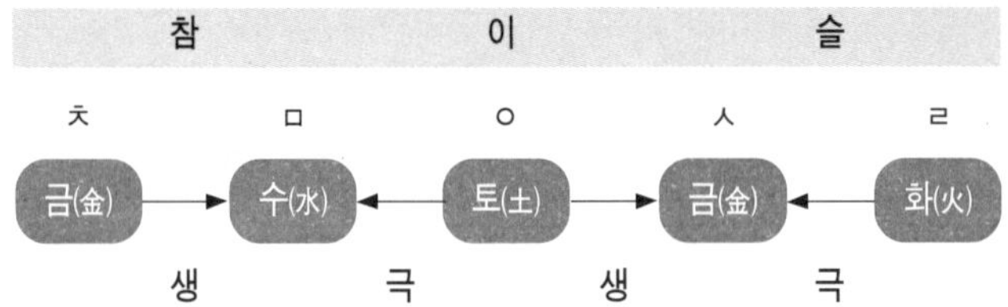

참이슬의 발음오행을 분석해보면, '참'은 금생수(金生水)를 하므로 금(金)과 수(水)가 살아 있고, '이'는 토생금(土生金)을 하므로 토(土)가 살아 있다. 그러나 참과 이슬 사이의 ㅁ과 ㅇ이 토극수(土剋水)로 극하기 때문에 수(水)와 토(土)의 힘이 떨어진다. 결론적으로 말해서 금(金)의 기운이 가장 강하게 살아 있고, 수(水)와 토(土)는 그 다음으로 힘이 있다고 보면 된다.

참이슬이란 이름은 참과 이슬이 합쳐진 것이다. 따라서 먼저 참이슬 세 글자를 각각 분석하고, 다음으로 참과 이슬을 끊어서 판단한다. 성명학적으로 참이슬은 금(金)이 100점, 수(水)와 토(土)는 각각 50점으로 볼 수 있다. 개별 제품 브랜드로는 손색이 없는 이름이다.

❷ 형태성명학적 분석

최근 참이슬은 오랫동안 사용해온 브랜드 디자인을 새롭게 변화시켰다. 예전에는 대나무 형태의 직사각형 안에 '참眞이슬露'라는 단어를 배치하였다. 안정감이 느껴지는 형태로서 완벽에 가까운 힘을 지니고 있었다.

현재는 오른쪽에 대나무가 있고 왼쪽 상단에 참眞, 중앙에 이슬露를 배치하였다. 예전의 배열 형태보다 안정감이 떨어진다.

예전의 브랜드 디자인

현재의 브랜드 디자인

❸ 색상성명학적 분석

예전의 브랜드 디자인이나 현재의 브랜드 디자인 모두 '참眞이슬露'의 색상을 보면 참이슬은 검정으로, 眞露는 초록색으로 구분하였다. 검정의 수(水)와 초록색의 목(木)이 브랜드 네임의 오행을 보강해주므로 매우 좋다고 본다.

2) 두산

❶ 발음성명학적 분석

두산의 '처음처럼'은 2006년에 처음 출시되어 큰 인기를 누리고 있다. 처음처럼이 나오기 전에는 '산'이라는 소주 브랜드가 있었다. 말하자면 '산'을 '처음처럼'으로 교체한 것이다.

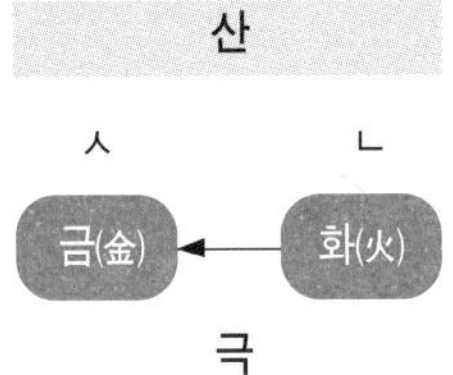

위의 오행 분석에서 보다시피 산이라는 브랜드 네임은 오행의 힘이 없다. 당연히 오랜 수명을 누리기 어렵게 되었다.

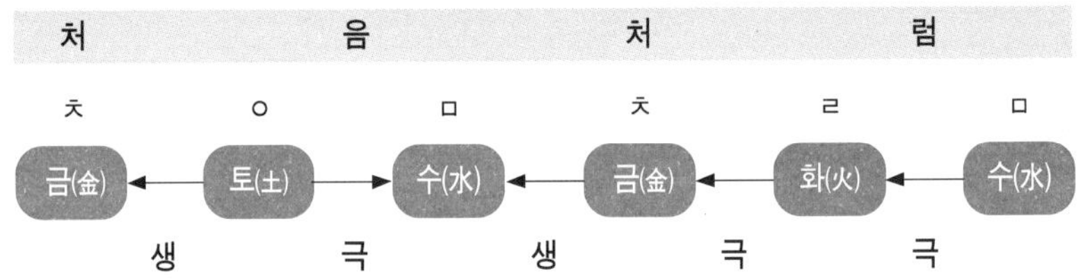

단어와 단어가 연결되어 있으므로 '처음'과 '처럼'을 분리하여 분석한다. '처'는 금(金)이 살아 있다. '음'은 토(土)와 수(水)가 서로 극하니 힘이 없다. '처럼'은 모두 극으로만 이루어져 있으므로 쓸 수 있는 오행이 없다.

결론적으로 말해서 처음처럼은 금(金) 하나만 쓸 수 있다. 그러나 소주라는 단일 품목의 브랜드 네임이므로 하나의 오행만 살아 있어도 긍정적으로 본다.

❷ 형태성명학적 분석

먼저 산의 심벌마크를 보자. 산을 직접적으로 형상화한 심벌마크는 삼각형의 형태이다. 이미지는 뚜렷하지만 삼각형은 성명학적으로 가장 꺼리는 형태이기 때문에 만족스럽지 못하다.

그렇다면 2006년에 출시된 처음처럼은 어떤가? 처음처럼은 처음 아래에 처럼을 배치함으로써 글씨가 정사각형을 이루고 있다. 브랜드 네임이 중앙에 집중되어 있으므로 매우 만족스러운 형태이다.

더불어 새 한 마리가 날아오는 모습이니 이 또한 매우 만족스럽다. 심벌마크에서 떠나가는 모습은 좋지 않다. 반드시 날아오거나 다가오거나 돌아오는 모습을 보여줄 때 최고의 가치가 있다고 본다. 그러나 새의 머리와 날개만 있고 몸통과 꼬리가 없는 것은 왠지 불안해 보인다. 불완전한 모습은 불안함을 초래하므로 심벌마크로서 가치가 떨어진다.

❸ 색상성명학적 분석

처음처럼이란 글자와 새가 모두 검정이다. 검정은 수(水)이니 브랜드 네임에 부족한 수(水)를 보강해주므로 좋은 색상 배합이라고 본다.

8. 패스트푸드 브랜드

대학가나 도시 중심가에 어김없이 등장하는 것이 바로 유명 패스트푸드 전문점이다. 이 패스트푸드 전문점들은 전 세계적인 유통망을 갖추고 있으며 어느 나라 어느 장소에서든 큰 성공을 거두고 있다. 이들 패스트푸드 브랜드는 성명학적으로 어떤 특징이 있는지 하나씩 분석해보자.

1) 맥도날드

❶ 발음성명학적 분석

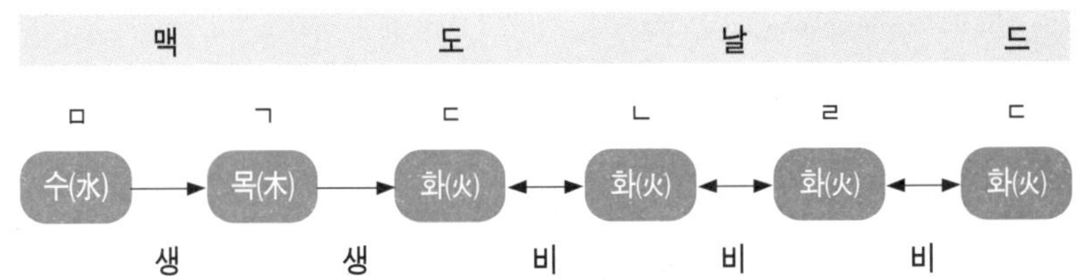

발음오행이 수생목(水生木), 목생화(木生火)로 이어지고 있어 성명학적으로 매우 완벽한 브랜드 네임이다. 더불어 소비가 급속하게 이루어지는 화(火)에서 생이 멈추고 연달아 화(火)가 4개나 이어지므로 제품이 불타오르듯 잘 판매되는 느낌을 준다. 성명학적으로 최고의 브랜드 가치를 가지고 있다고 할 수 있다.

❷ 형태성명학적 분석

맥도날드의 심벌마크는 2개의 아치가 나란히 서 있는 모습으로 이것을 골든 아치(Golden Arches)라고 한다. 이 골든 아치는 맥도날드의 영문 중 앞 글자 M을 형상화한 것으로서, 타원형의 형태이므로 나름대로 안정감이 느껴진다.

그러나 이 골든 아치는 성명학적으로 브랜드 네임보다는 힘이 약하다고 볼 수 있다. 뾰족한 삼각형의 모습은 안정감이 떨어지고 분열된 형태라 집중이 덜 되기 때문이다. 물론 쓸 수 없을 정도로 약한 것은 아니며 충분히 만족스러운 형태이다. 좀더 완벽한 모양을 위해 지금의 형태에서 아치형 바깥에 안정감을 주는 원형이나 정사각형을 두면 좋을 것 같다.

❸ 색상성명학적 분석

맥도날드의 심벌마크는 빨간 바탕에 노란 골든 아치와 하얀 로고로 이루어져 있다. 노랑은 오행상 토(土)에 해당한다. 이것은 맥도날드라는 브랜드 네임에는 없는 오행이다. 브랜드 네임에서 부족한 오행을 심벌마크의 색상오행으로 보강해준 셈이니 매우 뛰어난 색상 배합이라고 할 수 있다.

더불어 토(土)는 사람과 사람을 연결한다. 이것이 바로 맥도날드에서 친구와 연인 그리고 가족이 만나면 마음이 편안해지는 이유가 될 것이다. 우연이든 우연이 아니든 맥도날드라는 브랜드 네임과 심벌마크는 성명학적으로도 최고의 가치를 가지고 있다.

2) 롯데리아

❶ 발음성명학적 분석

롯데리아의 발음오행을 분석할 때 '롯'의 종성 ㅅ은 제외한다. 롯데리아는 '로떼리아'로 발음되기 때문이다.

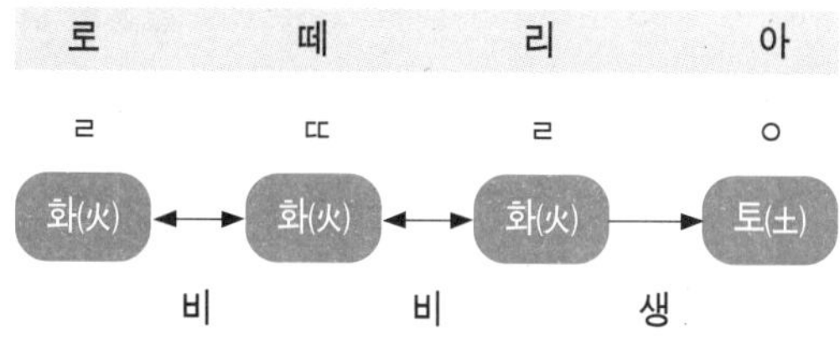

화(火)의 비(比) 즉 친구들이 많고, 다시 화생토(火生土)로 생을 하고 있다. 따라서 롯데리아라는 브랜드 네임은 화(火)와 토(土)가 힘이 있다. 2개의 오행이 힘이 있으므로 단일 브랜드로는 훌륭한 이름이라고 할 수 있다.

❷ 형태성명학적 분석

롯데리아의 영문글자 중 L을 크게 쓰고 그 밑에 LOTTERIA를 작게 쓴 다음, 옆에 동그라미를 배치하였다. 균형이 약간 맞지 않는 듯하면서도 L자와 동그라미가 어울려 안정감이 느껴진다. 좀더 안정감 있게 동그라미 안에 L자를 꽉 채워 놓는 형태라면 어떨까 하는 생각이 든다.

❸ 색상성명학적 분석

L자에 빨강과 동그라미에 주황색을 활용하였는데, 빨강은 오행상 화(火)이고 주황색은 토(土)이다. 화(火)의 열정, 소비, 모험심, 속도감과 토(土)의 연결, 화합이 조화를 이루고 있다. 성명학적으로 매우 만족스러운 색상 배합이다.

3) KFC

❶ 발음성명학적 분석

영어의 F는 발음상 ㅎ 즉 토(土)로 보고, P는 발음상 ㅍ 즉 수(水)로 보면 된다. 따라서 케이에후씨로 발음오행을 분석한다.

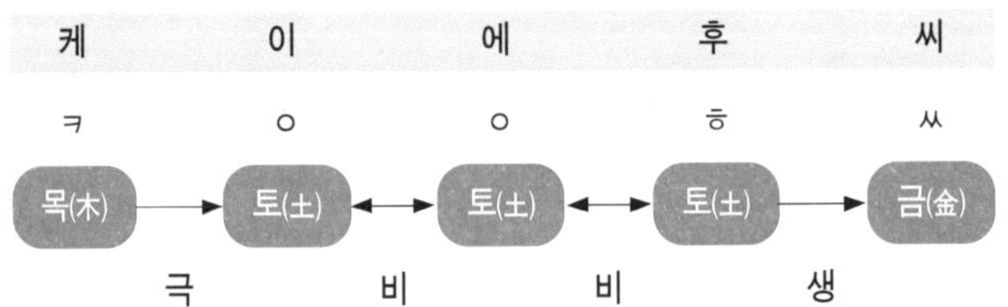

케이는 목극토(木剋土) 때문에 힘이 없어지고 에후씨는 토(土)와 금(金)이 서로 생하니 힘이 넘친다고 볼 수 있다. 그러므로 KFC는 토(土)와 금(金)으로 이루어진 브랜드 네임이다. 패스트푸드 브랜드로 손색이 없는 이름이다.

다만, 열정과 소비를 상징하는 화(火)가 없는 것이 단점인데 색상에서 화(火)를 보강하고 있으니 이 또한 아름답다.

❷ 형태성명학적 분석

사다리꼴 사각형 안에 창업자를 떠올리게 하는 노인의 얼굴이 있다. 미소짓고 있는 모습이 편안하고 인자해 보인다. 바깥의 사각형과 안쪽의 둥근 얼굴이 균형을 이루면서 안정감을 준다. 성명학적으로 만족스러운 형태이다.

❸ 색상성명학적 분석

중심의 할아버지 모습은 하양이고 바탕은 빨강으로 조화를 이루고 있다. 하양은 오행상 금(金)에 해당하고 빨강은 화(火)에 해당한다. KFC라는 브랜드 네임에는 없는 화(火)를 보강해주고 있는 훌륭한 심벌마크이다. 또한 인물을 따라 검은 선을 굵게 둔 것은 수(水)를 추가한 것으로 탁월한 색상 배합이라고 할 수 있다.

4) 던킨도너츠

이름이 다섯 글자로 되어 있어 어려울 듯하지만, 도너츠는 누구나 잘 알고 있는 글자이므로 던킨도너츠는 소비자가 쉽게 기억할 수 있는 좋은 브랜드 네임이다.

❶ 발음성명학적 분석

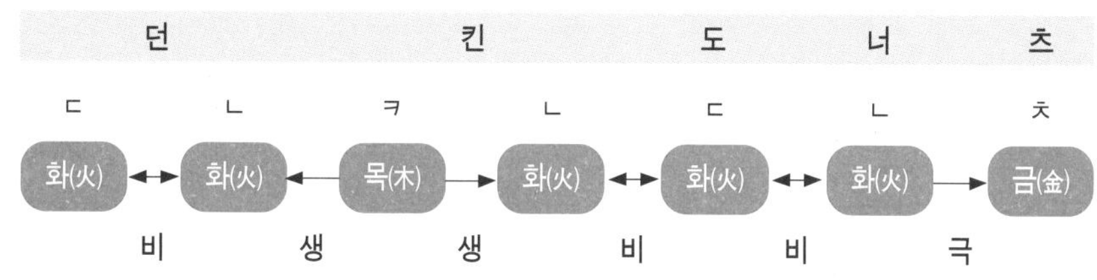

던킨도너츠 중에서 너츠는 서로 상극하므로 힘이 약하지만, 나머지 오행인 화(火)와 목(木)이 강하여 브랜드 네임으로 훌륭하다.

❷ 형태성명학적 분석

왼쪽에 컵 모양의 심벌마크와 오른쪽에 가로 직사각형 형태의 영문 로고를 배치함으로써 안정감이 있다. 조금은 답답한 느낌이지만, 영문 글씨가 누구나 알 수 있는 쉬운 글자이므로 큰 문제는 없어 보인다.

❸ 색상성명학적 분석

왼쪽의 심벌마크뿐만 아니라 오른쪽의 영문 로고가 주황색과 진분홍색이다. 주황색은 오행으로 토(土)를 상징하고, 진분홍색은 화(火)를 상징한다. 브랜드 네임에 없는 토(土)를 보강한 매우 좋은 색상 배합이라고 할 수 있다.

5) 버거킹

❶ 발음성명학적 분석

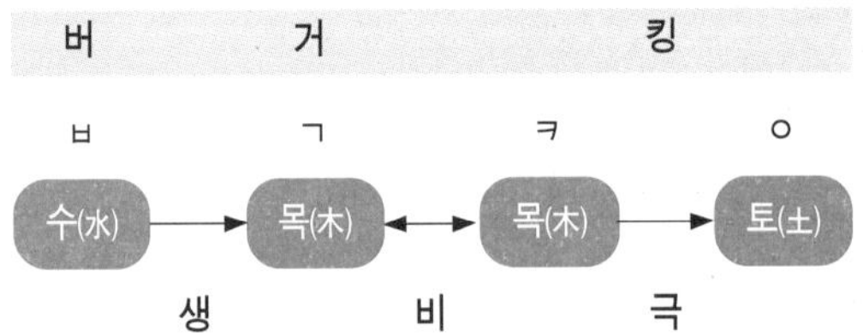

킹의 ㅋ과 ㅇ이 목극토(木剋土)로 상극하기 때문에 힘이 없고, 버거의 ㅂ과 ㄱ은 수생목(水生木)으로 상생하니 수(水)와 목(木)이 힘이 있다. 브랜드 네임으로 훌륭하다고 본다.

❷ 형태성명학적 분석

햄버거빵 사이에 버거킹의 영문 로고를 배치한 재미있는 모양이다. 중심으로 집중시키는 효과가 있는 원형으로서 성명학적으로 가치가 매우 높다. 원형 심벌마크는 기의 집중이 잘 되어 소비자에게 편안함과 안정감을 주고 지속적인 성장을 가져온다.

❸ 색상성명학적 분석

바깥의 동그라미를 파랑으로, 중앙의 햄버거빵은 노랑으로, 중심의 영문 로고는 빨강으로 이루어져 있다. 즉 파란색의 목(木), 노랑의 토(土), 빨강의 화(火)로 이루어져 있어 브랜드 네임에서 부족한 오행을 많이 보강해주고 있다. 매우 만족스러운 색상배합이라고 할 수 있다.

6) 피자헛

❶ 발음성명학적 분석

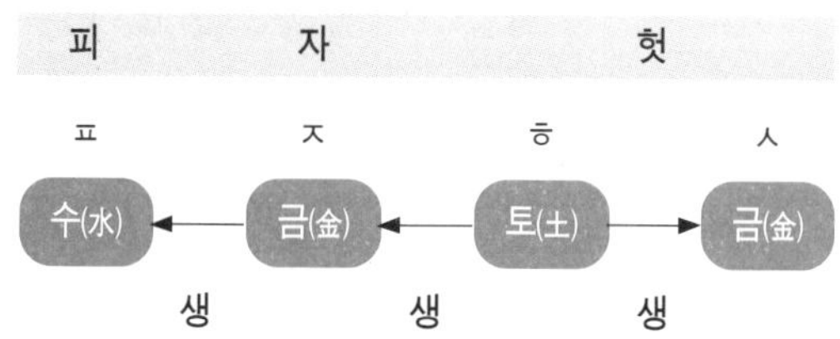

토생금(土生金), 금생수(金生水)로 토(土), 금(金), 수(水)가 서로 생하므로 세 오행 모두 힘이 있다.

❷ 형태성명학적 분석

지붕 밑에 피자헛의 영문 로고를 배치하였다. 중앙을 중심으로 모여 있으므로 안정감이 있다.

❸ 색상성명학적 분석

지붕의 빨강과 영문 로고의 검정 그리고 노랑 밑줄은 오행상 각각 화(火)와 수(水)와 토(土)에 해당한다. 발음오행의 토(土), 금(金), 수(水)와 겹쳐 오행 보강 효과가 적다. 하지만 'i'에 초록색 점을 찍어 목(木)을 보강한 것은 매우 훌륭하다.

9. 대형서점 브랜드

1) 교보문고

교보문고를 성명학적으로 분석할 때 '교보문고'로 해야 한다는 의견과 '교보'로 해야 한다는 의견이 공존한다. 그러나 일상적으로 "교보문고에 가자"고 말하는 사람보다 간단하게 줄여서 "교보에 가자"라고 말하는 사람이 많기 때문에 여기서는 '교보'로 분석하고자 한다. 이것은 '삼성그룹'이 아니라 '삼성'으로 분석하는 것과 같은 이치이다.

❶ 발음성명학적 분석

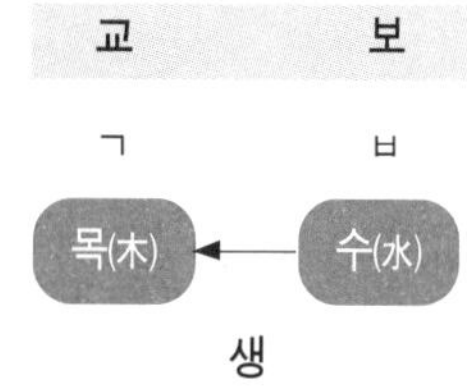

목(木)과 수(水)가 서로 생하니 두 오행 모두 힘이 있다. 수(水)는 지혜를 상징하고 목(木)은 서적, 책을 상징하므로 교보문고는 서점으로는 최고의 브랜드 네임이라 할 수 있다.

❷ 형태성명학적 분석

교보문고의 심벌마크는 영문 KYOBO와 한글 교보문고를 같이 사용하고 있다. 영문 로고 위에 작은 새가 앉아 있는 모습이 특히 눈에 띈다. 이 새로 인해 사람들에게 친근감을 주고 잘 기억되겠지만, 형태적인 면에서는 안정감이 다소 떨어진다.

❸ 색상성명학적 분석

청색 계열 로고는 오행으로는 목(木)에 해당한다. 또한 초록색 작은 새도 오행으로 목(木)에 해당한다. 발음오행의 목(木)과 중복되는 색상배합이다.

2) 영풍문고

영풍문고 역시 교보문고와 마찬가지로 '영풍'으로 분석한다.

❶ 발음성명학적 분석

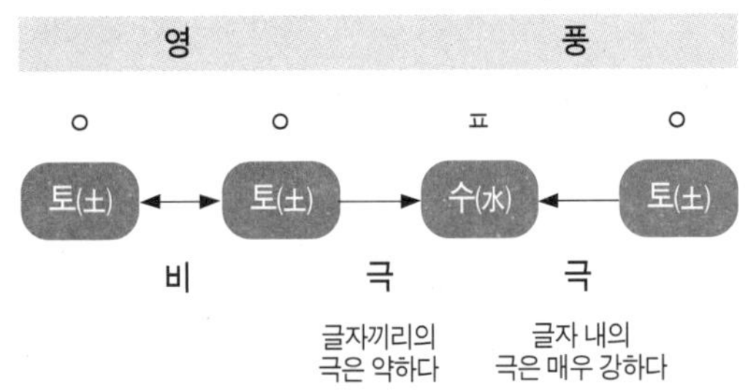

풍의 ㅍ은 오행으로 수(水)인데 양쪽에서 극을 받으므로 사용할 수 없다. 영은 ㅇ이 2개 있는데 오행으로는 토(土)이며 힘이 있다. 여기서 한 가지 설명하자면, 같은 극이라도 글자와 글자가 서로 극하는 것보다 한 단어 안에서 일어나는 극이 더 강하다는 것이다. 즉 '영'과 '풍'이 만날 때 ㅇ과 ㅍ의 극보다 '풍'의 ㅇ과 ㅍ의 극이 더 강하다.

❷ 형태성명학적 분석

가로 직사각형 형태로 심벌마크와 로고를 배치하였다. 완벽하지는 않지만 좋은 형태이다.

BOOK 영풍문고

❸ 색상성명학적 분석

심벌마크와 로고가 검정에 가까운 회색이다. 오행상 수(水)에 해당한다. 수(水)는 지혜를 상징하므로 서점에 잘 어울리고, 또한 브랜드 네임에 없는 오행을 보강해준다.

3) Yes24

Yes24는 발음하는 대로 '예스이십사'로 분석한다.

❶ 발음성명학적 분석

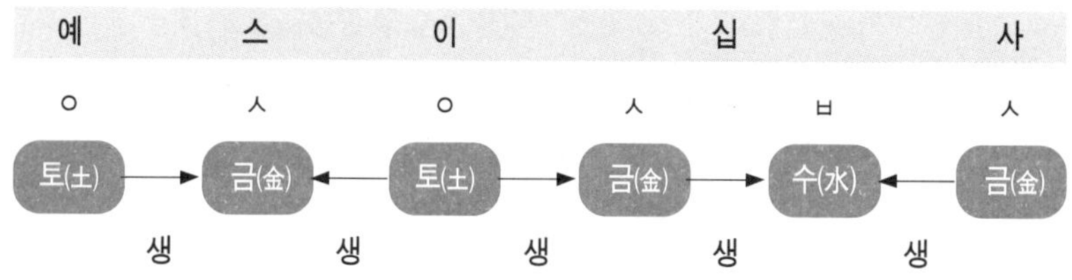

발음오행이 모두 생으로 이루어져 있어 매우 훌륭한 브랜드 네임이다. 토(土), 금(金), 수(水) 모두 힘이 넘친다.

❷ 형태성명학적 분석

심벌마크와 로고가 매우 균형 잡힌 형태는 아니다.

물론 균형감이 없는 것은 아니다. 한마디로 말해 무난한 심벌마크라고 할 수 있다. 완성도 높은 브랜드 네임에 비해 브랜드 디자인은 완성도가 낮다.

❸ 색상성명학적 분석

청색, 빨강 그리고 검정 글씨는 각각 목(木), 화(火), 수(水)에 해당한다. 이 중에서 목(木)과 화(火)는 브랜드 네임에 없는 오행을 보강해준다.

4) 알라딘

❶ 발음성명학적 분석

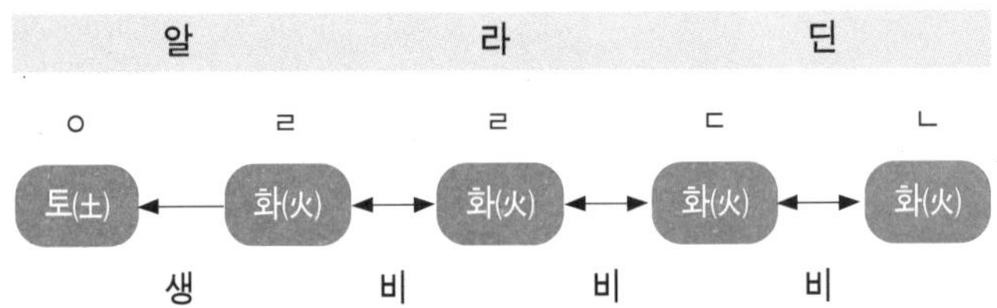

발음오행 중 화(火)와 토(土)의 힘이 강하다. 화생토(火生土)로 생하고, 화(火)가 연속으로 이어지기 때문이다. 오행의 성향으로 볼 때 화(火)의 인터넷과 토(土)의 연결, 중개자, 인터넷 서점에 안성마춤인 브랜드 네임이다.

❷ 형태성명학적 분석

중앙에 알라딘의 요술 램프를 형상화하고 그 아래에 알라딘 영문 로고를 배치하였다. 영문 로고에서는 안정감이 느껴지지만 요술 램프는 조금 어수선한 것이 아쉽다.

❸ 색상성명학적 분석

영문 로고의 검정은 오행상 수(水)에 해당하고, 요술 램프의 파랑은 목(木)에 해당한다. 지혜와 지식을 상징하는 수(水)와 서적과 서점을 상징하는 목(木)의 배합이 만족스럽다.

10. 맥주 브랜드

1) 하이네켄

하이네켄은 네덜란드에서 생산되는 세계적인 맥주 브랜드이다.

❶ 발음성명학적 분석

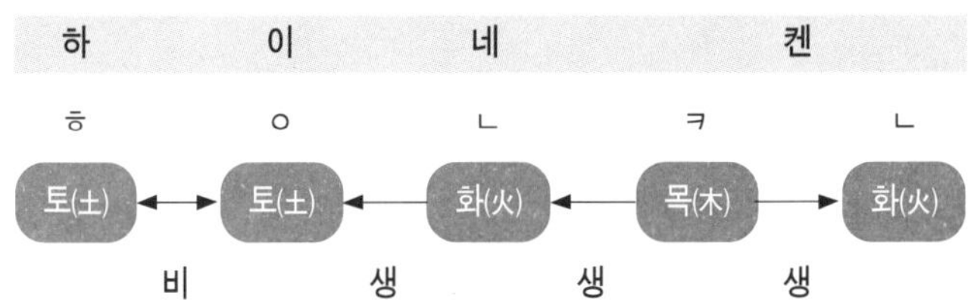

목생화(木生火), 화생토(火生土)로 목(木), 화(火), 토(土)가 서로 상생하고 있다. 목(木)의 인간 · 인정과 화(火)의 열정 그리고 토(土)의 관계 · 믿음이 서로 어우러져 맥주 브랜드로 매우 만족스러운 작명이다.

❷ 형태성명학적 분석

원형의 중심에 가로 직사각형으로 로고를 배치하였다. 매우 안정감이 있어서 훌륭한 CI이다.

❸ 색상성명학적 분석

둥근 띠 모양의 녹색 그리고 로고 바탕의 검정과 하양의 배치가 시원해 보인다. 오행으로는 각각 목(木), 수(水), 금(金)에 해당한다. 브랜드 네임에 부족한 오행을 색상오행으로 완벽하게 보강하고 있다.

2) 하이트

하이트는 우리나라의 대표적인 맥주 브랜드이자 주류회사 이름이다. 원래는 조선맥주주식회사였는데, 맥주 브랜드인 하이트가 큰 성공을 거두자 하이트맥주로 상호를 변경하였다. 여기에서는 상호가 아닌 맥주 브랜드 하이트를 분석한다.

❶ 발음성명학적 분석

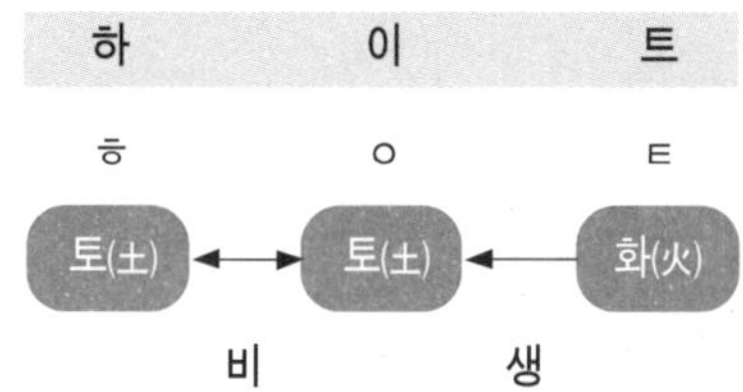

화생토(火生土)로 화(火)와 토(土)가 서로 생하고 있다. 화(火)의 열정과 토(土)의 관계 · 믿음이 조화를 이룬 좋은 브랜드 네임이라고 할 수 있다.

❷ 형태성명학적 분석

물이 솟아오르는 모습처럼 영문 로고가 위를 향하고 있다. 힘은 있어 보이지만 안정감이 다소 떨어진다.

❸ 색상성명학적 분석

영문 로고의 진한 청록색은 오행으로 목(木)에 해당한다. 목(木)은 인간과 인정을 나타내고, 브랜드 네임에 없는 오행을 보강해주고 있다.

3) 코로나

멕시코의 유명한 맥주 브랜드이다.

❶ 발음성명학적 분석

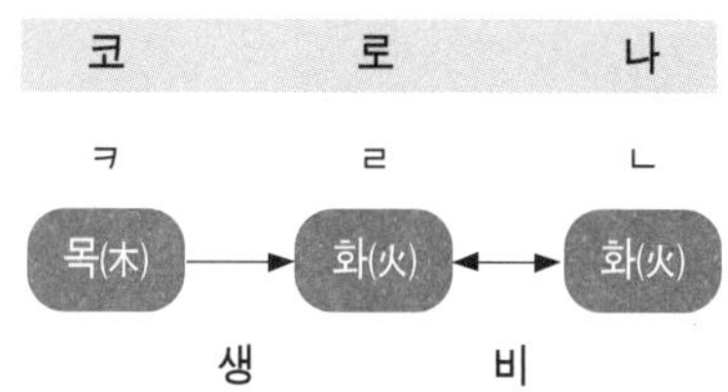

목생화(木生火)로 목(木)과 화(火)가 서로 생하니 두 오행 모두 힘이 있다. 좋은 브랜드 네임이라고 본다.

❷ 형태성명학적 분석

중심에 왕관 모양의 심벌마크가 있고 그 아래에 영문 로고가 안정감 있게 자리하고 있다. 매우 좋은 디자인이다.

❸ 색상성명학적 분석

로고의 짙은 남색은 오행상 목(木)에 해당하고, 심벌마크인 왕관은 노랑으로 토(土)에 해당한다. 좋은 색상 배합이다.

4) 카프리

카프리는 OB맥주의 개별 브랜드이다.

❶ 발음성명학적 분석

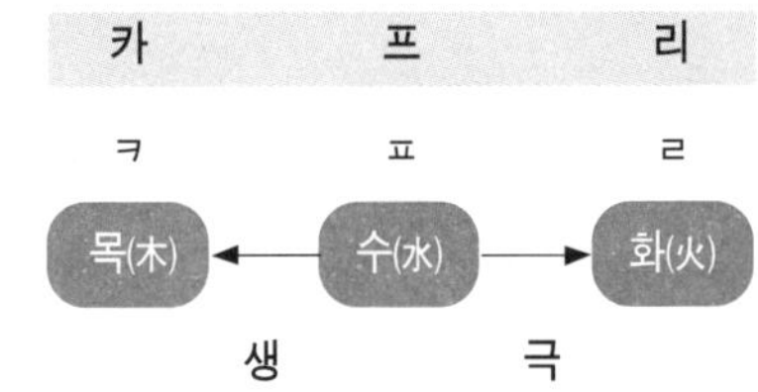

수생목(水生木)과 수극화(水剋火)가 모두 있다. 수(水)와 화(火)는 서로 극하여 힘이 없고, 목(木)은 생을 받아 힘이 있다.

❷ 형태성명학적 분석

원형에 가까운 형태이며 중앙에 영문 로고를 배치하여 매우 안정감이 있다. 다만 색상 배합이 다소 단조롭게 느껴진다.

❸ 색상성명학적 분석

하얀 바탕에 짙은 파랑 글씨와 원형이 단조롭다. 하얀색 금(金)과 짙은 파랑의 목(木)이 브랜드 네임에 부족한 오행을 보강하고 있다.

11. 라면 브랜드

1) 농심

농심은 삼양보다 한 발 늦게 라면 시장에 뛰어들었지만 현재 매출 1위를 지키며 확실하게 자리를 잡았다. 성명학적으로 농심이란 브랜드 네임은 어떤 장점을 가지고 있는지 알아보자.

❶ 발음성명학적 분석

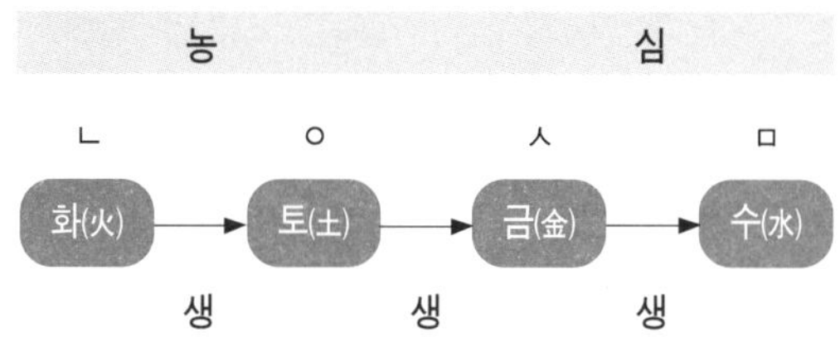

ㄴ부터 발음오행이 화생토(火生土), 토생금(土生金), 금생수(金生水)로 끝까지 상생하면서 이어지고 있다. 이렇게 아름다운 이름은 쉽게 만나기 어렵다. 농심은 성명학적으로 매우 완벽한 브랜드 네임이다.

❷ 형태성명학적 분석

안에는 작은 원형 바깥에는 큰 원형으로 2개의 원형을 조화시킨 것이 형태성명학으론 무난하다. 다만 동그라미에 구멍이 난 것처럼 보이는 것이 조금은 불안하다.

❸ 색상성명학적 분석

큰 동그라미의 빨강은 화(火)이고 안의 하얀 동그라미는 금(金)이다. 파랑으로 브랜드 네임에 없는 목(木)을 보강했으면 싶은 아쉬움이 있다.

2) 삼양식품

삼양라면은 삼양식품의 대표 브랜드이다. '삼양' 만 분석한다.

❶ 발음성명학적 분석

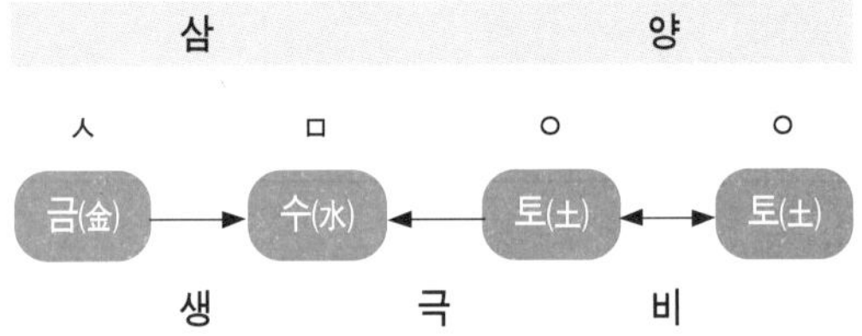

발음오행을 보면 금(金)과 토(土)가 힘이 있다. 2개의 오행이 있으므로 브랜드 네임으로서 우수하다고 본다.

❷ 형태성명학적 분석

풍성한 한 그루의 나무를 형상화한 심벌마크와 삼양의 로고가 균형을 이루어 안정감이 느껴진다. 형태성명학적으로 만족스럽다.

❸ 색상성명학적 분석

초록색 나무와 남색 로고는 모두 청색 계통으로서 목(木)에 해당한다. 브랜드 네임에 없는 오행을 보강해주고 있다.

3) 오뚜기

라면뿐만 아니라 다양한 식품을 만드는 회사이다. 회사 이름인 오뚜기를 심벌마크로도 사용하고 있다.

❶ 발음성명학적 분석

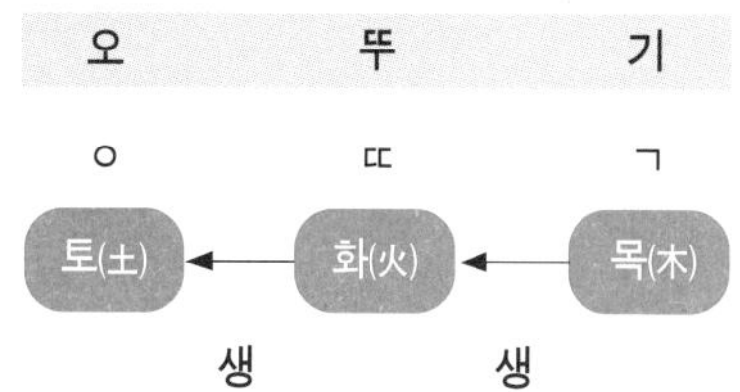

발음오행 중 목(木), 화(火), 토(土)가 서로 생하고 있으므로 세 오행 모두 힘이 있다. 만족스러운 브랜드 네임이다.

❷ 형태성명학적 분석

나름대로 원형의 형태를 갖추었다. 원래 오뚜기는 넘어지면 다시 일어선다고 하지만 흔들거리는 모습이 연상되어 약간은 불안해 보인다.

❸ 색상성명학적 분석

붉은색은 색상오행으로 화(火)에 해당한다. 하양이나 검정을 활용하여 브랜드 네임에 없는 금(金)이나 수(水)를 보강했다면 좋았을 것 같다.

재미있는 브랜드 이야기

케이에프씨(KFC) 창업자 커넬 샌더스의 성공스토리

'켄터키 할아버지'로 유명한 케이에프씨(KFC)의 창업자 커넬 샌더스(Colonel H. Sanders : 1890~1980)는 매우 어려운 어린 시절을 보냈다. 그가 6살이 되던 해 아버지가 돌아가시자 어머니가 생계를 책임져야 했고, 어린 커넬은 3살짜리 남동생과 1살짜리 여동생을 돌보아야 했다. 동생들을 돌보다 보니 집에서 요리를 자주 하게 되었고, 7살 때는 웬만한 요리를 할 수 있게 되었다.

그는 어려운 집안 형편 때문에 10살이 되던 해에 월급 2달러를 받으며 처음 일을 시작하였다. 형편은 나아지지 않아 이후에도 여러 가지 다양한 직업을 전전하며 젊은 시절을 힘들게 보냈다. 철도 소방원, 유람선 근무, 보험 외판원, 타이어 판매원, 편의점 판매원, 주유소 근무 등 안 해본 일이 없을 정도였다.

그러다 22세 때 처음 램프 제조 판매업을 시작했는데, 사업이 실패하면서 그 동안 온갖 고생을 하며 모은 전 재산을 모두 날려버리고 만다. 그러나 커넬은 좌절하지 않고 열심히 일하여 돈을 모았다. 다시 조그마한 가게를 열었으나 39세가 되던 해에 미국에 경제대공황이 닥치며 또 다시 전 재산을 날리게 되었다. 불행은 끊이지 않아 40세가 되던 해에는 그가 매우 아끼고 사랑하던 아들이 죽는 슬픔을 겪었다.

그는 사업이 망한 뒤 켄터키 주 코빈의 작은 주유소에서 일했는데, 어느 날 주유소 앞을 지나던 한 손님이 "이 마을에는 먹을 것 없어"라고 불평하는 것을 듣게 되었다. 그 순간 커넬에게 떠오른 생각이 하나 있었다. "그래 내가 어릴 적부터 요리를 했고 요리를 잘 하니 요리로 식당을 해보는 거야." 이렇게 주유소 앞을 지나던 손님의 한마디에 커넬의 인생은 커다란 전환점을 맞이하게 된다.

그는 주유소 창고를 빌려 다양한 방법으로 닭튀김을 만들어보았다. 그러다 기존의 프라이팬으로 닭요리를 하던 것과는 달리 압력솥을 이용하여 빠른 시간에 닭튀김을 할 수 있는 방법을 개발하게 되었다. 이후 주유소에 들른 운전자들을 대상으로 닭요리를 팔기 시작하였다. 처음에 주유소 창고에서 작은 분식점 규모로 시작했던 것이 주유소를 찾는 운전자와 여행객들에게 호평을 받으면서 소문이 퍼져 나갔고, 그의 닭요리를 맛보기 위하여 가게 안은 많은 사람들로 넘쳐나게 되었다.

그는 손님이 많아지자 주유소 건너편에 백 명이 넘는 사람들이 앉을 수 있는 큰 식당을 빌렸다. 작은 분식점만한 가게에서 큰 레스토랑 규모로 사업이 확장된 것이다. 시간이 지나면서 커넬의 식당은 점점 더 유명해졌다. 켄터키 주지사인 루비 라푼(Ruby Laffoon)은 그의 치킨을 켄터키 주 대표 요리로 인정하고, 중세 왕정시대에 영국의 국왕이 나라에 큰 공을 세운 사람에게 작위를 내린 것처럼 커넬을 켄터키 주 명예대령(Colonel, 커넬)으로 칭하였다. 커넬이란 호칭은 이 작위에서 비롯된 것이다.

그러나 1940년에 원인을 알 수 없는 화재로 인해 식당이 모두 불타버리는 위기가 닥쳐왔다. 커넬은 좌절하지 않고 자그마한 장소를 빌려 다시 식당을 열었지만, 1950년대 초에 미국에 다시 경제불황이 닥치면서 그의 레스토랑도 경영 부실로 문을 닫게 된다. 환갑을 넘긴 나이에 빈털터리가 되었고, 국가에서 받는 사회보장기금으로 노숙자와 다름없는 생활을 해야 했다. 그는 수없는 실패로 인해 우울증과 정신병을 앓게 되었고, 결국 65세 되던 해에 부인은 그를 떠나간다. 부인마저 떠나자 그는 더욱 심한 좌절과 실의에 빠지고 말았다.

그러던 어느 날 아침 커넬은 어디선가 들려오는 노랫소리에 잠에서 깨어난다. 노랫소리가 들리는 곳으로 따라가 보니 아주 작은 교회 뜰 앞에서 남루한 옷차림에 머리를 온통 풀어헤친 어느 미친 여자가 찬송가 432장을 너무나 평화롭게 부르고 있었다.

너 근심 걱정 말아라 주 너를 지키리
주 날개 밑에 거하라 주 너를 지키리
어려워 낙심될 때에 주 너를 지키리
위험한 일을 당할 때 주 너를 지키리
너 쓸 것 미리 아시고 주 너를 지키리
구하는 것을 주시며 주 너를 지키리
어려운 시험 당해도 주 너를 지키리
구주의 품에 거하라 주 너를 지키리
주 너를 지키리 아무 때나 어디서나
주 너를 지키리 늘 지켜주시리

미친 여자의 찬송가를 들으며 커넬은 감동과 감격이 밀려왔다. 그 미친 여자가 커넬에게는 바로 주였고 하나님이었던 것이다. 커넬은 미친 여자 옆에 무릎을 꿇고 앉아 눈물을 흘리며 기도를 올린다.

"주님 바로 제 앞에 주님이 계시는군요. 주님 미친 여인의 노랫소리에, 미친 여인의 모습에 주님이 계시군요. 제가 평생 돈에 목말라 돈만을 위해 살았습니다. 그러나 돈이 없는 이 미친 여인에게는 너무나 평화롭고 너무나 아름다운 노래가 있습니다. 주님은 돈 앞에 있는 것이 아니고 이 미친 여인의 노래에, 이 미친 여인의 모습에 있는 것을 이제야 깨닫게 되었습니다. 주님 저를 불쌍히 여기시어 저의 잘못을 용서해주소서. 주님 저를 용서해주소서."

이렇게 간절히 기도를 올리자 오랫동안 정신병으로 두통에 시달리고 혼미하던 머리가 갑자기 맑아졌다. 그 날 바로 병원을 찾은 커넬은 정신병이 깨끗하게 나았다는 말을 듣는다.

그 후 마음의 평온을 되찾은 커넬은 다시금 닭요리를 연구하였고, 길거리 포장마차에 케이에프씨(KFC)라는 간판을 붙여놓고 닭요리를 팔기 시작하였다. 이 길거리표 닭요리를 맛본 손님들이 다시 찾아오면서 닭요리는 불티나게 팔리기 시작하였다. 그 후 커넬은 이 닭요리 비법을 식당들에게 전수하기로 마음먹고, 차에 압력밥솥과 튀김양념을 싣고 여기저기 식당들을 찾아다녔으나 번번이 쫓겨나고 만다. 닭요리 비법을 전수하려던 당초의 계획이 어긋나 버리고 가끔 닭을 팔아 간신히 생활해가던 어느 날 그의 나이 74세가 되던 해에 드디어 요리법 계약에 성공하게 된다.

그 후 미국과 캐나다를 포함 600개 이상의 점포와 프랜차이즈 계약을 맺기에 이른다. 커넬은 켄터키 주지사가 된 존 브라운에게 회사를 팔고 그 회사에서 월급을 받으며 자문과 홍보 역할을 하게 되었다. 이렇게 전문경영인 체제의 케이에프씨는 성장을 거듭하여 1966년 처음으로 주식을 공개하였고, 1969년에는 뉴욕주식거래장(NYSE)에 상장되었다. 현재 케이에프씨는 세계적인 패스트푸드 브랜드의 하나로 많은 사랑을 받고 있다.

살아가면서 수많은 어려움이 있었지만 좌절하지 않고 결국 70이 훨씬 넘은 나이에 재기에 성공한 그의 삶은 그 자체로 하나의 감동적인 이야기이다. 더욱이 큰 성공을 거둔 후 자신의 경영능력의 한계를 알고 자신보다 회사를 더 잘 이끌어 나갈 수 있는 사람에게 회사를 넘기고 자신은 그 회사에서 월급을 받으며 일했다는 것에서 진정한 성공이란 돈이나 재물에만 있는 게 아니란 깨달음을 얻게 된다. 그 일로 인해 케이에프씨는 더욱 탄탄한 회사가 되었고, 커넬 자신은 명예롭게 사람들에게 기억될 수 있었기 때문이다.

12. 제과 브랜드

1) 크라운제과

제과회사의 상호를 분석할 때는 회사명을 우선한다. 따라서 크라운제과는 제과를 뺀 크라운을 분석한다. 사람들이 '크라운제과' 라고 부르기도 하지만 대개는 '크라운' 으로 줄여 부르기 때문이다.

❶ 발음성명학적 분석

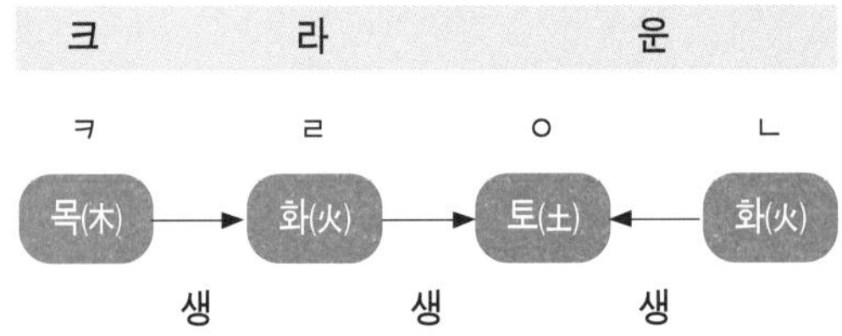

발음오행이 목생화(木生火), 화생토(火生土)로 생하고 있어서 목(木), 화(火), 토(土)가 모두 힘이 있다. 사람들에게 많이 불리는 제과회사 이름으로서 매우 만족스러운 브랜드 네임이라 하겠다.

❷ 형태성명학적 분석

브랜드 네임의 우수성에 비해 로고는 형태성명학적으로 조금 떨어진다. 크라운의 영문 로고를 보면 C가 약간 크고 나머지 ROWN은 그보다 작다. 다섯 글자 모두를 같은 크기로 배열하는 것이 더욱 좋을 듯하다.

한편 가로 직사각형의 형태는 안정감이 느껴져서 만족스럽다.

❸ 색상성명학적 분석

붉은색 계통의 글씨로 화(火)가 보강되어 발음오행과 중복된다. 하양이나 검정을 써서 금(金)이나 수(水)를 보강했다면 좋았을 것이다.

2) 롯데제과

롯데제과 또한 제과는 제외하고 롯데만을 성명학적으로 분석한다. 롯데는 로떼로 발음되는데, 발음성명학에서는 실제 소리나는 대로 오행을 분석하므로 롯의 ㅅ은 제외한다.

❶ 발음성명학적 분석

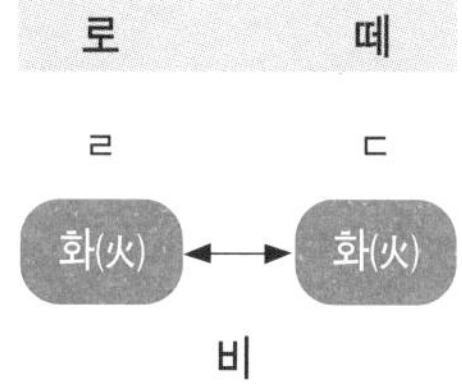

서로 같은 오행인 화(火)가 힘이 있다. 단일 품목을 취하는 제과 브랜드로서는 무난하다.

❷ 형태성명학적 분석

원형의 형태에 롯데(Lotte)의 첫 글자 L을 3개 겹친 심벌마크이다. 원형은 집중시키는 효과가 있어 매우 좋고 L자를 반복한 것은 무난하다. 다만, 글자로 인해 원형이 분열되는 느낌을 주는 것이 아쉽다.

❸ 색상성명학적 분석

영문 로고의 검정은 수(水)에 해당한다. 브랜드 네임에 부족한 오행을 보강해주고 있다.

3) 해태제과

해태제과 또한 제과를 제외하고 해태만을 분석한다.

❶ 발음성명학적 분석

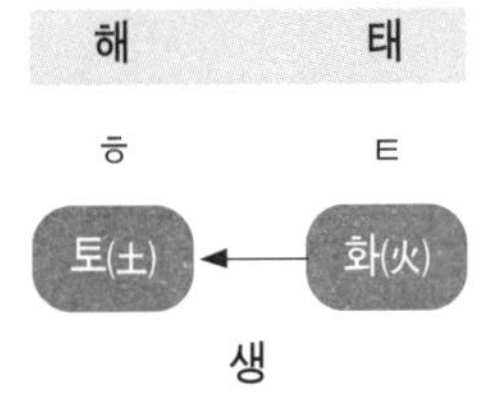

화(火)와 토(土)가 서로 상생하므로 매우 좋은 브랜드 네임이라 할 수 있다.

❷ 형태성명학적 분석

심벌마크는 해태의 이니셜인 H 안에 해태상이 들어 있는 형태이다. H는 2개의 기둥으로 되어 있어 양쪽으로 기가 분열된다. 이것을 가운데에 해태상을 배치하여 안정감을 느끼게 해준다. 만약 해태를 하얀색이 아닌 다른 색상으로 했더라면 더욱 좋았을 것이다.

❸ 색상성명학적 분석

H의 파랑과 해태의 하양은 색상오행으로 각각 목(木)과 금(金)에 해당한다. 브랜드 네임의 오행인 토(土)와 화(火)와 균형을 맞추고 있다.

4) 오리온제과

오리온제과 역시 오리온만을 분석한다.

❶ 발음성명학적 분석

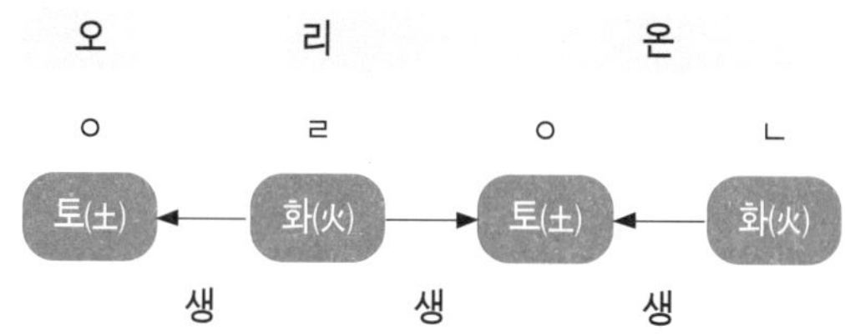

화생토(火生土)로 화(火)와 토(土)가 서로 생하므로 좋은 브랜드 네임이다.

❷ 형태성명학적 분석

가로 직사각형 형태로 원과 별 모양 그리고 로고를 배치하였다. 균형이 잘 맞아 안정적인 느낌을 준다.

❸ 색상성명학적 분석

빨강은 색상오행으로 화(火)에 해당한다. 빨강이 선명한 느낌을 주어 좋지만 다른 색상을 써서 브랜드 네임에 부족한 오행을 보강했더라면 더 좋았을 것 같다.

5) 빙그레

❶ 발음성명학적 분석

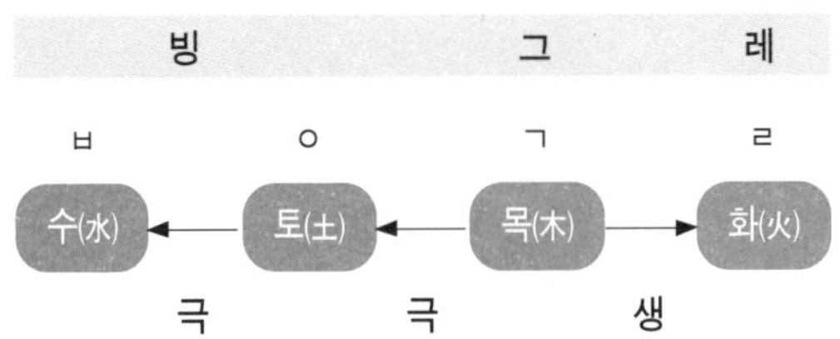

레의 ㄹ은 화(火)로서 목(木)의 생을 받으니 아주 좋다. 발음오행 중 이 화(火)만 살아 있다. 토극수(土剋水)와 목극토(木剋土)의 극이 두 가지 있지만, 그의 ㄱ이 글자와 글자 사이의 극이라서 좀더 좋다고 본다. '빙' 처럼 같은 글자 안의 극은 작용이 강하기 때문에 나쁘게 본다.

❷ 형태성명학적 분석

빙그레의 영문 이니셜인 B와 빙그레의 로고가 가로 직사각형으로 균형을 이루고 있다. 그러나 B가 로고보다 크고 살짝 기울어져 있는 것이 아쉽다.

❸ 색상성명학적 분석

B의 빨강과 빙그레의 검정은 색상오행으로 각각 화(火)와 수(水)에 해당한다. 브랜드 네임에 부족한 오행을 보강해주고 있어 만족스럽다.

13. 아파트 브랜드

1) 현대건설

현대건설은 건설사로서 인지도는 매우 높지만 아쉽게도 크게 이름을 얻은 아파트 브랜드는 드물다. 물론 현대가 짓는 아파트는 튼튼하다고 인정받지만, 브랜드 네임을 보면 시대적 감각이 떨어지는 것이 단점이다. 다음의 표는 현대건설의 브랜드 이미지를 장점과 단점으로 구분한 것이다.

현대건설의 브랜드 이미지

장점	단점
① 현대건설은 역사와 전통과 규모가 있다	① 현대건설은 감수성이 부족하다
② 현대건설은 대중적 이미지가 있다	② 현대건설은 신세대 이미지가 없다
③ 현대건설은 저돌적이다	③ 현대건설은 최첨단 정보가 부족하다
④ 현대건설이 짓는 아파트는 튼튼하다	④ 현대건설은 미래지향적이지 못하다
⑤ 현대건설은 믿을 수 있다	⑤ 현대건설은 세련되지 못하다

위의 설명은 일반적인 브랜드 네이밍의 관점에서 본 것이다. 위에서 언급한 것처럼 믿을 수 있는 브랜드이지만 세련되지 못한 것을 단점으로 보고 있다.

성명학적으로 보아도 현대건설의 아파트 브랜드는 문제가 있다. 그것은 브랜드 네임의 힘이 약하기 때문이다. 브랜드는 이름이 많이 불릴 때, 많은 사람들의 입에 오르내릴 때 그 가치가 커진다. 현대건설의 아파트 브랜드로는 힐스테이트(Hillstate)와 하이페리온(Hyperion)이 있다. 그런데 이름이 너무 어렵다. 누구나 쉽게 기억할 수 있는 이름이 아니다. 성명학적으로 모든 오행이 상생한다고 해도 아무도 그 이름을 부르지 않으면 그 브랜드는 가치가 없다.

브랜드 네임은 사람들에게 불릴 때 힘을 발휘한다. 힐스테이트나 하이페리온은

강남의 타워팰리스처럼 특별한 계층을 겨냥한 브랜드 네임으로는 어울리지만, 일반 국민들의 아파트 브랜드 네임으로는 가치가 떨어진다.

현대건설의 형태성명학적 분석이나 색상성명학적 분석은 앞서 현대그룹을 분석하면서 다루었으므로 여기서는 제외한다.

아파트 브랜드

부르기 어려운 이름	부르기 쉬운 이름
힐스테이트(현대건설)	e-편한세상(대림건설)
하이페리온(현대건설)	래미안(삼성물산)
스타클래스(극동건설)	자이(GS건설)
하우스토리(남광토건)	푸르지오(대우건설)
월드메르디앙(월드건설)	I-PARK(현대산업개발)
브라운스톤(이수건설)	꿈에그린(한화건설)
미켈란쉐르빌(대교D&S)	미소지움(신성건설)
오투그란데(제일건설)	이안(대우건설)

2) GS건설

GS건설의 자이(Xi)는 아파트 브랜드로서 가치가 매우 높다. 먼저 누구나 쉽게 따라 부를 수 있다는 장점이 있다. 쉽게 기억할 수 있고 쉽게 따라 부를 수 있을 때 브랜드 가치는 상승한다. 성명학에서는 부르고 들을 때 기가 모이기 때문이다. LG건설에서 GS건설로 상호가 바뀌었는데도 자이의 브랜드 가치가 지속될 수 있었던 것은 바로 자이라는 쉬운 이름 때문이었다.

❶ 발음성명학적 분석

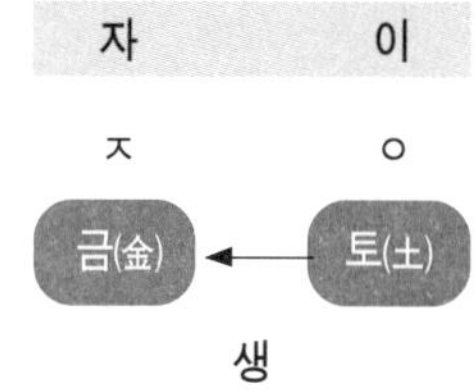

토생금(土生金)으로 상생하므로 토(土)와 금(金)이 모두 힘이 있어 매우 만족스러운 브랜드 네임이다.

❷ 형태성명학적 분석

자이(Xi)의 영문을 형상화한 심벌마크는 언뜻 보면 가위처럼 보이기도 하고 매우 독특한 형태를 가지고 있다. 원형도 아니고 직사각형도 아닌 불규칙한 형태 때문에 불안정해 보인다. 형태성명학적으로는 만족스럽지 못하다.

❸ 색상성명학적 분석

가로 직사각형 형태로 심벌마크와 한글 로고를 배치하였다. 심벌마크와 로고는 색상오행상 각각 목(木)과 수(水)에 해당한다. 브랜드 네임에 부족한 목(木)을 보강해주고 있다.

3) 삼성물산

삼성물산의 아파트 브랜드는 래미안(來美安)이다. 래미안 역시 삼성처럼 성명학적으로 최고의 가치를 가진 브랜드 네임인지 분석해보자.

일단 감각성명학적으로 래미안은 최고의 브랜드 네임이라고 할 수 있다. 래미안은 한자를 교묘하게 조합한 이름이지만 매우 세련되고 품격 높은 이미지를 가지고 있다. 특히 누구나 쉽게 읽을 수 있는 한자를 사용한 것은 큰 장점이다.

감각성명학이란 다음과 같다. 예를 들어 아파트 이름이 각각 '죽음을 부르는 아파트' 와 '행복을 주는 아파트' 인데 자신이 살 집으로 어떤 아파트를 선택하겠는가? 당연히 '행복을 주는 아파트' 를 선택할 것이다. 아무리 튼튼하고 잘 지은 아파트라도 부정적인 느낌을 주는 브랜드는 섣불리 선택하기 어렵다는 것이다.

사람은 누구나 느낌(감각)을 소중하게 생각한다. 회사에 직원이 50명 있는데 그 중 49명이 서로 짜고 한 명의 직원에서 집중적으로 부정적인 안부 인사를 한다면 어떻게 될까? "김대리 몸이 안 좋아 보여", "김대리 요새 무슨 걱정 있어?", "김대리 무슨 병 있어? 혈색이 안 좋아", "김대리 병원 한번 가봐야겠어" 이렇게 부정적으로 안부를 계속 묻는다면 실제로 건강하던 사람도 걱정을 하게 되고 몸이 안 좋아진다는 것이다. 이것이 바로 느낌(감각)의 언어가 실제로 나타나는 예이다.

올 래(來), 아름다울 미(美), 편안할 안(安)으로 이루어진 래미안은 누구나 쉽게 읽을 수 있는 한자를 써서 기억하기 쉽고, 아름다움과 편안함이 늘 함께하는 아파트란 의미를 지니고 있어 아파트 브랜드로서 최고의 가치가 있다. 감각이 떨어진다거나 촌스럽지 않고, 래미안을 연속적으로 부르면 외국어 같이 들려서 고급스러운 느낌마저 준다. 이러한 감각과 느낌이 래미안이란 브랜드 네임의 가치이다.

❶ 발음성명학적 분석

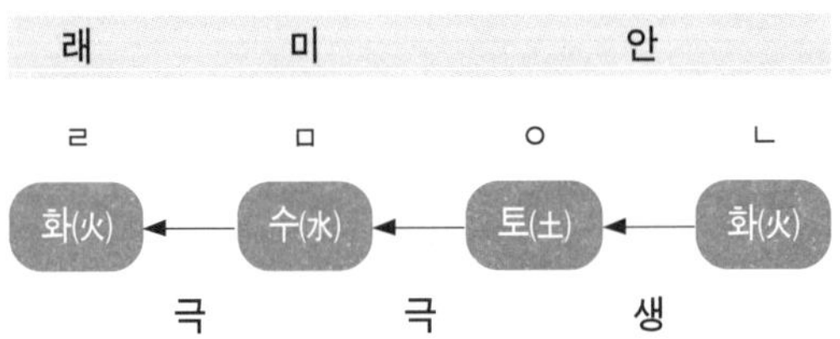

상호 즉 회사 이름이 아닌 개별 브랜드 네임은 하나의 오행만 살아 있으면 문제가 전혀 없다. 래미안은 화(火)가 살아 있으므로 아파트 브랜드로서 손색이 없다.

❷ 형태성명학적 분석

래미안의 심벌마크는 정사각형에 가까운 형태에 래미안의 한자와 한글 로고를 배치하였다. 편안하고 안정감이 느껴지는 좋은 브랜드 이미지이다.

❸ 색상성명학적 분석

청록색과 옅은 회색은 색상오행으로 각각 목(木)과 금(金)에 해당한다. 브랜드 네임에 부족한 발음오행을 색상오행으로 보강하였다.

4) 대우건설

대우건설의 대표적인 아파트 브랜드는 푸르지오이다. 푸르지오 또한 감각성명학적으로 매우 훌륭한 이름이다. 최근 황사, 자동차 매연, 환경호르몬 등 우리 생활을 위협하는 요소들이 늘어가고 있고, 그로 인해 환경친화적인 웰빙 아파트가 많은 관심을 받고 있다.

푸르지오는 푸른 초원과 파란 하늘 등 오염되지 않은 자연을 연상하게 한다. 현대인들에게 아파트는 단순한 집이 아니라 지친 몸과 마음을 편히 쉴 수 있는 공간이 되어야 한다. 푸른 자연의 느낌을 주는 푸르지오는 아파트 브랜드로서 최고의 브랜드 네임이라 할 수 있다.

❶ 발음성명학적 분석

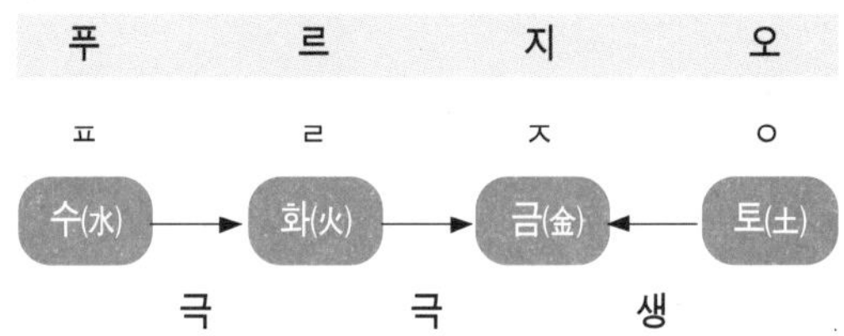

오행 중 토생금(土生金)을 하는 토(土)가 살아 있다. 세분화하여 분석하면 토(土), 금(金), 수(水)가 살아 있다고 본다.

❷ 형태성명학적 분석

가로 직사각형에 곡식(벼)이나 나무가 흔들리는 모습이다. 가로 직사각형이 매우 안정적인 느낌을 준다.

❸ 색상성명학적 분석

녹색 바탕에 하얀 식물 그리고 검정 로고를 배치하여 각각 목(木)과 금(金) 그리고 수(水)를 보강하였다.

5) 현대산업개발

1999년 현대그룹에서 분리된 현대산업개발의 아파트 브랜드는 아이파크(I-Park)이다. 'I'는 Innovation(혁신)의 이니셜인 I을 상징화하여 기존의 아파트 개념을 혁신하겠다는 의미를, 'Park'는 사람들이 가장 편안한 상태에서 문화를 누릴 수 있는 공간을 의미한다.

아이파크 역시 부르기 쉽고 느낌이 좋은 이름이다. 현대산업개발은 주거용 및 상업용 건축물 공유 브랜드인 아이파크로 주택사업뿐만 아니라, 대구~부산간 고속도로, 스타타워, 경부고속철도, 삼천포 화력발전소 등 토목사업, 건축사업 등 여러 분야에서 두각을 나타내고 있다.

❶ 발음성명학적 분석

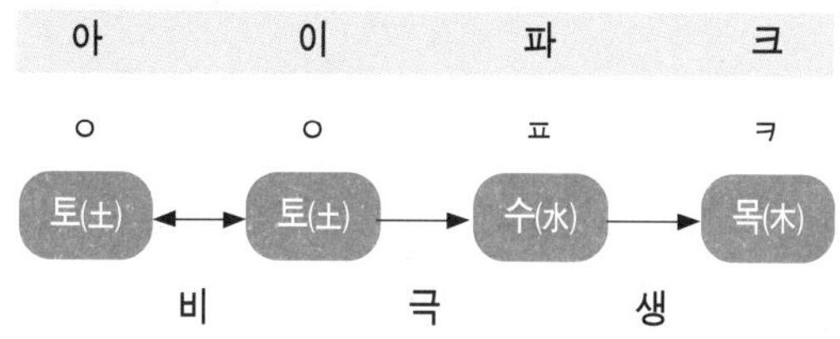

토(土)와 목(木) 2개의 오행이 힘이 있으므로 발음성명학적으로 보아 브랜드 가치가 있다.

❷ 형태성명학적 분석

특별한 심벌마크 없이 브랜드 네임을 로고로 사용하고 있다. 고딕체로 똑바로 쓴 글씨가 가로 직사각형을 이루어 안정감을 준다.

I'PARK

❸ 색상성명학적 분석

I의 빨강과 PARK의 검정은 각각 화(火)와 수(水)에 해당하며, 브랜드 네임의 발음 오행과 조화를 이루고 있다.

6) 대림건설

대림건설의 아파트 브랜드는 e-편한세상으로서, '이 편한 세상'이란 의미가 좋아서 감각성명학적으로 매우 훌륭한 브랜드 네임이다. 또한 이름이 쉬워서 누구나 쉽게 기억할 수 있고 쉽게 따라 부를 수 있으니 발음성명학적으로도 브랜드 가치가 높다. 편안한 세상에 살고 싶은 것은 누구나의 바람일 것이요, 아파트는 편안하게 휴식을 취하는 공간이니 e-편한세상은 아파트 브랜드로서 최고의 가치를 지니고 있다고 본다.

❶ 발음성명학적 분석

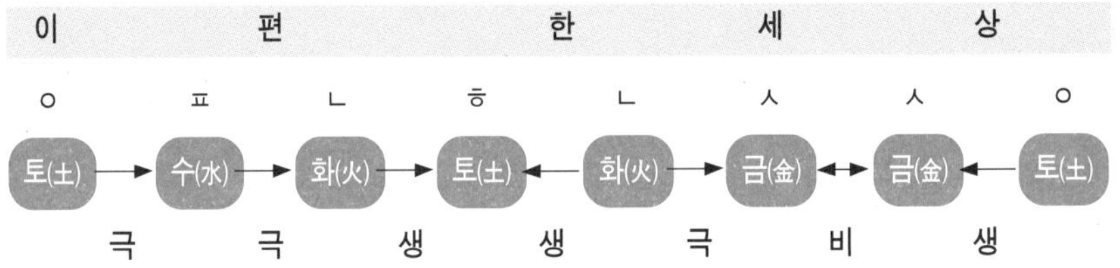

발음오행 중 토(土)와 금(金)이 힘이 있다. 2개의 오행이 힘이 있으므로 좋은 브랜드 네임으로 본다.

❷ 형태성명학적 분석

e-편한세상의 심벌마크는 구름을 형상화하였다. 구름 모양이 가로 타원형에 가까워 그런대로 만족스럽다.

❸ 색상성명학적 분석

주황색은 색상오행으로 토(土), 로고는 하양으로 금(金)에 해당한다. 브랜드 네임의 발음오행과 겹쳐서 보강효과가 약하다. 더불어 구름의 색상이 녹색이나 파랑이 라면 친환경적인 이미지를 강화할 수 있었을 것 같아 아쉽다.

7) 한화건설

한화건설의 아파트 브랜드는 순수한 한글 이름인 꿈에그린이다. 꿈에그린은 '꿈에 그리던' 의 줄임말로서 내집마련의 행복함이 느껴지며, 더불어 꿈과 그린(green)의 합성어로서 자연과 더불어 사는 친환경적인 이미지를 가지고 있으므로 아파트 브랜드로서 매우 만족스러운 이름이다. 감각성명학적으로 완벽한 아파트 브랜드 네임이라고 할 수 있다.

❶ 발음성명학적 분석

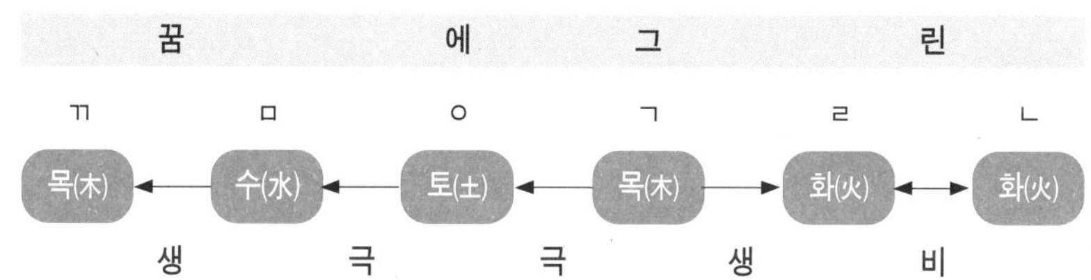

발음오행 중 상생을 하는 목(木)과 화(火)가 힘이 있다. 단일 브랜드로서는 만족스러운 이름이다.

❷ 형태성명학적 분석

정사각형 안에 새와 구름과 나무를 형상화시켜 자연친화적인 느낌과 편안함을 주고 있다. 형태적으로도 안정감이 있다.

❸ 색상성명학적 분석

녹색, 파랑, 하양이 조화를 이루고 있다. 각각 색상오행으로 목(木)과 금(金)에 해당하며, 브랜드 네임에 없는 금(金)을 보강해주고 있다. 여기에 검정 로고는 수(水)로서 역시 브랜드 네임에 없는 오행을 보강해준다.

8) 신성건설

신성건설의 아파트 브랜드는 미소지움이다. 이 이름은 아파트를 생각하며 미소를 짓는 장면이 저절로 연상된다. 대그룹의 아파트 브랜드가 아님에도 감각성명학적으로 매우 뛰어나다. 아파트가 부실공사인데 브랜드만 번지르르한 것은 문제가 되지만, 비슷한 완성도의 아파트라면 이렇게 좋은 이미지를 가진 브랜드를 선택하게 될 것이다. 누구나 기분 좋은 이름을 반복적으로 부르다 보면 어느새 마음이 행복해지는 엔돌핀이 분비되기 마련이다.

❶ 발음성명학적 분석

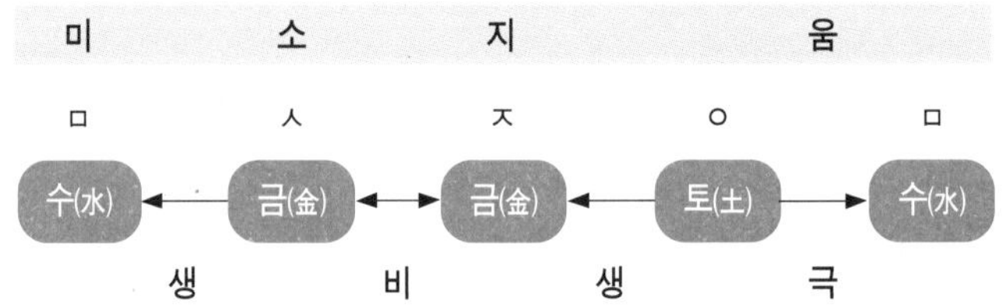

금생수(金生水)와 토생금(土生金)으로 상생하는 금(金)과 수(水)가 힘이 있다.

❷ 형태성명학적 분석

영문 로고 MISO를 위에, ZIUM을 아래에 배치하여 안정감이 있다. 다만, 나뭇잎이 영문 로고를 떠받치고 있는 형상인데 자칫 물살에 떠내려가는 배처럼 보일 수도 있다. 형태성명학적으로는 힘이 약하다고 본다.

❸ 색상성명학적 분석

파란 영문 로고와 초록색 잎사귀 모두 색상오행으로 목(木)에 해당한다. 브랜드 네임에 없는 목(木)을 보강해주고 있다.

14. 백화점, 대형마트, 쇼핑몰 브랜드

백화점이나 대형마트의 브랜드 네이밍은 발음성명학적으로 이제까지 설명한 성명학의 원칙과 조금 다르다고 할 수 있다. 백화점, 대형마트, 쇼핑몰은 수많은 사람들이 왕래하고 수많은 상품이 거래되는 공간이다. 이런 공간은 안정된 상생보다 서로 극하는 상극을 활용한 브랜드 네이밍이 적절하다.

사람(소비자)의 왕래가 많고 상품의 거래가 활발한 공간은 경쟁이 치열하고, 갈등이나 다툼이 많으며, 거래를 하면서 소란스러울 수밖에 없다. 따라서 이런 곳에서는 서로 상생하는 오행보다 상극하는 오행이 힘이 있다고 본다.

다만, 상극이 되려면 모두 되는 것이 좋으며, 그 다음으로는 상생이 좋다. 상극과 상생이 어설프게 존재하는 브랜드 네임은 좋지 않다. 그러나 상극이나 상생관계라도 감각이나 느낌이 좋지 않은 이름은 반드시 피해야 한다.

예를 들어 대형마트의 이름이 '팔불출' 이라고 생각해보자.

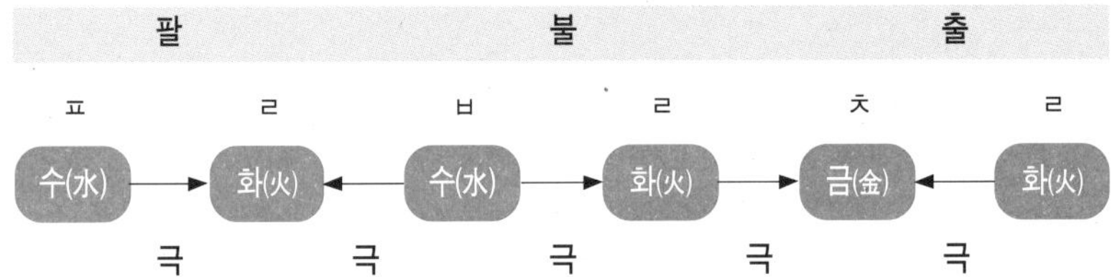

팔불출은 발음오행이 모두 상극하여 대형마트의 브랜드 네임으로는 잘 어울리지만, 단어의 의미가 좋지 않아 사용할 수 없다. 발음성명학으로는 좋은 이름이라도 감각성명학적으로 나쁜 이름은 브랜드 네임으로서 가치가 없다.

1) 신세계백화점

백화점은 판매와 소비가 왕성하게 이루어지고, 수많은 고객이 빈번하게 왕래하는 장소이다. 따라서 변화와 변동이 많이 이루어질수록 좋다. 발음오행의 상극이 강할수록 발음성명학적으로 유리하다.

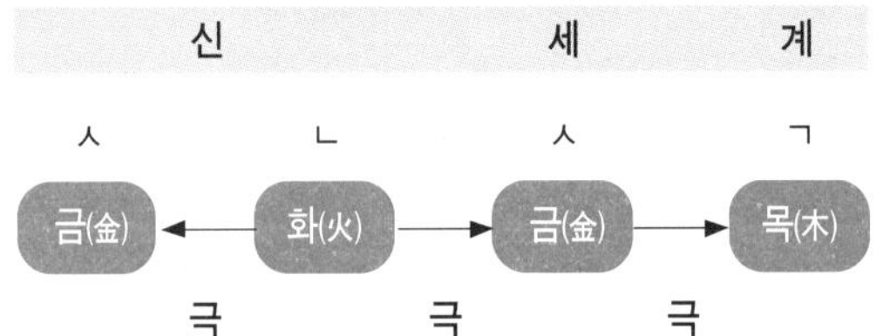

신세계는 발음오행이 상극으로만 이루어져 있다. 판매와 소비가 빈번하게 이루어지는 백화점 이름으로는 최상이라 할 수 있다. 상극을 하는 금(金), 화(火), 목(木) 모두 힘이 있다.

❷ 형태성명학적 분석

꽃잎 모양 심벌마크는 원형에 가까우며, 편안하고 자연스러운 느낌을 준다.

❸ 색상성명학적 분석

꽃잎의 빨강은 화(火)에 해당한다. 오행 중에서 화(火)는 불같이 일어나는 열정을 상징한다. 고객이 더 많이 찾아와 더 많이 소비할수록 좋은 백화점 심벌마크 색상으로 매우 좋다.

2) 롯데백화점

롯데백화점은 롯데제과와 마찬가지로 '로떼'로 분석한다.

❶ 발음성명학적 분석

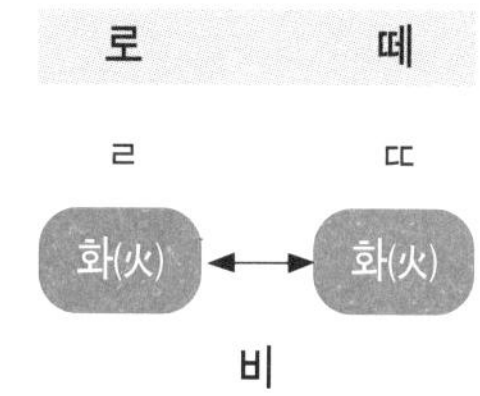

화(火)와 화(火)가 서로 같으므로 상극보다는 좋지 않지만 무난하다.

❷ 형태성명학적 분석

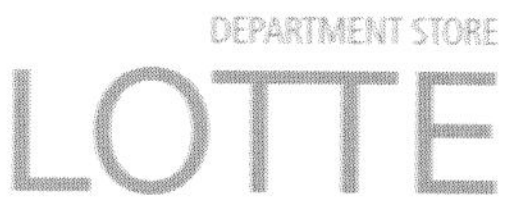

롯데의 영문 로고를 가로 직사각형으로 배열하여 매우 안정감이 있다.

❸ 색상성명학적 분석

로고의 금색은 토(土)에 해당하며, 고급스러운 이미지를 준다. 또한 토(土)는 중앙을 상징하므로 안정감이 있다.

3) 롯데마트

롯데마트는 롯데백화점과 차별성을 두기 위해 이름 전체를 분석한다.

❶ 발음성명학적 분석

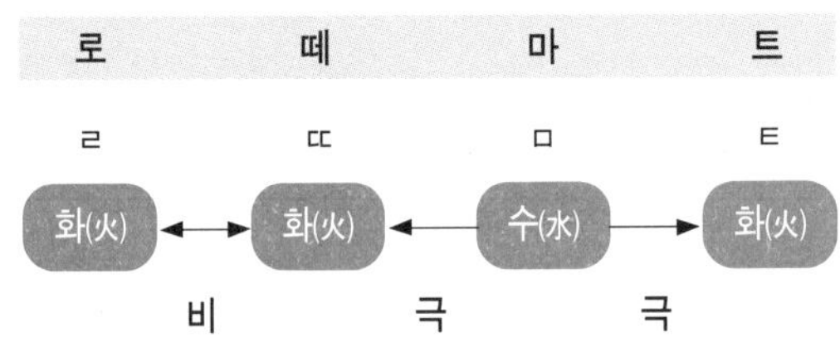

대형마트처럼 사람의 왕래와 변화 변동이 잦은 업종은 극으로 이루어진 브랜드도 좋다. 따라서 롯데마트는 완벽한 브랜드 네임이라 하겠다. 화(火), 금(金), 수(水)가 모두 힘이 있다.

LOTTE Mart

❷ 형태성명학적 분석

영문 로고를 가로 직사각형으로 배열하여 안정감이 있다.

❸ 색상성명학적 분석

영문 로고의 빨강은 색상오행 중 화(火)에 해당한다. 대형마트의 색상으로 잘 어울린다.

4) 이마트

❶ 발음성명학적 분석

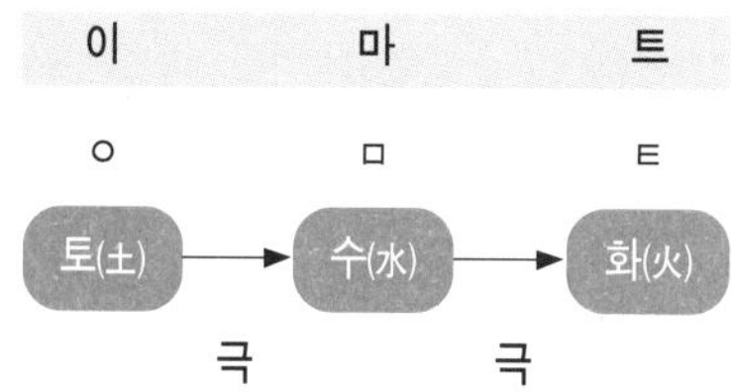

대형마트의 브랜드 네임은 발음오행이 상극하는 것이 좋으므로 이마트는 최상의 브랜드 네임이라고 할 수 있다. 토(土), 수(水), 화(火) 모두 힘이 있다.

❷ 형태성명학적 분석

이마트의 영문 로고가 가로 직사각형으로 안정감 있게 배열되어 있다.

❸ 색상성명학적 분석

노란 바탕은 토(土)를 상징하고 검정 로고는 수(水)를 상징한다. 두 오행 모두 힘이 있다.

재미있는 브랜드 이야기

나쁜 브랜드란 무엇인가

나쁜 브랜드는 회사를 무덤으로 끌고 간다. 경영자와 임직원 그리고 상품이 회사의 운명을 좌우하는 것만은 아니다. 나쁜 브랜드란 어떤 것인지 하나하나 따져보자.

첫째, 발음성명학적으로 어울리지 않는 브랜드(정확하게는 브랜드 네임)를 말한다. 발음오행이 조화를 이루지 못한 브랜드는 반드시 회사에 좋지 않은 영향을 미치게 된다. 발음성명학을 활용하지 않았거나 제대로 활용하지 않으면 바로 나쁜 브랜드가 된다.

둘째, 형태성명학적으로 어울리지 않는 브랜드를 말한다. 심벌마크와 로고가 원형, 정사각형, 가로 직사각형, 가로 타원형을 이루지 않고 각각 분열되어 있거나 뾰족한 모양으로 굴곡이 있으면 나쁜 브랜드이다.

셋째, 감각성명학적으로 좋지 않은 브랜드를 말한다. 죽음, 악마, 시체 등과 같은 부정적인 뜻을 가진 단어, 전문용어처럼 일반일이 이해하기 어려운 단어나 암호, 특징이 전혀 없는 단어를 사용하면 그 이름은 사람의 마음에 아무런 감동이나 느낌을 주지 못하고 최악의 경우 부정적인 이미지를 남기게 된다. 발음오행이 상생하여 조화를 이루어도 감각에 호소하지 못하거나 사람의 감정을 흐리게 한다면 나쁜 브랜드라 할 수 있다.

도요타자동차가 '사이온(Scion)' 이란 새 모델을 2002년 뉴욕 국제자동차쇼에 선보였을 때의 일이다. 사이온은 라틴어로 '뛰어난 가문이나 뼈대 있는 가문의 자손' 이란 의미였다. 그러나 사이온이 무슨 뜻인지 알 길이 없는 대다수의 고객들에게 사이온은 그냥 의미 없는 말에 불과할 따름이었다. 즉 감각적으로 아무런 영향을 주지 못하여 고객의 마음에 들지 못한 것이다.

제너럴 모터스(GM)의 '새턴이온(Saturn Ion)' 이란 차세대 승용차 역시 브랜드 네이밍에 실패한 사례이다. 이온(Ion)은 그리스어로 '가는 것' 또는 '움직이는 것' 이란 뜻인데 이 단어를 아는 사람이 드물었다. 당연히 이 차는 실패한 브랜드가 되었다. 같은 회사의 '쉐비노바(Chevy Nova)'는 더욱 황당한 이름이다. 노바(No va)는 스페인어로 '가지 말라'는 뜻인데 이것을 자동차 이름에 붙였으니 낭패를 볼 수밖에 없었다.

미쓰비시는 '빠제로(Pajero)'라는 새 자동차 브랜드를 출시했는데, 이 단어가 스페인 속어로 '자위하는 사람'이란 의미를 지니고 있어 망신을 톡톡히 당하였다.

한국 기업에도 이와 비슷한 예가 있다. 현대를 외국인들은 '현다이(Hyun-Die)'로 발음하는데, die가 죽는다는 뜻이니 얼마나 곤란했겠는가. 다행스럽게도 지금은 현대의 브랜드 인지도가 높아져서 현대라고 제대로 부르는 사람들이 늘어나는 추세라고 한다.

SK텔레콤은 정보통신 분야의 최강자로서 젊고 신선하며 신뢰할 수 있는 브랜드 이미지를 갖고 있다. 그런데 해외에서 SK를 South Korea의 약자로 착각하고 있다는 것이다. 아무래도 분단국가의 현실 때문인 것 같아 아쉽다.

한국타이어, 한국도자기, 한국화장품의 경우 '한국'을 'HANKOOK'으로 표기하는데, KOOK은 영어로 미치광이를 의미한다고 한다.

이러한 사례들을 통해서 사람의 감정을 움직이고 감각을 일깨우는 브랜드 네임이 성공하는 브랜드의 필수 요건임을 알 수 있다. 더불어 국내에서 아무리 가치 있는 브랜드 네임이라 할지라도 세계에 진출할 때는 현지인들의 감정과 감각에 호소할 수 있도록 새롭게 브랜드 네이밍을 해야 한다는 것을 깨닫게 된다. 보고 듣고 말할 때 기분 좋은 브랜드가 바로 성공하는 브랜드이다.

참고문헌

브랜드 네이밍 관련

『브랜드 네이밍 사전』, 편집부, 아이서브

『브랜드와 디자인의 힘』, 손혜원, 해냄출판사

『브랜딩 불변의 법칙 22』, 알 리스, 예하출판

『최고의 브랜드 네임은 어떻게 만들어지는가』, 스티브 리브킨, 김앤김북스

『최카피의 네이밍 법칙』, 최병광, 두앤비컨텐츠

『포지셔닝(POSITIONING)』, 잭 트라우트 · 앨 리스, 을유문화사

성명학 관련

『2005 한국인물사전』, 편집부, 연합뉴스

『공자 노자 석가』, 모로하시 데츠지, 동아시아

『나도 성명학 박사』, 편집부, 근영출판사

『내 사주 내가 푼다』, 임태근, 여시아문

『바른 작명학 강의』, 맹정훈, 고원

『법원 및 호적정정 사례집』, 법원행정처

『베이비 네이밍』, 편집부, 무크하우스

『보기 쉬운 사주만세력』, 우리문화 기획팀, 동학사

『사주명리학 격국특강』, 김동완, 동학사

『사주명리학 완전정복』, 김동완, 동학사

『사주명리학 용신특강』, 김동완, 동학사

『사주명리학 초보탈출』, 김동완, 동학사

『새천년 복받는 이름 짓는 법』, 염경만, 예가
『성공하는 영어 이름 따로 있다』, 브루스 랜스키&배리 신로드, 링구아포럼
『성공하는 이름짓기 사전』, 김배성, 창해
『숫자의 비밀』, 오토 베츠, 다시
『신 성명학 대전』, 박용찬, 가림출판사
『신도희의 행복을 여는 이름』, 신도희, 한림미디어
『우리 사주학』, 전광, 동학사
『운좋고 복많은 이름 만들기』, 신도희, 가림출판사
『이름 사전』, 이우각, 밝은누리
『이름과 인생』, 정도명, 나무
『이름짓기 사전』, 엄원섭, 백만문화사
『이름팔자 사람팔자』, 김병석, 행림출판사
『좋은 이름 길라잡이』, 오현리, 동학사
『좋은 이름 바로짓기』, 김상묵, 동학사
『좋은 이름 성공하는 이름』, 신도희, 신지평
『좋은 이름 이렇게 짓는다』, 김상연, 갑을당
『좋은 이름 좋은 운명』, 최국봉, 온북스
『측자파자 성명학』, 민승만, 문창성
『컴퓨터만세력』, 김상연, 갑을당
『한국인의 작명법』, 남궁상, 역학사
『한글이름』, 김슬옹 · 김불꾼 · 신연희, 다른우리
『행복한 이름짓기 대사전』, 이성천, 문원북

유명인 자녀 이름 작명

최수종 · 하희라(탤런트) 자녀
이종원(탤런트) 자녀
서용빈(야구선수) · 유혜정(탤런트) 자녀
변정수(방송인) 자녀
임종석(열린우리당 국회의원) 자녀
우상호(열린우리당 국회의원) 자녀
이재룡 · 유호정(탤런트) 자녀
이혁재(방송인) 자녀
강제규(영화감독) · 박성미(탤런트) 자녀
유준상 · 홍은희(탤런트) 자녀
박명수(개그맨) 자녀
김경식(개그맨) 자녀
김호진 · 김지호(탤런트) 자녀
김명민(탤런트) 자녀
김민석(국회의원) · 김자영(아나운서) 자녀
김재환(전 핸드볼 국가대표) 자녀
이승엽(야구선수) · 이송정(미스코리아) 자녀
윤지영(아나운서) 자녀
지승현(아나운서) 자녀
이지연(아나운서) 자녀
신동엽(방송인) · 선혜윤(PD) 자녀
김생민(방송인) · 유지희 자녀
정두홍(무술감독) 자녀

우리 회사 좋은 이름

글쓴이 | 김동완
펴낸이 | 유재영
펴낸곳 | 동학사
기 획 | 이화진
편 집 | 나진이
디자인 | 김보영

1판 1쇄 | 2007년 7월 15일
2판 2쇄 | 2017년 6월 30일
출판등록 | 1987년 11월 27일 제10-149

주소 | 04083 서울 마포구 토정로 53 (합정동)
전화 | 324-6130, 324-6131 · 팩스 | 324-6135
E-메일 | dhsbook@hanmail.net
홈페이지 | www.donghaksa.co.kr
www.green-home.co.kr

ISBN 978-89-7190-259-2 03150